DAVID HUME

Die Naturgeschichte der Religion

Über Aberglaube und Schwärmerei
Über die Unsterblichkeit der Seele
Über Selbstmord

Übersetzt und herausgegeben von
LOTHAR KREIMENDAHL

FELIX MEINER VERLAG
HAMBURG

PHILOSOPHISCHE BIBLIOTHEK BAND 341

Bibliographische Information der Deutschen Nationalbibliothek

Die Deutsche Nationalbibliothek verzeichnet diese Publikation in der Deutschen Nationalbibliographie; detaillierte bibliographische Daten sind im Internet über ‹http://portal.dnb.de› abrufbar.

ISBN 978-3-7873-1451-5
ISBN eBook 978-3-7873-2356-2

2., durchgesehene Auflage 2000 mit ergänzter Bibliographie

 Satz: Hümmer, Waldbüttelbrunn. Druck und Bindung: Beltz, Bad Langensalza. Gedruckt auf alterungsbeständigem Werkdruckpapier, hergestellt aus 100% chlorfrei gebleichtem Zellstoff. Printed in Germany. *www.meiner.de*

INHALT

EINLEITUNG

I

Als am Montag, dem 7. Februar 1757 in London ein Duodezbändchen mit der Überschrift *Four Dissertations. I. The Natural History of Religion. II. Of the Passions. III. Of Tragedy. IV. Of the Standard of Taste.* erschien, hatte es auch für die Verhältnisse des 18. Jahrhunderts bereits eine bewegte Geschichte hinter sich[1], die es verdient, hier kurz geschildert zu werden.

Den ersten konkreten Hinweis auf die *Natural History of Religion* entnehmen wir dem Brief Humes an seinen Verleger Andrew Millar vom 12. Juni 1755: »There are four short Dissertations, which I have kept some Years by me, in order to polish them as much as possible. One of them is that which Allan Ramsay mentioned to you. Another of the Passions; a third of Tragedy; a fourth, some Considerations previous to Geometry and Natural Philosophy. The whole, I think, wou'd make a Volume a fourth less than my Enquiry (sc. Concerning the Principles of Morals) (. . .). I wou'd have it publish'd about the new Year; I offer you the Property for fifty Guineas, payable at the Publication. You may judge, by my being so moderate in my Demands, that I do not propose to make any Words about the Bargain. It wou'd be more convenient for me to print here (sc. in Edinburgh); especially one of the Dissertations, where there is a good deal of Literature, but as the Manuscript is distinct and accurate,

[1] Die komplexen Verhältnisse, unter denen dieser Band entstanden ist, hat Ernest Campbell Mossner aufgearbeitet: *Hume's »Four Dissertations«: An essay in biography and bibliography*. Modern Philology 48 (1950), S. 37–57. Eine geraffte Schilderung bietet er in Kapitel 24 seiner Hume-Biographie *The Life of David Hume*. 2nd edition Oxford 1980, S. 319–335. Die folgende Darstellung der Entstehungsgeschichte der *Four Dissertations* stützt sich auf diese Arbeiten Mossners und kann dies auch angesichts der von Tom L. Beauchamp an ihnen geäußerten Kritik tun, die die grundsätzliche Richtigkeit der Recherchen Mossners nicht in Frage zu stellen vermag (*An Analysis of Hume's Essay »On Suicide«*. Review of Metaphysics 30 [1976/77], S. 73–95; hier: S. 91–95).

it wou'd not be impossible for me to correct it, tho' printed at London«[2]. Die Abhandlung »which Allan Ramsay mentioned to you« und die »a good deal of Literature« enthalte, ist die *Natural History of Religion*. *Of the Passions* stellt die Umarbeitung des zweiten Buches seines Jugendwerkes *A Treatise of Human Nature* (1739/40) in die dem Zeitgeschmack gemäßere Form eines kurzen Essays dar. In der dritten Abhandlung *Of Tragedy* geht Hume der Frage nach, wie es kommt, daß wir an dem in einer Tragödie dargestellten Schmerz und Schrecken gleichwohl ein ästhetisches Gefallen finden. Die vierte Abhandlung schließlich dürfte die Themen aufgenommen haben, die Hume bereits im zweiten Teil des ersten Buches des *Treatise* diskutiert hatte[3]. Doch sind wir hier auf bloße Vermutungen angewiesen, denn dieser vierte Essay ist niemals publiziert worden und wir besitzen auch keine anderweitige Kenntnis über seinen Inhalt. Hume hatte ihn nämlich, wie wir aus seinem Brief an William Strahan vom 25. Januar 1772 erfahren, in dem er aus der Retrospektive eine kurze Editionsgeschichte der *Four Dissertations* gibt, noch bevor er in Druck ging, Lord Stanhope gezeigt, der als einer der besten Mathematiker seiner Zeit galt. Er überzeugte Hume, daß in dem Essay »on the metaphisical Principles of Geometry«, wie er ihn jetzt nennt, »either there was some Defect in the Argument or in its perspicuity«[4]. Hume schreibt daraufhin seinem Verleger, er wolle den Essay zurückziehen. Dieser ist einverstanden, weist aber darauf hin, daß die so verbleibenden drei Abhandlungen keinen Band füllen. Um die entstandene Lücke zu füllen, entschließt sich Hume, Millar die beiden Essays *Of Suicide* und *Of the Immortality of the Soul* zum Druck anzubieten, »which I had never intended to have publishd«[5]. Diese wurden nun in der genannten Reihenfolge als Nr. IV und V aufgenommen, und das Ganze lag bereits gegen Ende 1755 gedruckt vor; doch wurden diese »Five Dissertations« nicht, wie ursprünglich geplant, Anfang 1756 publiziert.

[2] *The Letters of David Hume*. Edited by J. Y. T. Greig. Bd. I. Oxford 1932, S. 223.

[3] Das nimmt auch Mossner an: *The Life of David Hume*, S. 321.

[4] *Letters*. Bd. II, S. 253.

[5] Ebd.

Die Gründe, die ihrer Veröffentlichung entgegenwirkten, sind vielschichtig und ihre jeweilige Gewichtung am Zustandekommen dieses Entschlusses ist nur schwer abschätzbar. Zum einen erfahren wir aus dem bereits zitierten Brief Humes an Strahan aus dem Januar 1772, daß die beiden Essays *Of Suicide* und *Of the Immortality of the Soul* »were printed by Andrew Millar about seventeen Years ago, and (...) from my abundant Prudence I suppress'd (them). (...) They were printed; but it was no sooner done that I repented; and Mr Millar and I agreed to suppress them at common Charges«[6]. Sicherlich war sein ursprünglicher Vorsatz, diese »two obnoxious Dissertations«[7] niemals zu publizieren, ein Ausdruck seiner »abundant Prudence«. Warum aber entschloß er sich dann doch wieder gegen ihre Veröffentlichung, nachdem er sie einmal zum Druck freigegeben hatte?

Ein gebundenes Exemplar der Druckbögen jener »Five Dissertations«, das die Advocates' Library in Edinburgh einst besaß und das nun verschollen ist[8], gestattet einen Hinweis zur Beantwortung dieser Frage. Dieses Exemplar hatte Hume seinem Freund Allan Ramsay, dem seinerzeit berühmten Porträtmaler geschenkt. Es enthält eine Eintragung in Ramsays Handschrift, aus der wir den Anfang zitieren: »This book contains a piece of Mr. D. Hume's, of which there is, I believe, but another copy existing. Having printed the volume as it here stands, Mr. Hume was advised by a friend, to suppress the Dissertation upon Suicide; which he accordingly did«[9]. Und so enthielt auch dieses Exemplar zwar den Essay *Of the Immortality of the Soul*, der über den Selbstmord war jedoch herausgetrennt[10]. Daß es sich

[6] Ebd.

[7] So bezeichnet sie Hume in seinem Brief an Andrew Millar vom 23. Mai 1764. *Letters*. Bd. I, S. 444.

[8] Dieses Exemplar ist das einzig bekannte der »Five Dissertations«. Thomas Hodge Grose konnte es für seine Edition der *Essays, Moral, Political, and Literary* innerhalb der *Philosophical Works* noch benutzen und hat es dort auch beschrieben (David Hume: *The Philosophical Works*. Edited by Thomas Hill Green and Thomas Hodge Grose. Reprint of the new edition London 1882, Aalen 1964. Bd. III, S. 71).

[9] Zitiert von Grose in seiner »History of the Editions«, die er dem dritten Band der *Philosophical Works* voranstellte. Vgl. dort S. 71.

[10] Ebd.

bei dem erwähnten Freund um Adam Smith handelt, ist mehr als wahrscheinlich und wird gemeinhin in der Literatur angenommen.

So scheint es, daß die Tilgung jener beiden Essays in zwei Schritten vor sich ging. Zuerst wurde der Essay über Selbstmord herausgeschnitten, dann auch der über die Unsterblichkeit der Seele. Doch neben dem freundschaftlichen Rat von Adam Smith und Humes Einsicht in das Aufsehen, daß eine Publikation gerade dieser beiden Essays provozieren würde, gab es noch weitere Gründe, die ihn bewogen, diese Essays zurückzuziehen. Denn ihr Erscheinen und die vorhersehbare Reaktion darauf hätte Humes Freunden unter den gemäßigten Kirchenmännern die Inschutznahme seiner Person in dem drohenden Versuch, ihn von der Kirche Schottlands auszuschließen, gewiß nicht leichter gemacht, und obgleich er selbst einer Exkommunikation mit Gelassenheit entgegenblickte[11], hätte ein solcher Triumph seiner Feinde doch eine Niederlage für all jene bedeutet, die sich für ihn und seine Sache exponiert hatten; und das wollte »le bon David« seinen Freunden sicherlich ersparen. Dann aber, und das verschweigt Hume 1772 in seinem Bericht an Strahan, wurde auch von offizieller Seite Druck ausgeübt – vornehmlich auf den Verleger Millar. Dieser Druck nahm u. a. in der Gestalt von William Warburton, dem nachmaligen Bischof von Gloucester, konkrete Gestalt an, den Hume spätestens seit seiner vernichtenden, diskriminierenden Rezension des *Treatise* in unliebsamer Erinnerung hatte[12]. Einer jener Druckbögen[13] war nämlich auch in

[11] Dies geht aus Humes Brief an Adam Smith vom Februar oder März 1757 hervor: »Did you ever hear of such Madness and Folly as our Clergy have lately fallen into? For my Part, I expect that the next Assembly will very solemny pronounce the Sentence of Excommunication against me: But I do not apprehend it to be a Matter of any Consequence. What do you think?« (*Letters*. Bd. I, S. 246).

[12] *The History of the Works of the Learned*. November/December 1739, S. 353–404. Vgl. dazu Humes Brief an Francis Hutcheson vom 4. März 1740 (*Letters*. Bd. I, S. 37f.).

[13] A. Wayne Colver nimmt an, daß »perhaps a dozen or more proof copies of what had now become *Five Dissertations* were circulated« (In seiner »Note on the Text« zu der von ihm edierten Ausgabe der *Natural History of Religion*. Oxford 1976, S. 8). Leider gibt er keine Gründe an, die ihn zu dieser Vermutung geführt haben.

seine Hände gelangt. Dabei hatte Millar wahrscheinlich nur die übliche Praxis befolgt, den Verkauf der bei ihm erscheinenden Bücher durch Versendung von Vorausexemplaren an einflußreiche und herausgestellte Persönlichkeiten zu fördern. Warburton war eine solche, und darüber hinaus wollte er in Zukunft seine Bücher bei Millar erscheinen lassen. Nach der Lektüre wird Warburton nun in den Kreisen kirchlicher und staatlicher Obrigkeit die Schädlichkeit dieses Buches vorgetragen und seinen Einfluß dahingehend eingesetzt haben, Millar an der bevorstehenden Verbreitung jenes Bandes zu hindern. Entsprechender Zwang, der insbesondere auf die Unterdrückung der beiden Essays abzielte, scheint denn auch eingesetzt zu haben[14]. Millar lenkte ein und machte Hume klar, daß die »two obnoxious Dissertations« nicht erscheinen konnten und daß er auch die *Natural History of Religion* einer Revision unterziehen mußte. Mochte Hume bereits auf Grund von Erwägungen eher privater Natur zu dem Schluß gekommen sein, *Of Suicide* zurückzuziehen, so stimmte er jetzt auch der Tilgung des zugehörigen Essays zu.

Damit aber waren die »Five Dissertations« wieder zu dreien zusammengeschrumpft, und Hume sah sich erneut mit der Notwendigkeit konfrontiert, die entstandene Lücke zu schließen. Zu diesem Zweck schrieb er im Frühjahr oder Sommer 1756 den Essay *Of the Standard of Taste*. Dieser wurde als Nr. IV den drei verbliebenen Abhandlungen hinzugefügt und so erschienen die *Four Dissertations* und damit auch die *Natural History of Religion* trotz der Bemühungen Warburtons im Februar 1757 in der eingangs geschilderten Anordnung.

Doch noch einmal gelangte ein Vorausexemplar der definitiven *Four Dissertations* in Warburtons Hände. Die Unterdrückung der beiden Essays und die »Umarbeitung« der *Natural History of Religion* stellten ihn nicht zufrieden. Jetzt drohte er nicht mehr mit öffentlicher Verfolgung, sondern suchte durch Appellation an Millars mitbrüderliches Christentum diesen von der Publikation in letzter Minute noch abzubringen und kündigte andernfalls eine vernichtende Gegenschrift an. Am 7. Februar 1757

[14] Dokumente bei Mossner: *Hume's »Four Dissertations«*, S. 40f. und *The Life of David Hume*, S. 323f.

schrieb er an Millar: »Sir, I supposed you would be glad to know what sort of book it is which you are about to publish with Hume's name and yours to it. The design of the first essay is the very same with all Lord Bolingbroke's[15], to establish *naturalism*, a species of atheism, instead of religion (...). All the good his mutilation and fitting it up for the public has done, is only to add to its other follies that of contradiction. He is establishing atheism; and in one single line of a long essay professes to believe Christianity«[16]. Welchen Widerspruch Warburton im Auge hat, bleibt unerfindlich. Denn die Veränderungen, die Hume an der *Natural History of Religion* vornahm, betreffen nur zwei uns heute eher belanglos erscheinende Stellen in Abschnitt VI[17]. Jedenfalls gibt Grose keine weiteren Umarbeitungen an, und er ist für uns nach dem Verlust des oben erwähnten Exemplars der »Five Dissertations« die einzige Quelle für deren ursprüngliche Textgestalt.

Millar ließ sich indes nicht beeindrucken. Daraufhin machte Warburton seine Drohung wahr und publizierte im Mai 1757 ein gemeinsam mit dem Reverend Richard Hurd verfaßtes Pamphlet mit dem Titel *Remarks on Mr. David Hume's Essay on the Natural History of Religion: Addressed to the Rev. Dr. Warburton*. Doch die Aufarbeitung der Umstände, unter denen diese Schrift entstand, ihr Inhalt und Humes Reaktion auf sie gehören bereits in das Gebiet der Rezeptionsgeschichte[18] der *Natural History of Religion*.

Hingegen ist die Geschichte der beiden unterdrückten Essays noch nicht zu Ende erzählt. Berichte über die Komplikationen der Drucklegung der *Four* bzw. *Five Dissertations* waren früh-

[15] 1754 waren die *Works* von Bolingbroke in fünf Bänden posthum bei Millar erschienen. In der frühen Rezeption der *Natural History of Religion* wird Humes Werk immer wieder mit den Schriften Bolingbrokes unter der Fragestellung verglichen, in wessen Werk wohl die größere Blasphemie und Gottlosigkeit zum Ausdruck komme.

[16] Der ganze Brief wird von Grose in seiner »History of the Editions« zitiert (*Philosophical Works*. Bd. III, S. 61); ebenso von Mossner: *The Life of David Hume*, S. 325f.

[17] Vgl. S. 30, 31.

[18] Vgl. hierzu Grose in seiner »History of the Editions«, wo er auch einschlägiges Material abdruckt (*Philosophical Works*. Bd. III, S. 61–64).

zeitig an die Öffentlichkeit gedrungen[19], und somit war bekannt, daß die brisantesten Abhandlungen in den *Four Dissertations* gar nicht veröffentlicht worden waren. Mehrere Dokumente aus dem Jahr 1757 belegen, daß man die Themen der beiden Essays kannte, und welche Antwort Hume darin auf die Frage nach der Legitimität des Selbstmordes und der Gewißheit eines künftigen Lebens gegeben haben mochte, konnte sich jedermann leicht ausrechnen. Interessanterweise wird im Zusammenhang mit diesen beiden Essays in den zeitgenössischen Dokumenten gelegentlich ein weiterer »On the Advantages of Adultery« genannt[20], von dem wir sonst nichts wissen, und es scheint nicht ausgeschlossen zu sein, daß sich eine Abhandlung über Ehebruch tatsächlich unter Humes Papieren befand, die er – ähnlich wie die beiden Essays über Selbstmord und die Unsterblichkeit der Seele – nicht für die Publikation vorgesehen hatte; umreißt er doch in einem Brief an James Edmonstoune of Newton vom 29. September 1757 seine künftigen literarischen Pläne mit den Worten: »I shall write no more History; but proceed directly to attack the Lord's Prayer and the ten Commandments and the single Cat; and to recommend Suicide and Adultery: And so persist, till it shall please the Lord to take me to himself«[21].

Im Laufe seines weiteren Lebens wird Hume immer wieder mit jenen beiden Essays konfrontiert. Denn zwar hatte Andrew Millar ihn »very earnestly (assurd) that all the Copies were suppress'd (. . .). But I have since found that there either was some

[19] Gewiefte Buchhändler suchten sich die zweifelhafte Publizität, die Hume durch diese Umstände erworben hatte, für den Absatz ihrer Restbestände des *Treätise* zunutze zu machen, der anonym erschienen war und sich als Ladenhüter erwiesen hatte. Zu diesem Zweck ließen sie Anfang 1756 Anzeigen des *Treatise* in mehreren Zeitschriften erscheinen. Vgl. Mossner: *Hume's »Four Dissertations«*, S. 42.

[20] Vgl. Mossner: *The Life of David Hume*, S. 327f.

[21] *New Letters of David Hume*. Edited by Raymond Klibansky and Ernest C. Mossner. Oxford 1954, S. 43. Mit »single Cat« meint Hume vermutlich – so Klibansky/Mossner in ihrer Anmerkung zu dieser Stelle – »the single catechism of the Anglican Church (1549–1604) as distinct from the two of the Presbyterian, the Shorter and Larger Catechisms (Westminster Assembly, 1647)«.

Infidelity or Negligence in the case«[22]. Ein Exemplar hatte Humes ehemaliger Studienfreund Andrew Mitchell 1756 mit seiner Zustimmung von Millar erhalten[23]. Dann aber erfährt Hume im Jahr 1764 von John Wilkes, daß Millar ein Exemplar ohne seine Zustimmung an diesen gegeben hatte. Daraufhin bittet Hume Millar brieflich von Paris aus um Aufklärung, die ihm auch zuteil wird[24]. Zwei Jahre später taucht anläßlich des Todes von William Muirhead ein weiteres Exemplar auf, über das Allan Ramsay in der handschriftlichen Notiz des bereits erwähnten Exemplars berichtet, das die Advocates' Library einst besaß. Hume habe ihn, Ramsay, gebeten, den Neffen Muirheads zu bewegen, ihm das Exemplar auszuhändigen, was jener auch bereitwillig getan habe. Er habe es dann Hume gegeben, woraufhin dieser ihm gestattet habe, das vorliegende – und nun verlorene – Exemplar zu behalten, in dem ja der Essay *Of Suicide* fehlte.

Auch der Anlaß zu dem Brief, in dem Hume Strahan die Editionsgeschichte der *Four Dissertations* kurz schildert, steht im Zusammenhang mit den beiden unterdrückten Essays. Er habe nämlich über einen Freund von Dr. John Millar gehört, daß ein Buchhändler in London ein neues Buch angekündigt habe, »containing, among other things, two of my suppress'd Essays«[25]. Er sei darüber zwar nicht besonders beunruhigt, wenn Drohungen aber ausreichten, die Publikation seiner Essays zu verhindern, und er, Strahan, den Mann kenne, so möchte er doch sehen, was sich ausrichten ließe und versuchen, in Erfahrung zu bringen, woher die Druckvorlage dazu stamme. Denn Hume war sich im klaren darüber, daß weitere außer den ihm bekannten Exempla-

[22] Brief an William Strahan vom 25. Januar 1772. *Letters*. Bd. II, S. 253.

[23] »I have no Objection to Mr Mitchels having a Copy of the Dissertations.« Brief an Andrew Millar vom 27. Mai 1756. *Letters*. Bd. I, S. 232.

[24] *Letters*. Bd. I, S. 444. Die Antwort Millars ist dort ebenfalls abgedruckt. Millar gesteht darin, er habe »upon importunity (...) lent to him (sc. Wilkes) the only copy I preserved«.

[25] *Letters*. Bd. II, S. 252. Diese Formulierung läßt Raum für die Vermutung, daß es einen Essay über Ehebruch tatsächlich gegeben haben mag.

ren in Umlauf geraten waren[26]. Doch seine Sorge stellte sich als unbegründet heraus, denn das Buch, das, wie Mossner herausgefunden hat[27], am 4. Januar 1772 im *London Chronicle* mit dem Titel *Beauties of the Magazines* angekündigt worden war, enthielt zwar neben anderen Beiträgen auch drei Essays Humes, doch handelte es sich dabei nur um die harmlosen Abhandlungen *Of Impudence and Modesty, Of Love and Marriage* und *Of Avarice*, die Hume aus der Sammlung seiner Essays ausgeschieden hatte.

Was Hume aber offenbar entgangen war, ist die Tatsache, daß bereits zwei Jahre zuvor die beiden Essays in der französischen Übersetzung des Barons d'Holbach durch J.-A. Naigeon zusammen mit einigen kleineren Arbeiten d'Holbachs und anderer Autoren in einem Band publiziert worden waren[28]. Dies zeigt, wie recht Hume mit seiner Vermutung hatte und daß zumindest ein Exemplar den Weg sogar über den Kanal gefunden hatte[29]. In Anlehnung an ihre ursprünglich geplante Publikation innerhalb der *Four* bzw. *Five Dissertations* tragen sie die Überschrift *Dissertation sur l'immortalité de l'âme* und *Dissertation sur le suicide*. Ausgewiesen waren sie als »Traduite de l'Anglois«. Es sind sehr adäquate Übersetzungen, ohne Anmerkungen oder Zusätze des Übersetzers, aber mit den Fußnoten Humes[30].

Vermutlich gegen Ende der zwanziger oder zu Beginn der dreißiger Jahre dieses Jahrhunderts[31] konnte nun die National

[26] »there have other Copies got abroad« (*Letters*. Bd. II, S. 253).

[27] *The Life of David Hume*, S. 331.

[28] *Recueil philosophique ou mêlange de pieces sur la religion et la morale. Par differents auteurs*. 2 Bde. London (Paris?) 1770. Die beiden Essays sind als Nr. IX und X in Bd. II, S. 34–49 und S. 50–69 abgedruckt.

[29] Das Exemplar, das in die Hände von John Wilkes geraten war, kommt als mögliche Vorlage d'Holbachs kaum in Betracht, da die beiden Essays durch Millar vor dem Verkauf von Wilkes' Bibliothek herausgetrennt worden waren. Vgl. Millars Brief an Hume vom 5. Juni 1764 (*Letters*. Bd. I, S. 444 f.).

[30] Vgl. aber Anm. 35.

[31] Diese Datierung legt sich durch Greigs Formulierung nahe, nach der die National Library »has (...) recently acquired a valuable proof copy, corrected in Hume's handwriting, of the *two* suppressed Essays« (*Letters*. Bd. II, S. 254). Greig hat die Briefe Humes 1932 herausgegeben.

Library of Scotland ein Exemplar der *Four Dissertations* erwerben, dem die beiden Essays beigebunden sind und das Korrekturen zu ihnen von Humes Hand enthält. Es ist jetzt das einzig bekannte Exemplar des ursprünglichen Druckes[32]. Hume hat über 60 Korrekturen darin vorgenommen und die folgende Bemerkung hinzugefügt: »This Book is to be considered as a Manuscript and to belivered (sic) to Mr Strahan according to my will«[33]. Gaskin vermutet, daß dieser Hinweis mit ziemlicher Sicherheit am 7. August 1776 – also wenige Tage vor Humes Tod – von ihm geschrieben worden sei und glaubt aus dem Schriftbild der Handschrift schließen zu können, daß auch die Korrekturen ungefähr zur selben Zeit vorgenommen worden sind. Hume unterzog sich dieser Mühe mit Bedacht, denn er hatte sich, wie aus dem Zusatz zu seinem Testament vom 7. August 1776 hervorgeht, mittlerweile dazu durchgerungen, seine Zustimmung zu einer posthumen Veröffentlichung der beiden Essays zu geben: »I desire, that my Dialogues concerning natural Religion may be printed and published any time within two Years after my Death; to which he (sc. Strahan) may add, if he thinks proper, the two Essays formerly printed but not published«[34]. Entsprechend seiner Gewohnheit, allen seinen publizierten Werken wie auch dem Manuskript der *Dialogues Concerning Natural Religion* den höchstmöglichen Grad an Vollkommenheit zu geben, korrigierte er die Essays in jenen Druckbögen durch[35], damit Strahan sie in autorisierter Textgestalt den *Dialogues* hinzufügen konnte. Doch

[32] Obschon Greig diese Druckbögen bereits erwähnte (vgl. Anm. 31), sind sie doch erst mehr als dreißig Jahre später von J. C. A. Gaskin genauer beschrieben worden (*Hume's Suppressed Dissertations: An authentic text*. Hermathena 106 [1968], S. 54–59).

[33] Gaskin: *Hume's Suppressed Dissertations*, S. 56.

[34] *Letters*. Bd. II, S. 453.

[35] Diese Korrekturen sind allesamt philosophisch unergiebig und haben nur stilistische Bedeutung. Gaskin hat sie in seinem Aufsatz *Hume's Suppressed Dissertations*, S. 57f. im Vergleich zur Ausgabe innerhalb der *Philosophical Works* notiert. Zwischenzeitlich liegt auch eine Ausgabe der Essays in der definitiven Textgestalt vor: *»Dialogues Concerning Natural Religion« and the posthumous essays »Of the Immortality of the Soul« and »Of Suicide«*. Edited, with an introduction, by Richard H. Popkin. Indianapolis, Cambridge 1980. Allerdings berücksichtigt Popkin von

während Strahan noch unsicher war, ob er die Essays wirklich publizieren sollte und in dieser Angelegenheit so viele Freunde Humes wie möglich nach ihrer Meinung befragte, hatte ein unbekannter Verleger bereits ihre Drucklegung vorbereitet, so daß gegen Mitte 1777 *Two Essays* in einer unautorisierten, anonymen Ausgabe in London[36] erschienen. Es war die erste in England. Textgrundlage war zweifellos einer jener Druckbögen der »Five Dissertations«, bei deren Wiedereintreibung Millar seinerzeit nicht konsequent genug vorgegangen war, denn einerseits waren darin die handschriftlichen Korrekturen Humes nicht berücksichtigt, andererseits aber hat Strahan auch das korrigierte Exemplar trotz seines Entschlusses, die beiden Essays niemals zu publizieren, nicht aus den Händen gegeben. Obgleich die hellhörigen Köpfe der Zeit die *Two Essays* sogleich mit Hume in Verbindung brachten[37], dauerte es doch noch sechs Jahre, bis sein Name auf dem Titelblatt einer Ausgabe jener Essays erschien: *Essays on Suicide, and the Immortality of the Soul, ascribed to the late David Hume, Esq. Never before published. With remarks, intended as an antidote to the poison contained in these performances, by the editor.* London 1783. Die Zuschreibung dieser Essays wurde 1784 von William Rose in einem Artikel der von

den über sechzig bei Gaskin angemerkten Korrekturen mehr als zwanzig gar nicht, führt einige anders aus und hat darüber hinaus auch an mehreren Stellen die Textgestalt verändert, wo es nach Gaskins Bericht nicht hätte erfolgen dürfen. Da der Herausgeber keine Einsicht in jene Druckbögen nehmen konnte und sich die Frage der definitiven Textgestalt somit nicht entscheiden ließ, hat er davon abgesehen, die Ausgabe Popkins der Übersetzung zugrunde zu legen.

36 In *The Gentleman's Magazine* 47 (1777), hatte ein mit »Laicus« unterzeichnender Autor seinen Lesern unter Bezug auf ihm zugetragene Berichte mitgeteilt, daß die *Two Essays*, nachdem sich in England kein Verleger für ein derartiges »national evil« gefunden habe, in Holland gedruckt und von dort zurück nach England gebracht worden seien (S. 326). Bei dem uns gegenwärtig zur Verfügung stehenden Material läßt sich darüber nichts entscheiden.

37 Das ergibt sich auch aus der Kalkulation des Verlegers, der für dieses 41 Seiten dünne Bändchen den geradezu unverschämt hohen Preis von fünf Shilling forderte; eine Rechnung, die nur bei entsprechender Neugier der Käuferschaft auf diese berüchtigten Texte ihres soeben verstorbenen Autors aufgehen konnte.

ihm mitherausgegebenen *Monthly Review*[38] sowie in einem anonymen Beitrag des *Gentleman's Magazine*[39] des gleichen Jahres bestätigt. Beide Zeitschriften wußten ihre Leser sogar über einige Umstände zu informieren, die die geplante Veröffentlichung Anfang 1756 verhindert hatten. Es ist sicherlich eine geistesgeschichtliche Kuriosität von besonderer Pikanterie, daß gerade diese beiden Essays in ihrer unautorisierten Gestalt die am häufigsten gedruckten Werke Humes geworden sind.

II

Wie wir dem eingangs zitierten Brief Humes an Andrew Millar vom 12. Juni 1755 entnehmen können, dürfte der Anfang der Arbeit an der *Natural History of Religion* frühestens in das Jahr 1749 fallen. Nachdem Hume von seiner Reise als Sekretär des Generals St. Clair 1749 aus Italien nach London zurückgekehrt war, verlebte er, wie er in seiner Autobiographie berichtet[40], die folgenden zwei Jahre bei seinem Bruder auf dem Lande in Ninewells. Während dieser Zeit besonderer literarischer Aktivität wird er auch die ersten Skizzen zur *Natural History of Religion* entworfen haben. Über die Stadien der Entstehungsgeschichte dieses Werks sind wir nicht unterrichtet, doch scheint Humes Bemerkung, er habe sie Millar nicht eher zum Druck angeboten, »in order to polish them as much as possible«[41] zusammen mit seiner uns bekannten sorgfältigen Vorbereitungsweise seiner Manuskripte auf eine mehrfache Überarbeitung hinzuweisen. Eine solche wird sicherlich erfolgt sein, nachdem er im Februar 1752 zum Bibliothekar der Advocates' Library in Edinburgh ernannt worden war und ihm nun mit einem Bestand von mehr als 30 000 Bänden die größte Bibliothek Schottlands zur uneingeschränkten Verfügung stand[42]. Die nicht nur für damalige Ver-

[38] *Monthly Review* 70 (1784), S. 427.
[39] *The Gentleman's Magazine* 54 (1784), S. 607.
[40] *My Own Life*. In: *Letters*. Bd. I, S. 3.
[41] *Letters*. Bd. I, S. 223.
[42] Vgl. Michael H. Harris: *David Hume: Scholar as librarian*. Library Quarterly 36 (1966), S. 88–98, hier: S. 92.

hältnisse ungeheure Menge an Literatur, die Hume in diesem Werk verarbeitet, legt ein beredtes Zeugnis dafür ab, daß er die Bibliothek zu nutzen wußte[43].

Obschon uns direkte Zeugnisse Humes über die Motive fehlen, die ihn zur Beschäftigung mit dem Thema der *Natural History of Religion* veranlaßten, können wir doch sagen, daß er mit dieser Untersuchung, die nach den Grundlagen der Religion in der menschlichen Natur fragt, den Plan aufnimmt, den er sich in der Einleitung zu seinem Jugendwerk, dem *Treatise of Human Nature* von 1739/40, vorgezeichnet hatte. Dort hatte er das Programm einer anthropologischen Wissenschaftstheorie entworfen, innerhalb derer die Prinzipien aller Einzelwissenschaften auf die fundamentalen Gesetze der »science of Man« reduzierbar sein sollten, deren Eruierung sich der *Treatise* zum Ziel setzte. Somit war klar, daß auch die abstrakten Wissenschaften wie »*Mathematics, Natural Philosophy, and Natural Religion*, are in some measure dependent on the science of Man«[44]. Nun hatte Hume die ermittelten Prinzipien dieser »science of Man« im *Treatise* zwar sowohl auf Fragen der Mathematik und Naturwissenschaft als auch der Religion angewandt, doch nahm er die religionsphilosophischen Abschnitte bei der Schlußredaktion wieder heraus, da er voraussah, daß sie unliebsames Aufsehen erregen und damit einer vorurteilsfreien Prüfung des Gesamt-

[43] Dem Einwand, Hume habe die ihn interessierenden Bände auch entleihen können, steht ein Brief von ihm an Gilbert Elliot of Minto vom 18. Februar 1751 entgegen, in dem Hume die Schwierigkeit erwähnt, von der Advocates' Library einen Klassiker zu entleihen – und der bei weitem größte Teil der in unserer Schrift berücksichtigten Literatur stammt von antiken Autoren. Dabei spricht er von Strabo, den er – »having read over almost all the Classics both Greek and Latin« – bislang noch nicht studiert habe und auch in der Nachbarschaft nicht aufzutreiben wisse (*Letters*. Bd. I, S. 152 f.). In der *Natural History of Religion* zitiert er Strabos *Geographia* zweimal (S. 14 und 40).

[44] *A Treatise of Human Nature*. Edited, with an analytical index, by L. A. Selby-Bigge. 2nd edition with text revised and variant readings by P. H. Nidditch. Oxford 1978, S. XV.

werkes im Wege stehen würden[45]. Der 1741 erschienene Essay *Of Superstition and Enthusiasm* ist der erste Text, in dem sich Hume ausschließlich zu einem religiösen Thema äußert. Er tut dies einerseits ganz in der Tradition der Autoren des späten 17. und 18. Jahrhunderts, wenn er in Anlehnung an die bereits von dem Sophisten Kritias vertretene Priestertrugtheorie[46] den verderblichen Einfluß der Priesterschaft auf Staat und Gesellschaft schildert, andererseits aber hat er darin mit seiner Unterscheidung von Aberglaube und Schwärmerei als den beiden Entartungen der wahren Religion bereits den theoretischen Rahmen gefunden, innerhalb dessen er später auch die religionsgeschichtlichen Begebenheiten in seiner *History of Great Britain* beschreiben wird[47].

Zwar können wir die Entwicklung von Humes religionsphilosophischem Denken nicht lückenlos nachzeichnen, da er selbst das einschlägige Material dazu vernichtet hat[48], doch sind uns

[45] In seinem Brief vom 2. Dezember 1737 schreibt Hume an Henry Home: »I am at present castrating my Work (sc. den *Treatise*), that is, cutting off its noble Parts, that is, endeavouring it shall give as little Offence as possible« (*New Letters*, S. 3). Wie einschneidend diese Umarbeitung war, wissen wir nicht genau. Doch geht aus diesem Brief hervor, daß der Essay »Of Miracles«, den Hume erstmals 1748 als Abschnitt X der *Philosophical Essays Concerning Human Understanding* veröffentlichte, ursprünglich ein Bestandteil des *Treatise* sein sollte. Ernest Campbell Mossner vermutet, daß auch Abschnitt XI der *Enquiry Concerning Human Understanding*, wie jene Essays seit 1758 heißen, ursprünglich einen Teil des *Treatise* darstellte (*The Religion of David Hume*. Journal of the History of Ideas 39 [1978], S. 657n14). Daß auch der Essay *Of the Immortality of the Soul* ursprünglich seinen Platz im *Treatise* hatte, versucht J. C. A. Gaskin scharfsinnig nachzuweisen (*Hume's Philosophy of Religion*. London, Basingstoke 1978, S. 102).

[46] Frgm. 25. Hermann Diels/Walther Kranz (Hg.): *Die Fragmente der Vorsokratiker*. Bd. III. Unveränderter Nachdruck der 6. Auflage 1952. Dublin, Zürich 1972, S. 386–389.

[47] Vgl. S. 126 die Anm. b zu diesem Essay.

[48] Vgl. Humes Brief an Gilbert Elliot of Minto vom 10. März 1751: »tis not long ago that I burn'd an old Manuscript Book, wrote before I was twenty; which contain'd, Page after Page, the gradual Progress of my Thoughts on that head (sc. religion). It begun with an anxious Search af-

mit seinen *Early Memoranda*[49] die Notizen und Exzerpte erhalten, die er zum Teil schon vor der Arbeit am *Treatise* bei der Lektüre niederschrieb. Sie zeigen deutlich, daß schon der junge Hume an religionsphilosophischen Fragen interessiert war und daß sein Interesse von Anfang an sowohl den eher systematischen Problemen der Rationaltheologie als auch den historischen Erscheinungsformen und der anthropologischen Fundierung der Religion galt. Zu vielen der Autoren, die in der *Natural History of Religion* zitiert werden, weisen die *Early Memoranda* bereits Eintragungen auf, und nicht selten sind es eben diese Exzerpte, die in unserem Text nahezu wortwörtlich wieder auftauchen[50].

Die doppelte Fragestellung, mit der Hume schon in den *Early Memoranda* an die Religion herantrat, behält er bei[51] und formuliert sie in der Einleitung zu unserer Schrift als die Frage, »welche die Grundlage der Religion in der Vernunft betrifft« und die, »welche auf ihren Ursprung in der menschlichen Natur zielt«[52]. Beide Probleme nimmt er Anfang der fünfziger Jahre in Angriff, das erste in den *Dialogues Concerning Natural Religion*, das zweite in der *Natural History of Religion*. Diese Arbeiten entste-

ter Arguments, to confirm the common Opinion: Doubts stole in, dissipated, return'd, were again dissipated, return'd again; and it was a perpetual Struggle of a restless Imagination against Inclination, perhaps against Reason« (*Letters*. Bd. I, S. 154).

[49] *Hume's Early Memoranda, 1729–1740: The complete text.* Edited with foreword by Ernest Campbell Mossner. Journal of the History of Ideas 9 (1948), S. 492–518.

[50] Vgl. etwa *EM* III, § 192 mit *NHR*, S. 64; *EM* III, § 203 mit *NHR*, S. 18; *EM* III, § 253 mit *NHR*, S. 38; *EM* III, § 255 mit *NHR*, S. 33.

[51] Die Meinung Basil Willeys, nach der Hume instinktiv gespürt haben soll, »that philosophy on the old lines could go no further« und sich deshalb mit der *Natural History of Religion* historischen Untersuchungen zugewandt habe, scheint daher abwegig zu sein (*The English Moralists*. New York o. J. [1964], S. 264 f.). Auch J. Y. T. Greigs Bewertung der *Natural History of Religion* als einem Verbindungsglied (link) zwischen Humes früheren Werken »of speculation« und den späteren »of history« dürfte dem von den *Early Memoranda* an nachweisbaren kontinuierlichen Interesse Humes an religionsgeschichtlichen Fragen kaum gerecht werden (*David Hume*. London 1931, S. 228).

[52] *NHR*, S. 1.

hen zeitlich parallel, doch während unsere Schrift 1757 nach den geschilderten Verzögerungen schließlich erscheint, hält Hume die *Dialogues*, nachdem ihr erster Entwurf 1751 zu Papier gebracht ist, zurück, überarbeitet sie in der Folge und verfügt schließlich testamentarisch ihre posthume Publikation[53]. Wie sich der Einleitung noch entnehmen läßt, sollten die beiden Schriften die eine Frage nach der Religion unter unterschiedlichen Aspekten behandeln und sich so gegenseitig ergänzen[54]. Doch diese Absicht war mit der Zurückziehung der *Dialogues* fürs erste aufgehoben, die im übrigen keinen Hinweis mehr auf die *Natural History of Religion* als ergänzende Untersuchung enthalten. Aber auch nachdem beide Texte vorlagen, ist das Verhältnis, in dem sie zueinander stehen[55], nur selten betont worden[56], und auch die Hume-Forschung dieses Jahrhunderts hat

[53] Sie erschienen drei Jahre nach Humes Tod 1779. Zur Entstehungs- und Publikationsgeschichte dieser Schrift vgl. Günter Gawlick in seiner Einleitung zu David Hume: *Dialoge über natürliche Religion*. Fünfte, erneut bearbeitete Auflage und mit erweiterter Bibliographie versehen. Hamburg 1980, S. IX–XIII.

[54] Nicht zu Unrecht spricht Richard Wollheim deshalb von einem »dialectical argument«, das die beiden Schriften zusammen bilden (*Hume on Religion*. Selected and introduced by Richard Wollheim. 2nd impr. London, Glasgow 1966, S. 19).

[55] Zur Verklammerung beider Aspekte vgl. die folgende Bemerkung aus dem Essay *The Sceptic* von 1742: »an abstract, invisible object, like that which *natural* religion alone presents to us, cannot long actuate the mind, or be of any moment in life. To render the passion of continuance, we must find some method of affecting the senses and imagination, and must embrace some *historical*, as well as *philosophical* account of the divinity« (*Philosophical Works*. Bd. III, S. 220).

[56] Als einer der ersten scheint Gotthard Victor Lechler diesen Umstand wieder ins Gedächtnis zurückgerufen zu haben: »Diese Schrift (sc. die *Dialogues*) betrachten wir (...) als das ergänzende Seitenstück zu der natürlichen Geschichte der Religion, nämlich als Beantwortung der in der Einleitung zu letzterer Abhandlung vorangestellten ersten Frage, über die Begründung der Religion in der Vernunft« (*Geschichte des englischen Deismus*. Reprint der Ausgabe Stuttgart, Tübingen 1841. Mit einem Vorwort und bibliographischen Hinweisen von Günter Gawlick. Hildesheim 1965, S. 434).

das Gewicht sehr einseitig auf die Beschäftigung mit den *Dialogues* gelegt, die in der Tat auch die philosophisch bei weitem ergiebigeren Ausführungen enthalten.

Für die orthodoxen Zeitgenossen mußte allein schon die Überschrift unserer Abhandlung provokativ wirken. Denn nachdem es in der Neuzeit bereits »Natural Histories« der Pflanzen und Tiere gab[57], sollte nun die Religion in diese naturwissenschaftliche Sichtweise einbezogen und dadurch ihrer Divinität beraubt werden; erteilte Hume doch mit dem Plan, die Wurzeln der Religiosität in der menschlichen Natur aufzuspüren, implizit jedem Versuch eine Absage, die Religion aus ihrem vorgeblich objektiv verbindlichen Offenbarungsgehalt her zu begründen. Nun hatte bereits John Trenchard versucht, religiöse Phänomene naturgeschichtlich darzustellen und seinen Zugang zu dem Thema auch dadurch herauszuheben getrachtet, daß er ihm mit dem Titel *The Natural History of Superstition* (Oxford 1709) die Objektivität naturwissenschaftlicher Vorgehensweise sichern und damit seine prinzipielle Überlegenheit anderen Methoden gegenüber betonen wollte. Die Ähnlichkeit der Titel springt ins Auge, und ein näherer Blick auf Trenchards kurze Abhandlung zeigt, daß sie nicht ohne Einfluß auf Hume geblieben ist. Für den gegenwärtigen Zusammenhang ist es dabei nicht so wichtig, daß Trenchard wie Hume seine Schrift mit einem Bekenntnis zum physikotheologischen Gottesbeweis eröffnet[58], auch den Aberglauben aus Furcht und Unwissenheit hervorgehen sieht[59], wahre von abergläubischer Religion analog der *Natural History of Religion* und

[57] Auf diesen Buchtitel stößt man schon in der antiken Literatur. Am bekanntesten dürfte hier wohl die *Naturalis historia* des älteren Plinius sein. In der Neuzeit war das ehrgeizigste Projekt dieser Art 1749 von Georges-Louis Leclerc de Buffon in Frankreich gestartet worden. Buffon verfaßte zusammen mit seinen Mitarbeitern auf der Grundlage eines sensualistisch-materialistischen Weltbildes eine 44 Bände umfassende *Histoire naturelle, générale et particulière* (1749–1804), in der er u. a. die Geschichtlichkeit der Arten erkannte und auch eine Naturgeschichte des Menschen und seiner Vermögen bot (in Bd. III, Paris 1749).

[58] Anders als Hume glaubt Trenchard jedoch, daß auf der Basis des teleologisch begründeten Theismus eine normative Ethik errichtet werden kann (S. 8).

[59] S. 9f.

auch der *Dialogues* trennt[60] und die religiöse Schwärmerei in Termini beschreibt, die Humes Definition in seinem Essay *Of Superstition and Enthusiasm* vorwegnehmen[61]; von grundsätzlicherer und zukunftsweisender Bedeutung ist es, daß schon bei Trenchard dem an der naturwissenschaftlichen Methode orientierten Plan einer Naturgeschichte des Aberglaubens in seiner konkreten Durchführung mit der Untersuchung der Seelenkräfte eine Wende zum Subjekt entspricht, von der sich der Verfasser Aufschluß über die Prinzipien erhofft, die jene Affekte möglich machen, auf denen die Religion schließlich beruht[62]. Diesem äußerst modernen Ansatz Trenchards war allerdings keine historisch durchschlagende Wirkung beschieden, doch es liegt auf der Hand, daß er seine Wirkung auf Hume nicht verfehlen konnte; entspricht er doch im kleinen dem Programm, das Hume in der Einleitung zum *Treatise* entworfen hatte. In der *Natural History of Religion* greift Hume Trenchards Idee nun auf, präzisiert sie[63]

[60] Vgl. etwa *The Natural History of Superstition*, S. 16 mit *Dialogues*, S. 220: »Though true Religion improves the Faculties, exhilerates the Spirits, makes the Mind calm and Serene, renders us useful to Society, and most active in the Affairs of the World (...).« »The proper office of religion is to regulate the heart of men, humanize their conduct, infuse the spirit of temperance, order, and obedience« (*Dialogues Concerning Natural Religion*. Edited, with an introduction, by Norman Kemp Smith. Oxford 1935. 2nd edition London 1947. 12th printing Indianapolis 1977).

[61] Vgl. S. 126, Anm. c zu diesem Essay.

[62] »it is incumbent upon us, first of all to examine into the frame and constitution of our own Bodies, and search into the causes of our Passions and Infirmities, for till we know from what Source or Principle we are so apt to be deceived« (S. 9). Ansätze zu einer anthropologischen Sichtweise der Religion finden sich schon bei Thomas Hobbes, doch ohne daß er eine Aufspürung der zugrunde liegenden Seelenkräfte in Angriff genommen hätte. Vgl. das 12. Kapitel des *Leviathan* »Of Religion«. *The English Works of Thomas Hobbes*. Now first collected and edited by William Molesworth. Bd. III. Reprint der Ausgabe 1839. Aalen 1962, S. 94–109.

[63] So unterscheidet Hume z. B. gleich in der Einleitung genauer als Trenchard zwischen den Prinzipien, »aus denen der ursprüngliche Glaube entspringt« und den »Zufälle(n) und Ursachen (...), die seine Wirkung leiten« (S. 2). Auf beide Fragen gibt er in unserer Schrift eine Antwort.

und führt sein Programm auf der Grundlage eines erstaunlich umfassenden religionsgeschichtlichen Wissens methodisch streng durch[64]. In ihr unternimmt Hume den Versuch, die Religion aus der anthropologisch kontingenten Subjektivität des Ichs heraus zu verstehen und sie damit in die neuzeitliche, auf Descartes zurückgehende subjektivistische Weltsicht als ein Phänomen zu integrieren, das nach seiner Entkleidung jeglichen supranaturalen Gehaltes für den aufgeklärten Forscher jetzt unter der Fragestellung zum interessanten Untersuchungsgegenstand wird, auf welche Seelenvermögen es sich stützen konnte. Mit der Aufdeckung und insbesondere der Beschreibung und Klassifizierung dieser anthropologisch fundierten Mechanismen hat Hume nicht nur eine wissenschaftsgeschichtlich bedeutsame und innovative Leistung vollbracht, sondern damit auch der falschen, abergläubischen Religion einen entscheidenden Schlag versetzt und so ein Stück dessen realisiert, was ihm zeitlebens am Herzen lag: praktische Aufklärung[65].

III

Werfen wir nun einen näheren Blick auf den Text der *Natural History of Religion*, so tritt folgender Aufbau zutage:

[64] Allein der zwölfte Abschnitt, in dem Hume die Betrachtungen eher locker aneinanderreiht, macht von der straffen und geordneten Gedankenführung eine Ausnahme. Einige Zeitgenossen Humes scheinen dies anders empfunden zu haben, denn Hume schreibt am 25. Mai 1757 an William Strahan: »I find it has been often objected to My natural History of Religion, that it wants order.« Um diesem Vorwurf zu begegnen, habe er sich entschlossen, »to prefix the enclosd Contents to it (...). These are the Titles of the several Sections. I shoud likewise desire, that the Title of each Section be prefixed to the Section. This will help the Reader to see the Scope of the Discourse« (*Letters*. Bd. I, S. 250f.).

[65] William Cullen berichtet in einem Brief, daß Hume am Ende seines Lebens geglaubt habe, von sich sagen zu dürfen, »he had been very busily employed in making his countrymen wiser and particularly in delivering them from the Christian superstition, but that he had not yet compleated that great work« (zitiert bei Mossner: *The Life of David Hume*, S. 601).

(1) In der Einleitung stellt Hume für den Bereich der Religion zwei Fragen als die wichtigsten heraus: Die nach der Grundlage der Religion in der Vernunft und die nach ihrem Ursprung in der menschlichen Natur. Die erste Frage, die in den *Dialogues* verhandelt werden wird, scheint ihm jetzt noch »eine sehr offenkundige, zumindest eine sehr klare Lösung« zu gestatten, denn »die gesamte Struktur der Welt verrät einen intelligenten Urheber«. Von diesem Bekenntnis zur Leistungsfähigkeit des physikotheologischen Gottesbeweises ist die ganze *Natural History of Religion* getragen[66]. Nun hatte Hume bekanntlich 1748 in Abschnitt XI der *Philosophical Essays Concerning Human Understanding* dem teleologisch begründeten Theismus der Zeit bereits den Boden entzogen, und in den *Dialogues* sollte diese Kritik ausführlicher und stilistisch verfeinerter erneut vorgetragen werden. Es fragt sich daher, welche Gründe Hume zwischenzeitlich zu dem positiven Urteil in unserer Schrift veranlaßt haben mögen, zumal der wissenschaftliche Theismus in den *Dialogues* mit denselben Argumenten außer Kraft gesetzt wird, die er schon 1748 zu diesem Zweck vorgetragen hatte. Die nur selten anerkannte Inkohärenz der Äußerungen Humes zur Physikotheologie stellt ein offenes Problem in der Hume-Forschung dar, das eine eingehende Untersuchung verdiente.

Für Hume sind indessen die größeren Schwierigkeiten mit der anderen Frage nach dem anthropologischen Fundament der Religion verbunden. Berichte über Völker, die ohne alle Religion lebten, beweisen ihm, daß Religion weder eine rationale Quelle haben kann, noch jenen ursprünglichen Eigenschaften der menschlichen Natur wie etwa Liebe und Haß zuzuzählen ist. Denn auf diese Affekte stoßen wir bei allen Menschen jedes Zeitalters. Religion ist somit ein Sekundärphänomen und nichts, was dem Menschen als solchem schon zukäme. So gilt Humes Interesse nun zwei Problemen; zum einen der Eruierung jener »abgeleiteten Prinzipien«, auf denen die Religion beruht, und dann der Frage, welche Umstände für die konkrete Ausgestaltung eines Glaubens verantwortlich sind. Auf beides gibt er in der vorliegenden Schrift eine Antwort.

[66] Für Belege vgl. S. 101, Anm. b zur Einleitung.

(2) Abschnitt I bis V behandeln den Polytheismus als die ursprüngliche Religionsform der frühen Menschheit. Zunächst stellt Hume die Tatsächlichkeit seiner zeitlichen Priorität unter Hinweis auf historische Dokumente und Beobachtungen bei primitiven Völkern heraus. Dann aber scheint ihm diese Annahme auch insofern die richtige zu sein, als sie mit der Entwicklung des menschlichen Geistes gut in Einklang zu bringen ist, der sich nur allmählich von der Betrachtung des Niederen zum Höheren erhebt und der, ehe er fähig ist, die großartige Vorstellung eines höchsten Wesens zu erfassen, das das ganze Universum samt seinen Gesetzen geschaffen hat, zunächst nur rohe Begriffe von jenen höheren Mächten haben konnte. Schließlich sucht Hume seine Auffassung auch dadurch zu stützen, daß er den gegenteiligen Standpunkt falsifiziert: Wäre der Monotheismus die ursprüngliche Religion der Menschheit gewesen, so ist nicht einzusehen, wie sie ihn wieder hätte aufgeben können, denn die Aufstellung und Entdeckung einer Lehre ist immer schwieriger, als ihre weitere Erhaltung und Förderung.

Mit dieser These traf Hume einen Lebensnerv des Deismus. Dieser ging nämlich davon aus, daß die frühe Menschheit durch die Betrachtung der Werke der Natur zur Erkenntnis nur eines Schöpfers derselben gelangt war und daß somit die Urreligion der Menschheit schon die schlechthin vollkommene darstellte. Erst durch Priesterlist und Pfaffentum entartete sie dann in der Folge zu Polytheismus und Aberglaube. Wollte man sie wiederherstellen, so hieß dies aus deistischer Sicht vor allem, die Kirche als institutionalisierte Erstarrung der Religion samt ihren Priestern als Vollzugsorganen der Ausbeutung religiöser Furcht und Unaufgeklärtheit zu bekämpfen. In Voltaires Kampfruf »Écrasez l'infâme« findet diese Strategie ihren sinnfälligen Ausdruck. Diese gemeindeistische Auffassung wurde durch Humes Analyse als bloßes philosophisches Phantasieprodukt entlarvt. Ironischerweise war es so, wie Cassirer schreibt, »die Philosophie selber, die jetzt das System des Offenbarungsglaubens von seinem gefährlichsten Gegner (sc. dem Deismus) befreite«[67]. Dabei ist Hume nicht der erste gewesen, der gegen die Annahme

[67] Ernst Cassirer: *Die Philosophie der Aufklärung*. Tübingen 1932, S. 242.

vom Monotheismus als der ursprünglichen Religionsform der Menschheit zu Felde gezogen war. Schon Bolingbroke hatte hier Zweifel angemeldet[68]. Doch war Hume es, der dieser These zum Durchbruch verhalf, so daß sie von nun an ihre Rolle in der Geistesgeschichte spielen konnte. Die Irritation, die sie bei den Deisten auslöste, die ihre Relevanz für ihr Programm der Aufklärung sehr wohl bemerkten, läßt sich deutlich an Voltaires Reaktion ablesen[69]; und so entsprach dem bald ausbrechenden Sturm der Empörung auf seiten der Orthodoxen ein ernüchternder Schock bei den Deisten. Hume hatte sich – nicht unvorhergesehen – zwischen alle Stühle gesetzt.

Wenn also der Polytheismus und nicht der Monotheismus die ursprüngliche Religionsform der noch unwissenden Menschheit war, wie ist er dann entstanden? In Übereinstimmung mit Fontenelle fällt Humes Antwort dahingehend aus, daß es sicherlich weder die Betrachtung der Werke der Natur[70] noch spekulative Neugier oder Wahrheitsliebe waren, die die ersten Menschen zu Nachforschungen dieser Art veranlaßten. Schon in der Antike

[68] »I do not believe mankind discerned the unity of God in the first dawnings of knowledge« (Henry St. John Viscount Bolingbroke: *Works*. Edited by David Mallett. Bd. IV. London 1754. Reprint Hildesheim 1968, S. 194).

[69] Im Artikel »religion« seines *Dictionnaire philosophique* von 1764 schreibt er: »Un autre savant beaucoup plus philosophe, qui est un des plus profonds métaphysiciens de nos jours, donne de fortes raisons pour prouver que le polythéisme a été la première religion des hommes, et qu'on a commencé à croire plusieurs dieux avant que la raison fût assez éclairée pour ne reconnaître qu'un seul Être suprême. J'ose croire, au contraire, qu'on a commencé d'abord par reconnaître un seul Dieu, et qu'ensuite la faiblesse humaine en a adopté plusieurs; et voici comme je conçois la chose« (*Dictionnaire philosophique*. Introduction, relevé des variantes et notes par Julien Benda. Texte établi par Raymond Naves. Paris 1961, S. 360). Dann schildert er – wohl nicht zuletzt, um sich seiner eigenen Position angesichts der Einwände Humes noch einmal zu vergewissern – wie er und die Deisten über den Ursprung des Monotheismus dachten.

[70] Auch in Fontenelles Sicht reflektierten die ungebildeten Menschen jener Zeiten »nullement sur l'ordre réglé de l'univers« (*De l'origine des fables* [1724]. Edition critique avec une introduction, des notes et un commentaire par J.-R. Carré. Paris 1932, S. 18).

war die Meinung vertreten worden, daß die Religion aus der Furcht der Menschen hervorgehe: *Primos in orbe deos fecit timor*. In dieser bei Statius[71] und Petronius[72] zu findenden klassischen Formulierung hatte diese Auffassung in der Neuzeit eine Renaissance erlebt und war von vielen Autoren wieder vertreten worden; unter ihnen mit Hobbes[73] und Spinoza[74] auch von zwei der herausragendsten Köpfe dieses Zeitalters. Hume übernimmt sie und erklärt die Affekte Furcht und Schrecken zur Grundlage der ersten Religion der Menschen. Wiederum wie schon Fontenelle[75] sieht er bei der konkreten Ausmalung jener höheren Mächte anthropomorphe Projektionsmechanismen am Werk.

Ist der Polytheismus die Religion der unwissenden Menschheit und also nicht auf der Betrachtung der Werke der Natur gegründet, dann darf auch das Resultat, zu dem diese Methode führen würde, nicht in den frühen theologischen Systemen enthalten sein: die Anerkenntnis nur eines höchsten Schöpfergottes. Im vierten Abschnitt versucht Hume unter Heranziehung einer Fülle von Literatur nachzuweisen, daß dies in der Tat auch nicht der Fall ist. Nachdem er zu Beginn des folgenden Abschnitts mit Allegorie und Heldenverehrung die beiden Erscheinungsformen des groben Polytheismus beschrieben hat, faßt er gegen dessen Ende die Prinzipien des Polytheismus noch einmal zusammen; ein Indiz dafür, daß ihm die Darlegung seiner Auffassung zu diesem Punkt besonders am Herzen lag und er hier nach Kräften Mißverständnissen vorbeugen wollte.

(3) Wie aber ist nun der Theismus aus dem Polytheismus entstanden? In den zwei folgenden Abschnitten VI–VII versucht Hume klarzumachen, daß diesem Prozeß keineswegs vernünftige Erwägungen über den Bau und die Struktur der Welt zugrunde liegen. Der Monotheismus der Masse ist auf irrationalen,

[71] *Thebais*. Buch III, Vers 661.

[72] Frgm. XXVII, Vers 1.

[73] *Leviathan*. Kap. 12.

[74] *Tractatus Theologico-Politicus*. Praef.

[75] »Ainsi, pour rendre raison des tonnevres et des foudres, on se représentait volontiers un dieu de figure humaine, lançant sur nous des flèches de feu; idées manifestement prises sur des objets très familiers« (*De l'origine des fables*, S. 16).

abergläubischen Prinzipien errichtet. Insbesondere der Hang zur Schmeichelei, der seinerseits ein Produkt der Furcht ist, läßt die Menschen immer großartigere Eigenschaften suchen, die sie ihrer Gottheit beilegen können, bis sie ihr schließlich mit dem Begriff der Unendlichkeit dasjenige Attribut zugesprochen haben, das keiner Steigerung mehr fähig ist. Ihre Glaubenspraxis jedoch zeigt, daß ihr Bekenntnis zu einer ursprünglichen, höchsten Intelligenz rein verbaler Natur ist und keinen läuternden Einfluß auf ihr religiöses Verhalten ausübt.

(4) Da der Übergang vom Polytheismus zum Theismus kein Ausdruck einer gewachsenen Rationalität ist, sondern immer noch auf irrationalen Prinzipien beruht, kann sich der Theismus auch nicht für immer behaupten. Denn die Gottheit, die durch jene Schmeicheleien als eine einzige, unendliche und intelligente Macht verehrt wird, ist nun so erhaben und in eine so große Distanz zu den Menschen gerückt, daß sie es nicht mehr wagen, sich direkt mit ihren Bitten an sie zu wenden. Das macht die Einführung von Fürsprechern und Vermittlern erforderlich, die nun bald der eigentliche Gegenstand der Anbetung werden und die so nach und nach den ursprünglichen Polytheismus zurückbringen. Nach einiger Zeit setzt dann der im vorigen Abschnitt bereits beschriebene, auf Schmeicheleien und dem Streben nach Verherrlichung beruhende Mechanismus wieder ein, der abermals zum Theismus führt. Es gibt hier also keine von rationalen Prinzipien gesteuerte progressive Entwicklung. Der Mechanismus, den Hume bisweilen als den »natural progress of human thought«[76] bezeichnet, darf nicht mit dem optimistischen Fortschrittsglauben gleichgesetzt werden, den dieser Ausdruck später etwa bei Condorcet meint. Der achte Abschnitt, in dem Hume das zyklische Kommen und Gehen von Polytheismus und Monotheismus beschreibt, stellt eine klare Absage an diesen Begriff von Fortschritt dar. Der Terminus »progress« dient Hume lediglich zur Beschreibung einer *Bewegung*, ohne daß diese teleologisch auf einen Zustand größerer Vollkommenheit ausgerichtet wäre[77].

[76] So z.B. *NHR*, Sect. I (*Philosophical Works*. Bd. IV, S. 311).

[77] So auch Frank E. Manuel: *The Eighteenth Century Confronts the Gods*. Cambridge/Mass. 1959, S. 178.

(5) Die Abschnitte IX bis XII stellen unter mehreren Gesichtspunkten Vergleiche zwischen den beiden Religionsformen an. Zunächst fragt sich Hume, welche Religionsform wohl die tolerantere sei. Als solche erweist sich der Polytheismus, denn er läßt infolge der nur relativen Macht, die er seinen Göttern jeweils beilegt, nicht nur die Gottheiten anderer Nationen an der Göttlichkeit partizipieren, sondern duldet auch die verschiedensten Zeremonien ihrer Verehrung. Dahingegen erblickt der Monotheismus in der Anbetung anderer Gottheiten mehr als nur eine Absurdität. Er sieht darin eine Gefahr für die Einheit des Glaubens. Da nun jede monotheistische Sekte ihre Gottheit für die einzig wahre hält, wird die Bekämpfung Andersgläubiger für sie zu einer Frage ihrer religiösen Identität, woraus sich im übrigen auch die grausamen Religionskriege des 17. Jahrhunderts erklären.

Nicht nur hinsichtlich der Toleranz fällt der Vergleich zugunsten des Polytheismus aus. Wo, wie im Monotheismus, die Götter in eine unendliche Ferne zu den Menschen gerückt sind und als ihnen unendlich überlegen erscheinen, da herrschen knechtische Tugenden und Passivität vor. Dort aber, wo die Götter als den Menschen nur graduell überlegen dargestellt werden, ist ein Wettkampf mit ihnen möglich, der die aktiven Tugenden fördert. Schiller verlieh dem in den Versen Ausdruck:

»Da die Götter menschlicher noch waren,
waren Menschen göttlicher«[78].

Auch im Hinblick auf Vernunft und Vernunftwidrigkeit fällt der Vergleich zugunsten des Polytheismus aus. Hume geht dabei so vor, daß er die mutmaßliche Vernunftwidrigkeit der heidnischen Mythologie zurückweist und die Möglichkeit der darin vorgetragenen Kosmogonien den Unsinnigkeiten der scholastischen Theologie entgegenstellt. Die Psychologie des Aberglaubens, die er dabei entwirft, erinnert an Kants Demaskierung des Pfaffentums in seiner *Religion innerhalb der Grenzen der bloßen*

[78] *Die Götter Griechenlands* (Erste Fassung). In: *Sämtliche Werke*. Nach den Ausgaben letzter Hand unter Hinzuziehung der Erstdrucke und Handschriften. Textredaktion: Jost Perfahl. Mit einer Einführung von Benno von Wiese und einer Zeittafel von Helmut Koopmann in Bd. I. Bd. III. München o. J. (1968), S. 133.

Vernunft (1793)[79], und interessanterweise hat Kant auch Humes plastisches Bild, den Absurditäten der scholastischen Theologie vernünftige Überlegungen entgegenzustellen, hieße, »den Ozean mit einem Binsenbüschel zustopfen wollen«, in einer kleinen Schrift des Jahres 1786 zitiert[80]. In dem langen Abschnitt XII reiht Hume eine Vielzahl kürzerer Anekdoten, Erzählungen, Berichte und Reflexionen unter Berücksichtigung einer Fülle von Literatur locker aneinander, die den durch die nachträglich hinzugefügte Überschrift gesetzten Rahmen eines Vergleichs der beiden Religionsformen hinsichtlich Zweifel und Überzeugung sprengen. Auch sie zeigen, daß dem Polytheismus der Vorzug gebührt.

(6) Nachdem in den Abschnitten IX bis XII einige signifikante Unterschiede der beiden Religionsformen herausgearbeitet worden sind, hebt Hume in Abschnitt XIII und XIV zwei relevante Gemeinsamkeiten heraus. Zum einen haben die volkstümlichen Systeme beider Art keine angemessenen, sondern nur sehr niedere Vorstellungen von der Gottheit. Läutern sie aber in der Folge ihre Begriffe von der Göttlichkeit, so sind nur die Attribute der Macht und des Wissens davon betroffen, nicht aber die ihrer Güte und ihres Wohlwollens. Vielmehr nehmen Angst und Schrecken nun zu, und wenn der Gottheit erst einmal die Allwissenheit zuerkannt worden ist, dann sind ihr auch die geheimsten Gedanken ihrer Anhänger bekannt, was für diese permanenten psychologischen Terror bedeutet. So verhalten sich Macht und Güte der Gottheit in den Augen ihrer Anhänger umgekehrt proportional zueinander.

Zum anderen aber, und das ist der entscheidende Punkt, üben beide volkstümliche Religionsformen einen ungünstigen Einfluß auf die Moralität aus. Das Verhältnis, in dem Religion und Moralität zueinander stehen, ist eins der großen Themen, die das ganze 18. Jahrhundert beschäftigen. In der christlichen Tradition waren

[79] Vgl. besonders das »vierte Stück« der Religionsschrift *Vom Dienst und Afterdienst unter der Herrschaft des guten Princips, oder Von Religion und Pfaffenthum*. In: *Kant's gesammelte Schriften*. Hg. von der Königlich Preußischen Akademie der Wissenschaften. Bd. VI. Berlin 1907, S. 151–190, bes. S. 168–180.

[80] Vgl. S. 115–116 Anm. 1 zu Abschnitt XI.

die moralischen Vorschriften mehr oder weniger direkt aus der offenbarten Religion abgeleitet worden, die somit die Basis sittlichen Handelns darstellte. Dagegen wandten sich die Deisten, die eine natürliche Religion aus bloßen Vernunftbegriffen konstruierten und mit der Preisgabe des Offenbarungsglaubens als notwendigem Fundament der Religion konsequenterweise auch der Moral eine andere Grundlage geben mußten. Indem Hume im dritten Buch seines *Treatise* (1740) und in seiner *Enquiry Concerning the Principles of Morals* (1751) die Prinzipien der Moral nicht mehr theologisch begründete, sondern ihren Ursprung in der menschlichen Natur suchte, reihte er sich insofern nur in die progressive Tradition ein, der auch so bekannte und reputierte Männer wie Shaftesbury und Hutcheson angehörten. In der *Natural History of Religion* geht er nun einen entscheidenden Schritt weiter und fügt jener geläufigen Auffassung die These hinzu, daß die Religion, so wie sie sich in der wirklichen Welt präsentiert hat, der Moralität direkt entgegenwirkt. Damit schließt er nicht nur eine Fundierungsmöglichkeit der Moralität in der Religion aus; er streitet auch ab, daß die aus der Religion hervorgehenden Forderungen mit den Geboten der Moral verträglich sein könnten.

Dies ist so, weil sich in jeder Religion die Praktizierung des, um mit Kants Worten zu sprechen, Statutarischen bei ihren Anhängern stets größerer Beliebtheit erfreut als die Befolgung der etwa in ihr enthaltenen moralischen Gebote. Wie aber kommt das? Nachdem Hume mit psychologischem Scharfblick die pseudoreligiösen Praktiken als solche entlarvt hat, bietet er folgende, wiederum an Kants scharfsinnige Analyse desselben Phänomens vorerinnernde Erklärung dafür an: Handelt man nach den Gesetzen der Sittlichkeit, so erfüllt man nur seine Schuldigkeit gegenüber der Gesellschaft, und man könnte diese Pflichten nicht unterlassen, ohne entsprechende Sanktionen gewärtigen zu müssen. Darin sieht der abergläubische Mensch also nichts, was er eigentlich seiner Gottheit zuliebe getan hätte, und so erfindet er Rituale und Observanzen, die er als der Gottheit um so wohlgefälliger erachtet, je weniger Bezug sie zur Sittlichkeit haben und je geringer ihr praktischer Wert für diese Welt ist.

Hume geißelt hier mit herben Worten die Erscheinungsformen der entarteten Religion, dem Gegenteil der wahren Religion. Was er darunter versteht, hat er in der unterdrückten Vorrede zum zweiten Band seiner *History of Great Britain* klar ausgesprochen: »The proper office of Religion is to reform Men's Lives, to purify their Hearts, to inforce all moral Duties, and to secure Obedience to the Laws and civil Magistrate«[81]. Diese Auffassung vertritt auch Cleanthes im zwölften Teil der *Dialogues*: »The proper office of religion is to regulate the heart of men, humanize their conduct, infuse the spirit of temperance, order, and obedience«[82]. Wahre Religion gründet nicht in Furcht und Schrekken, sie ist frei vom abergläubischen Fetisch und hat auch keinen transzendenten Bezug. Sie ist ganz auf das diesseitige Leben beschränkt und hat nur ein Ziel: die moralische Vervollkommnung des Menschen zu einem nützlichen Glied der Gesellschaft. Zeremonien und anderer Kult sind ihr fremd: »The Idea of an Infinite Mind, the Author of the Universe seems at first Sight to require a Worship absolutely pure, simple, unadorned; without Rites, Institutions, Ceremonies; even without Temples, Priests, or verbal Prayer and Supplication«[83]. Gleichzeitig macht Hume jedoch klar, daß er nicht der Auffassung ist, daß diese wahre Religion jemals einen nennenswerten Einfluß auf die Entscheidungen der Menschen und den Gang der Geschichte ausgeübt hat, da – wie er in jener unterdrückten Vorrede sagt – »its Operations, tho' infinitely valuable, are secret and silent; and seldom come under the Cognizance of History«[84]. Ähnlich schätzt Cleanthes ihre

[81] Die Vorrede ist vollständig abgedruckt bei Mossner: *The Life of David Hume*, S. 306f., hier: S. 306. In diesem Sinne hatte sich Hume auch schon 1743 in einem Brief an William Mure of Caldwell geäußert. Vgl. *New Letters*, S. 12–13.

[82] *Dialogues*, S. 220.

[83] Zitiert nach Mossner: *The Life of David Hume*, S. 307.

[84] A.a.O., S. 306. Schon in den *Early Memoranda* hatte Hume die Bedeutung religiöser Observanzen für die Bewahrung der Religion in den Gemütern der Menschen erkannt, doch legt er den Priestern hier noch nicht das Motiv der Verfolgung ihrer Eigeninteressen unter, wenn sie ihre Zeremonien praktizieren und auf eine strenge Einhaltung der Riten achten: »No religion can maintain itself in Vigour without Observances to be practis'd on all Occasions. Hence the Priests are stricter upon these than moral Dutys without knowing the Reason. There is a secret

Wirksamkeit ein[85], und auch Philo ist von der Unschädlichkeit, ja Nützlichkeit dieser Religion überzeugt, doch macht er seinen Gesprächspartner auf die Gefahr aufmerksam, sich in Spekulationen über jene idealtypische Religion zu verlieren und erinnert ihn: »we must treat of religion, as it has commonly been found in the world«[86], denn die wahre Religion habe nun einmal den Nachteil, stets auf sehr wenige Menschen beschränkt zu sein.

Die damit angedeutete Einteilung der Menschen in zwei Klassen spielt ihre Rolle auch in der *Natural History of Religion*. Hume unterscheidet mit wechselnden Termini die Masse von den Philosophen[87]. Jene praktiziert eine abergläubische Religion, diese werden durch die Betrachtung der Werke der Natur zur Anerkennung eines höchsten Schöpfergottes geführt. Von den Philosophen oder den »men of genius« ist in der vorliegenden Schrift jedoch nur dann die Rede, wenn Hume die Leistungsfähigkeit und Stringenz des physikotheologischen Argumentes hervorhebt, denn nur ihnen leuchtet es ein. Die Masse wendet sich ja, wie wir sahen, dem Monotheismus nicht etwa auf Grund rationaler Erwägungen zu. Denn täte sie es, so könnte sie unmöglich wieder in den Polytheismus zurückfallen. Hume beschreibt in unserer Schrift somit genauer die Religion der Masse, so wie sie sich historisch und soziologisch präsentiert, und das heißt zunächst: er beschreibt das Christentum[88]. Seiner Auffas-

Instinct of this kind« (*EM* II, § 39). In dem Essay *Of Superstition and Enthusiasm* glaubt er dann nicht mehr an einen »geheimen Instinkt« der hierfür verantwortlich wäre, sondern sieht, wie die Priesterschaft durch Beförderung des Statutarischen ihre Machtinteressen verfolgt. Vgl. S. 77.

[85] »and as its operation is silent, and only enforces the motives of morality and justice, it is in danger of being overlooked, and confounded with (...) other motives« (*Dialogues*, S. 220).

[86] *Dialogues*, S. 223.

[87] Mossner hat in seinem Aufsatz *The Religion of David Hume*, S. 659 f. die Relevanz dieser Unterscheidung für die gesamte Philosophie Humes vom *Treatise* an nachgewiesen.

[88] Daß dies auch von den Zeitgenossen so verstanden wurde, geht aus dem von George Horne verfaßten und anonym publizierten *Letter to*

sung nach hat die christliche Religion keine Grundlage in der Vernunft, und seine Reisen durch Europa mußten ihn in seinem Urteil bestärkt haben, daß die Masse sich kaum jemals rationalen Erwägungen in Religionsangelegenheiten öffnen würde; standen ihm die Eindrücke aus dem von Heiligenverehrung geradezu besessenen Italien doch noch lebhaft vor Augen. In Verkennung der Überlappungen von christlichem Gebot und sittlicher Pflicht steht für Hume mit der Schädlichkeit aller volkstümlichen Religionen auch die Schädlichkeit des Christentums und sein der Ausbreitung der Moralität entgegenstehender Einfluß fest.

(7) In der Schlußbetrachtung stellt Hume in kontrastiver Sprache der erhabenen, durch das physikotheologische Argument gewonnenen Vorstellung eines höchsten Schöpfers aller Dinge das erbärmliche Bild gegenüber, das sich die volkstümlichen Religionen von der Gottheit machen. Damit gibt er diese erneut der Verachtung preis. Gegen Ende der Schrift argumentiert Hume nicht mehr, sondern er fügt die Kontraste aphorismenartig aneinander. Der berühmte Schlußabsatz[89] macht klar, daß die Frage nach dem Ursprung der Religion in der menschlichen Natur, die Hume sich in der Einleitung gestellt hatte, keine befriedigende und endgültige Antwort gestattet: »Das Ganze ist ein Rätsel, ein Änigma, ein unerklärliches Geheimnis.« Der Skeptiker obsiegt: »Zweifel, Ungewißheit und Unentschiedenheit des Urteils scheinen das einzige Ergebnis unserer sorgfältigsten Untersuchung in dieser Angelegenheit zu sein.« Uns bleibt nur, den Zweifel durch die Gegenüberstellung der verschiedenen Arten des Aberglaubens aufrecht zu erhalten, »indessen wir selbst,

Adam Smith on the Life, Death, and Philosophy of His Friend David Hume. By one of the people called Christians (Oxford 1777) hervor. Darin heißt es: »We all know, Sir, what the word SUPERSTITION denoted, in Mr Hume's vocabulary, and against what Religion his shafts are levelled, under that name« (S. 13. Zitiert nach Gaskin: *Hume's Philosophy of Religion*, S. 148).

[89] Er pflegt in nahezu allen einschlägigen Arbeiten zitiert zu werden. Greig fügte dem Abdruck in seiner Monographie als Kommentar nur die Bemerkung hinzu: »Read it as a confession of faith« (*David Hume*, S. 230).

während sie gegeneinander wüten und toben, glücklich in das ruhige, wenn auch dunkle Gebiet der Philosophie entfliehen«. Dieser letzte Satz der *Natural History of Religion* kann als der erste Satz der *Dialogues* gelesen werden, in denen die Religion eben unter philosophischem Gesichtspunkt behandelt wird, um so mit der Untersuchung ihrer Grundlage in der Vernunft die wichtigste von allen Fragen zu diesem Thema zu entscheiden. Doch auch die *Dialogues* enden aporetisch. In Fragen der Religion behält die Skepsis das letzte Wort.

IV

Der Essay *Of Superstition and Enthusiasm* ist der früheste Text Humes, der ganz einem religiösen Thema gewidmet ist. Er erschien erstmals innerhalb der *Essays, Moral and Political* im Jahre 1741[90]. Mit dem gewählten Sujet greift Hume ein Lieblingsthema der Zeit auf und gibt ihm in der Gestalt des Essays die entsprechend populäre literarische Form. Inhaltlich weist vieles auf die *Natural History of Religion* voraus. So schon der erste Satz, in dem Hume mit Aberglaube und Schwärmerei der wahren Religion ihre zwei möglichen Entartungsformen gegenüberstellt. Anders als in der *Natural History of Religion* wird die »wahre Religion« hier jedoch nicht näher bestimmt. Die beiden degenerierten Formen religiösen Verhaltens werden nun unter demselben Motto wie in der *Natural History of Religion* näher beschrieben: »Aus der Entartung des Besten entsteht das Schlimmste.«

Diese Beschreibung erfolgt unter doppelter Perspektive. Zunächst betrachtet Hume Aberglaube und Schwärmerei von ihrer subjektiven Seite und bereitet damit den späteren Versuch vor, die Religion aus der Subjektivität des Ichs heraus zu verstehen. Als Quelle des Aberglaubens erweisen sich schon hier Angst und Unwissenheit, verbunden mit einer schwachen, melancholischen

[90] Vgl. T. E. Jessop: *A Bibliography of David Hume and of Scottish Philosophy from Francis Hutcheson to Lord Balfour*. London 1938. Reprint New York 1966, S. 15f.

Konstitution des Gemütes. Die subjektiven Bedingungen, die das entgegengesetzte Phänomen der Schwärmerei ermöglichen, sind gehobene Stimmungen, übersteigertes Selbstvertrauen und eine lebhafte Einbildungskraft, wiederum in Vereinigung mit Unwissenheit. Diese zweite Möglichkeit eines entarteten religiösen Verhaltens greift Hume in der *Natural History of Religion* nicht wieder auf.

Das eigentliche Thema des Essays ist jedoch nicht das Aufspüren der anthropologischen Wurzeln der Religion, sondern die Darlegung ihres schädlichen Einflusses auf Staat und Gesellschaft. Nun könnte es scheinen, als sei der diesem Satz zugrunde liegende Schluß von dem ungünstigen Einfluß von Aberglaube und Schwärmerei auf die Schädlichkeit der Religion schlechthin übereilt. Zieht man jedoch in Betracht, daß Hume zu der wahren Religion in diesem Essay gar keine Ausführungen macht und daß sowohl in der unterdrückten Vorrede zum zweiten Band der *History of Great Britain* als auch in den *Dialogues*[91] ein nennenswerter Einfluß von dorther auf die Geschichte von ihm ausgeschlossen worden ist, dann wird klar, daß Hume auch schon hier von der Religion spricht »as it has commonly been found in the world«[92]. Die zahlreich angeführten Belege aus Profan- und Kirchengeschichte in dieser Schrift bestätigen dies eindeutig. Wenn Hume nun behauptet, daß diese historisch vorgegebene Religion nach der einen oder der anderen Seite hin pervertiert sei, dann war klar, daß damit der christliche Glaube gemeint war: stellen doch die von ihm zitierten und der einen oder der anderen Entartungsform zugeordneten Sekten allesamt Gruppierungen innerhalb des Christentums dar.

Welche Entartung ist nun die harmlosere? Die drei folgenden »Bemerkungen« lassen Hume die Schwärmerei als das kleinere Übel erscheinen. Denn der Aberglaube ist die eigentliche Domäne priesterlicher Herrschaft. Ganz in der aufklärerischen Tradition stehend attackiert Hume Pfaffentum und Priesterlist, nimmt jedoch die Geistlichen, die von Gesetzes wegen »zur Pflege der heiligen Angelegenheiten und zur schicklicheren und

[91] Vgl. S. XXXIV–XXXV.
[92] *Dialogues*, S. 223.

ordentlicheren Leitung unserer öffentlichen Andacht verpflichtet sind«, von seiner Kritik aus. Die Schwärmer hingegen verachten das Formale, Rituelle, da sie aufgrund ihrer exaltierten Einbildungskraft einen unmittelbaren Zugang zur Gottheit suchen und keine Vermittler zu benötigen glauben. Dann aber ist die Schwärmerei anfänglich zwar äußerst wild und stürmisch, doch verpufft ihr Feuer in kurzer Zeit, wohingegen der Aberglaube sich nur allmählich einschleicht, dafür aber um so dauerhafter Besitz von den Gemütern der Menschen ergreift. Schließlich fällt der Vergleich auch im politischen Bereich zugunsten der Schwärmerei aus. Denn gerade die Geschichte Englands zeigt Hume, daß die Schwärmer Freunde und die Abergläubischen Feinde der bürgerlichen Freiheit sind.

Dieser frühe Essay des gerade dreißigjährigen Hume atmet ganz die Luft des aufklärerischen Deismus, ohne daß er sich in dessen bisweilen platten Verspottung und undifferenzierten Verdammung alles Religiösen erschöpfte. Er dokumentiert die Kontinuität des religionsphilosophischen Denkens Humes und ist durch seine Darstellung der Psychologie der Schwärmerei als ergänzendes Nebenstück zur *Natural History of Religion* auch unter systematischem Gesichtspunkt von Bedeutung.

Die beiden Essays *Of the Immortality of the Soul* und *Of Suicide* sind sicherlich die philosophisch anspruchsvollsten Texte der vier in dem vorliegenden Bande vereinigten Schriften Humes. Um so überraschender ist es, daß die neuere Hume-Forschung ihnen bislang kaum Aufmerksamkeit geschenkt hat[93]. Das kann nicht etwa an der schweren Zugänglichkeit der Texte liegen[94]; im

[93] Zu dem Essay *Of Suicide* hat Tom L. Beauchamp mit dem in Anm. 1 bereits genannten Aufsatz 1976/77 die erste separate Analyse vorgelegt. Die detaillierteste Untersuchung war bis dahin die von S. E. Sprott in seiner Monographie *The English Debate on Suicide from Donne to Hume*. La Salle/Illinois 1961 gewesen. Noch weniger Beachtung scheint der andere Essay gefunden zu haben, doch hat Gaskin seiner Thematik ein ganzes Kapitel in seinem vielbeachteten Buch *Hume's Philosophy of Religion* gewidmet (S. 85–102).

[94] Der anonyme Herausgeber dieser beiden Essays in der Zeitschrift *The Open Court* 31 (1917) begründete ihren Abdruck noch mit der – nicht ganz zutreffenden – Feststellung, sie seien »unobtainable in the book market« und existierten »now only in one edition preserved in the

Gegenteil: keine andere Schrift von Hume ist so oft gedruckt worden wie diese beiden Essays. Als Folge dieser Vernachlässigung harren noch manche Fragen einer Antwort.

So ist z. B. ihre Entstehungszeit sehr umstritten. Wie wir gesehen haben, gab Hume die beiden Essays zum Druck, damit die durch die Herausnahme des Essays über die metaphysischen Prinzipien der Geometrie entstandene Lücke gefüllt würde. Die Frage lautet nun, ob er die Essays eigens zu diesem Zweck geschrieben hat und ihre Entstehung folglich in den Herbst des Jahres 1755 fällt, oder ob er jene Texte zu diesem Zeitpunkt nur aus der Schreibtischschublade hervorgeholt hat, und wie lange sie darin wohl gelegen haben mögen. Die erste Auffassung war schon von Grose[95] vertreten worden. In der Folge haben sie sich die meisten Autoren zu eigen gemacht, unter ihnen auch Greig[96]. Der andere Standpunkt gestattet keine so eindeutige Datierung der Entstehung. Denn möglicherweise handelt es sich bei ihnen um Teile des *Treatise*, die erst bei der Schlußredaktion herausgenommen worden sind[97]. Dann könnte ihre Niederschrift bereits Mitte der dreißiger Jahre erfolgt sein. Denkbar ist aber auch, daß Hume sie ursprünglich für seine *Essays, Moral and Political* geschrieben hatte und ihre Entstehung in den Anfang der vierziger Jahre fällt. Auch in diesem Falle dürfte man sie noch als Produkte

British Museum, nor were they ever reprinted« (S. 740). Mittlerweile sind die Texte jedoch in vielfältigen Editionen greifbar. Wegen ihrer Kürze eignen sie sich auch besonders gut zur Aufnahme in Anthologien und Sammelbände. Der Herausgeber ist sich daher bewußt, daß seine Bibliographie in diesem Punkt notwendig lückenhaft bleiben mußte.

[95] In seiner »History of the Editions« hatte Grose geschrieben: »Between 1755 and 1757 Hume wrote the two Essays on Suicide and on the Immortality of the Soul« (*Philosophical Works*. Bd. III, S. 72). Daß er mit dem Jahr 1757 aber auf jeden Fall zu spät liegt, geht aus der oben geschilderten Editionsgeschichte der *Four Dissertations* hervor. Denn Ende 1755 war die Drucklegung der »Five Dissertations« bereits abgeschlossen.

[96] »He filled it (sc. the gap) with two essays, *Of Suicide* and *Of the Immortality of the Soul*, both new and, as I surmise, hurriedly composed to meet the sudden need« (*David Hume*, S. 225).

[97] Vgl. Anm. 45.

des jungen Hume bezeichnen. Schließlich muß auch die Möglichkeit in Betracht gezogen werden, daß ihre Niederschrift ohne einen konkreten Anlaß nur in der Absicht erfolgte, etwas auf Vorrat zu produzieren, womit eine zeitliche Fixierung ganz unmöglich wird.

Colver vertritt nun die Auffassung, daß es sich bei jenen Essays um Werke aus Humes früher Schaffensperiode handele: »The quality of the two essays suggests they may have been juvenile productions«[98]. Mit unhinterfragter Selbstverständlichkeit geht er, wie auch die anderen Interpreten, von der Annahme aus, daß die beiden Essays wie siamesische Zwillinge zusammengehören und zieht die Möglichkeit ihrer unabhängigen Entstehung zu verschiedener Zeit gar nicht in Betracht. Ergibt sich aus dem uns vorliegenden Material keinerlei zwingende Notwendigkeit für diese Sichtweise, so läßt eine detaillierte Untersuchung der einschlägigen Texte Humes, wie sie Gaskin geliefert hat[99], vielmehr Gesichtspunkte zutage treten, die ihre Verabschiedung ratsam erscheinen lassen.

So hat Gaskin darauf hingewiesen, daß Hume die Frage nach der Unsterblichkeit der Seele bereits im *Treatise* in dem Abschnitt »Of the Immateriality of the Soul«[100] angeht. Auf Grund einer philosophisch wie philologisch sorgfältig durchgeführten Analyse beider Texte kommt Gaskin zu dem Ergebnis, daß der Essay über die Unsterblichkeit der Seele ursprünglich Teil des *Treatise* war[101], und er vermag sogar mit einiger Plausibilität die Stelle anzugeben, wo er gestanden hat. Hinsichtlich des anderen Essays über Selbstmord finden wir jedoch im *Treatise* keinen Argumentationszusammenhang, aus dem er ausgekoppelt sein könnte, keine Stelle, an der er sinnvollerweise hätte stehen können. Für den Essay *Of the Immortality of the Soul* läßt sich daher mit eini-

[98] In der »Note on the Text« zu seiner Ausgabe der *Natural History of Religion*, S. 8n.

[99] *Hume's Philosophy of Religion*, S. 85–102. Gleichwohl hält auch er an dem Dogma des Junktims fest: »We know that Hume produced ›Of the Immortality of the Soul‹ and ›Of Suicide‹ in 1755 in a hurry to fill up a gap in a volume at the printers« (S. 102).

[100] *Treatise*, S. 232–251.

[101] *Hume's Philosophy of Religion*, S. 89, 102.

ger Sicherheit behaupten, daß er spätestens seit 1739 in der besagten Schublade gelegen haben wird; für den anderen Essay fehlen uns bislang noch entsprechende philosophisch wie philologisch abgesicherte Ergebnisse, auf deren Grundlage eine Datierung mehr als bloße Spekulation wäre.

In dem Essay über die Unsterblichkeit der Seele teilt Hume die Argumente, die für ihre Unsterblichkeit sprechen, in metaphysische, moralische und physische ein. Gleichzeitig aber macht er bereits im ersten Absatz klar, wer der eigentliche geschichtliche Träger der Unsterblichkeitslehre ist: das Christentum. So wird die nun Schritt für Schritt erfolgende Widerlegung jener Argumente implizit zu einem Angriff auf das Christentum. Humes Analyse hatte jedoch auch Konsequenzen für diejenigen Deisten, die aus moralphilosophischen Überlegungen heraus an der Unsterblichkeitslehre festhielten. Ihr Argument basierte auf der Beobachtung, daß es in diesem Leben keine Proportionalität zwischen Tugend und Glückseligkeit gibt. Um nun einsichtig zu machen, warum gleichwohl die Gesetze der Tugend zu befolgen seien, nahmen sie eine der Gerechtigkeit des höchsten Wesens entsprechende Belohnung der Guten und Bestrafung der Bösen in einem künftigen Leben an. Aber, so wendet Hume ein, wir dürfen Gott als dem Schöpfer der Welt keine anderen Eigenschaften beilegen als solche, die sich in der Welt als seinem Werk auch tatsächlich finden lassen. Da es nun in der Welt durchaus nicht gerecht zugeht, sind wir folglich nicht berechtigt, Gott die Eigenschaft der Gerechtigkeit beizulegen, und damit ist diesem Argument das Fundament entzogen.

Humes Widerlegung aller drei Kategorien von Argumenten fußt in zentraler Weise auf den Prinzipien seiner theoretischen Philosophie. Deutlicher noch als in der Zurückweisung der moralischen Argumente zeigt sich dies bei der Diskussion der metaphysischen Beweise für die Unsterblichkeit der Seele. Die »rechte Metaphysik«, die uns lehrt, daß der Begriff der Substanz ganz und gar verworren ist, daß wir keine andere Vorstellung von einer Substanz haben als die eines Aggregats bestimmter Eigenschaften, daß sich über Ursache und Wirkung nichts a priori ausmachen läßt, daß allein Erfahrung Grundlage unserer Schlüsse mit Bezug auf Tatsachen und Existenz sein kann – diese Metaphysik ist die Metaphysik des *Treatise*. Die stark komprimierte Präsentation der Grundgedanken seiner theoretischen Philosophie gleich zu Beginn des Essays läßt die Vermutung zu, daß Hume sie nachträglich hinzugefügt hat. Dadurch findet die These Gaskins über die Entstehungszeit dieses Essays eine willkommene Bestätigung, denn wenn er ursprünglich Teil des *Treatise* war, dann konnte Hume dort auf die geraffte Darbietung der hier einschlägigen Grundergebnisse seiner Philosophie mit gutem Grund verzichten.

Obschon auch der Essay *Of Suicide* in seiner Widerlegung der Argumente, die gegen die Rechtmäßigkeit des Selbstmordes vorgebracht worden sind, implizit auf Humes Empirismus beruht, ist seine Kenntnis für den Leser hier doch nicht so unabdingbar. Wenn der Selbstmord ein Verbrechen ist, dann muß es sich dabei entweder um eine Verletzung unserer Pflicht gegenüber Gott, unserem Nächsten oder uns selbst handeln. In der Folge wird nun jeweils nachgewiesen, daß durch den Selbstmord keine dieser drei Pflichten verletzt wird und daß die Inkriminierung des freiwilligen Scheidens aus dem Leben unbegründet ist. Selbstmord nämlich war und ist in einigen Staaten auch heute noch ein Delikt, das sowohl in den Bereich staatlicher wie kirchlicher Rechtsbefugnis fällt. Selbstmörder durften nicht in geweihter Erde begraben werden, sondern wurden außerhalb der Stadtmauern verscharrt. Vielfach wurden die Leichname vor der Beisetzung noch entehrenden Behandlungen wie Aufhängen an den Füßen ausgesetzt. Gescheiterte Selbstmordversuche wurden mit Kerker und Entzug der Bürgerrechte bestraft.

1757 wäre Humes Essay zu einer Zeit erschienen, als die Selbstmordrate gerade ein Maximum[102] erreicht hatte und Haß und Verachtung so hohe Wellen schlugen, daß sich die Wut des Volkes sogar in Verstümmelungen der Leichname von Selbstmördern entlud. Vor dem zeitgeschichtlichen Hintergrund wird so deutlich, warum Adam Smith Hume insbesondere von der Publikation des Essays über Selbstmord abriet, in dem er gegen die Verächtlichmachung des Selbstmordes schrieb und ein Plädoyer für seine moralische wie politisch-rechtliche Legalität hielt. Schuldgefühle jeder Art sollten durch seine rationale Ana-

[102] Vgl. Sprott: *The English Debate on Suicide from Donne to Hume*, S. 128.

lyse als unbegründet erwiesen werden. Dabei stützt sich Hume, wie Sprott gezeigt hat, auf bereits bekannte Argumente der Zeit[103], die er jedoch formalisiert und in ein Argumentationssystem von beträchtlicher Durchschlagskraft zusammenfügt.

Den größten Raum beansprucht die Widerlegung der Auffassung, der Selbstmord stelle eine Verletzung unserer Pflicht gegenüber Gott dar, indem er die Pläne der göttlichen Vorsehung durchkreuze. Hume weist sie auf der Grundlage eines Weltbildes zurück, das er in der *Natural History of Religion* als »theistisch« bezeichnet hatte[104]: Gott hat zur Lenkung der Welt allgemeine Gesetze errichtet, die von Ewigkeit her in Geltung stehen und die keine Ausnahme gestatten. In diesem Sinne können alle Ereignisse als Handlungen Gottes angesehen werden. Wer nun glaubt, Gott habe die menschlichen Angelegenheiten von dieser universalen Gesetzmäßigkeit ausgenommen und sie seiner besonderen Verfügungsgewalt vorbehalten, der beweist damit eine unendliche Arroganz, denn für Gott sind alle Ereignisse gleich wichtig. Wenn wir uns daher selbst den Tod geben, so geschieht dies doch immer noch jenen allgemeinen Gesetzen gemäß, deren zweckdienliche Anwendung oder Abänderung wir uns ja auch sonst im täglichen Leben gestatten. Die göttliche Vorsehung bleibt davon ganz unbetroffen. Selbstmord bedeutet auch keine Pflichtverletzung der Gesellschaft gegenüber, denn mit dem Gesellschaftsvertrag ist ein Abkommen zu beiderseitigem Nutzen geschlossen worden. Zieht man sich aber durch den Freitod gänzlich von der Gesellschaft zurück, so entfällt damit auch die Verpflichtung einer Förderung ihrer Interessen. Schließlich verletzen wir mit dem Selbstmord auch keine Pflichten gegen uns selbst. Denn, so sagt Hume, noch niemand hat das Leben freiwillig aufgegeben, als es ihm noch lebenswert erschien. Wer immer zu diesem letzten Mittel gegriffen hat, dem war das Leben durch äußere Lebensumstände oder seelische Düsterheit zu einer unerträglichen Last geworden. Jedermann sollte daher die Freiheit zugestanden werden, seinem Leben ein Ende zu setzen, wenn seine Fortführung zur Qual würde. Und eher beiläufig versucht Hume noch zu zeigen, daß das Christentum dieser freimütigen Auffassung

[103] A.a.O., S. 128ff.
[104] Vgl. *NHR*, S. 27.

über den Selbstmord nicht entgegensteht. Das fünfte Gebot untersagt nur die Tötung anderer, über deren Leben uns keine Gewalt zusteht.

Den beiden Essays *Of the Immortality of the Soul* und *Of Suicide* liegt somit dasselbe Strukturprinzip zugrunde. Hume teilt die Argumente, die für die Unsterblichkeit der Seele und gegen die Rechtmäßigkeit des Selbstmordes sprechen, in jeweils drei Klassen ein, um sie dann nacheinander auf ihre Stichhaltigkeit hin zu prüfen. Dieses schematische Vorgehen ermöglicht es ihm, diese großen Themen, die das philosophische Denken von Anbeginn an beschäftigten, auf denkbar kleinem Raum dennoch adäquat zu behandeln. Die weltmännische Art der Gedankenführung und die souveräne Handhabung der Argumente sichern den beiden Essays ihren Platz unter den Meisterwerken wissenschaftlicher Prosa.

Als Textgrundlage der Übersetzungen dienten die *Philosophical Works*. Edited by Thomas Hill Green and Thomas Hodge Grose. Bd. III und IV. Reprint of the new edition London 1882, Aalen 1964. Die dort gebotenen Zitatbelege wurden sämtlich überprüft und ggf. korrigiert bzw. präzisiert und modernisiert. Die Übersetzungen der Zitate stammen vom Herausgeber. Hochgestellte Ziffern im Text verweisen auf die Fußnoten Humes, hochgestellte Buchstaben auf die Anmerkungen des Herausgebers im Anschluß an den Textteil. Herrn Professor Dr. Günter Gawlick bin ich für Hinweise zur Übersetzung, Fräulein Uta Golembek für ihre Hilfe beim Korrekturlesen dankbar.

LITERATURVERZEICHNIS

Bibliographien

Metz, Rudolf: *Bibliographie der Hume-Literatur*. Literarische Berichte aus dem Gebiete der Philosophie. H. 15–16 (1927), S. 39–50.

Jessop, T. E.: *A Bibliography of David Hume and of Scottish Philosophy from Francis Hutcheson to Lord Balfour*. London 1938. Reprint New York 1966.

Matczak, S. A.: *A Select and Classified Bibliography of David Hume*. The Modern Schoolman 42 (1964), S. 70–81.

Ronchetti, Emanuele: *Bibliografia Humiana dal 1937 al 1966*. Rivista Critica di Storia della Filosofia 22 (1967), S. 495–520.

Hall, Roland: *A Hume Bibliography from 1930*. York 1971.

Todd, William B.: *David Hume. A preliminary bibliography*. In: ders. (Ed.): *Hume and the Enlightenment*. Edinburgh/Austin 1974, S. 189–205.

Hall, Roland: *More Hume Bibliography*. Philosophical Quarterly 26 (1976), S. 92–101.

Hall, Roland: *The Hume Literature for 1976*. Hume Studies 3 (1977), S. 94–102.

Hall, Roland: *Fifty Years of Hume Scholarship. A bibliographical guide*. Edinburgh 1978.

In den *Hume Studies* hat Roland Hall in Bd. 3 (1977) bis Bd. 14 (1988) die Hume-Literatur für die Jahre 1976 bis 1985 zusammengestellt. Seit Bd. 21 (1995) setzt William E. Morris diese bibliographischen Berichte fort, nachdem er die Lücke der dazwischenliegenden Jahre zuvor geschlossen hatte: *The Hume-Literature 1986–1993*. Hume Studies 20 (1994), S. 299–326.

Werkausgaben

The Philosophical Works of David Hume. Edited by Thomas Hill Green and Thomas Hodge Grose. 4 Bde. Reprint of the new edition London 1882–1886. Aalen 1964. Reprint Bristol 1994.

The Clarendon Edition of the Works of David Hume. Ed. by Tom L. Beauchamp, David Fate Norton, M. A. Stewart. (Bisher erschienen: *An Enquiry Concerning the Principles of Morals*. A critical edition. Ed. by Tom L. Beauchamp. Oxford 1998).

Einzelausgaben

A Treatise of Human Nature. Edited, with an analytical index, by L. A. Selby-Bigge. 2nd edition with text revised and variant readings by P. H. Nidditch. Oxford 1978.

An Abstract of a Book, lately published; Entituled, A Treatise of Human Nature, etc. wherein the chief argument of that book is farther illustrated and explained. In: David Hume: *A Treatise of Human Nature*. Edited, with an analytical index, by L. A. Selby-Bigge. 2nd edition with text revised and variant readings by P. H. Nidditch. Oxford 1978, S. 641–662.

A Letter from a Gentleman to His Friend in Edinburgh. Edited by Ernest C. Mossner and John V. Price. Edinburgh 1967.

Enquiries Concerning Human Understanding and Concerning the Principles of Morals. Reprinted from the posthumous edition of 1777 and edited with introduction, comparative table of contents, and analytical index by L. A. Selby-Bigge. 3rd edition with text revised and notes by P. H. Nidditch. Oxford 1975.

The Natural History of Religion. Edited by A. Wayne Colver. *Dialogues Concerning Natural Religion*. Edited by John Valdimir Price. Oxford 1976.

Dialogues Concerning Natural Religion. Edited, with an introduction by Norman Kemp Smith. Oxford 1935. 2nd edition London 1947. 12th printing Indianapolis 1977.

Essays, Moral, Political, and Literary. Ed. with a foreword, notes, and glossary by Eugene Miller. Indianapolis 1985. Revised edition 1987.

Political Discourses. Edinburgh 1752. Reprint Düsseldorf 1987.

Political Essays. Ed. by Knud Haakonssen. Cambridge, New York 1994.

The History of England. From the invasion of Julius Caesar to the revolution in 1688. 6 Bde. London 1778. Reprint with new foreword by William B. Todd. Indianapolis 1983.

My Own Life. In: Ernest Campbell Mossner: *The Life of David Hume*. 2nd edition Oxford 1980, S. 611–615.

Early Memoranda, 1729–1740: The complete text. Edited with foreword by Ernest Campbell Mossner. Journal of the History of Ideas 9 (1948), S. 492–518.

An Historical Essay on Chivalry and Modern Honour. Edited by Ernest Campbell Mossner. Modern Philology 45 (1947–48), S. 54–60.

The Letters of David Hume. Edited by J. Y. T. Greig. 2 Bde. Oxford 1932. Reprints Oxford 1969, New York 1983.

New Letters of David Hume. Edited by Raymond Klibansky and Ernest C. Mossner. Oxford 1954. Reprints Oxford 1969, New York 1983.

Ausgaben der *Natural History of Religion*

Four Dissertations. I. *The Natural History of Religion*. II. *Of the Passions*. III. *Of Tragedy*. IV. *Of the Standard of Taste*. London 1757. Reprint New York 1970. – Reprint of the 1757 edition with a new introduction by John Immerwahr. Bristol 1995.

Essays and Treatises on Several Subjects. London 1758. (Die bis einschließlich der definitiven Ausgabe von 1777 erschienenen sieben nachfolgenden Auflagen der *Essays and Treatises* 1760, 1764, 1767, 1768, 1770, 1772, 1777 enthalten alle auch die *Natural History of Religion*.)

The Natural History of Religion. With an introduction by John M. Robertson. London o. J. (1889).

The Natural History of Religion. Edited with an introduction by H. E. Root. London 1956. Reprint Stanford 1978.

The Natural History of Religion. In: Richard Wollheim (Ed.): *Hume on Religion*. 2nd impr. London, Glasgow 1966, S. 31–98

The Natural History of Religion. Edited by A. Wayne Colver. *Dialogues Concerning Natural Religion*. Edited by John Valdimir Price. Oxford 1976.

Hume's »Natural History of Religion«. An annotated edition by James Fieser. New York 1992.

Principal Writings on Religion including »Dialogues Concerning Natural Religion« and »The Natural History of Religion«. Ed. with an introduction by J. C. A. Gaskin. Oxford, New York 1993.

Ausgaben der drei Essays

Essays, Moral and Political. Edinburgh 1741. (Enthält den Essay *Of Superstition and Enthusiasm*, so auch die Neuauflagen 1742 und 1748. Ab 1753 in die *Essays and Treatises on Several Subjects* übernommen.)

Dissertation sur l'immortalité de l'âme. Traduite de l'anglois. *Dissertation sur le suicide*. Traduite de l'anglois. In: J.-A. Naigeon (Ed.): *Recueil philosophique*. Bd. II, London 1770, S. 34–49 u. S. 50–69.

Two Essays. London 1777.

Essays on Suicide, and the Immortality of the Soul, ascribed to the late David Hume, Esq. Never before published. With remarks, intended as an antidote to the poison contained in these performances, by the editor. To which is added, two letters on suicide, from Rousseau's Eloisa. London 1783. Reprint of the 1783 edition with a new introduction by John Valdimir Price. Bristol 1992.

An Essay on the Immortality of the Soul; shewing the fallacy and malignity of a sceptical one, lately published, together with such another on suicide; and both ascribed, by the editor, to the late David Hume. London 1784.

Essays on Suicide and the Immortality of the Soul, by the late David Hume, with remarks by the editor. To which are added, two letters on suicide, from Rousseau's Eloisa. A new edition, with considerable improvements. London 1789.

Essays on Suicide and the Immortality of the Soul. By the late David Hume, Esq. With remarks by the editor. Also, two letters on suicide, from Rousseau's Eloisa. Basel 1799. Dasselbe Strasbourg 1799.

An Essay on Suicide, by David Hume. With an historical and critical introduction by G. W. Foote. London 1894.

Hume's Suppressed Essays. The Open Court 31 (1917), S. 740–756.

An Essay on Suicide, by David Hume. Yellow Springs 1929.

Wollheim, Richard (Ed.): *Hume on Religion.* 2nd impr. London, Glasgow 1966. (Enthält die Essays *Of Superstition and Enthusiasm*, S. 246–251; *On Suicide*, S. 252–262; *On the Immortality of the Soul*, S. 263–270.)

On the Standard of Taste and other Essays. Edited, with an introduction, by John W. Lentz. Indianapolis, New York 1965. (Enthält die Essays *Of Superstition and Enthusiasm*, S. 146–150; *On Suicide*, S. 151–160; *On the Immortality of the Soul*, S. 161–170.)

Essay on Suicide. In: Samuel Gorovitz / Andrew L. Jameton / Ruth Macklin u. a. (Eds.): *Moral Problems in Medicine.* Englewood Cliffs / New Jersey 1976, S. 381–387.

»Dialogues Concerning Natural Religion« and the posthumous Essays »Of the Immortality of the Soul« and »Of Suicide«. Edited, with an introduction, by Richard H. Popkin. Indianapolis, Cambridge 1980.

Deutsche Übersetzungen

Ein Traktat über die menschliche Natur. Übersetzt und mit Register versehen von Theodor Lipps. Mit neuer Einführung hg. von Reinhard Brandt. Hamburg 1989.

Abriß eines neuen Buches, betitelt: Ein Traktat über die menschliche Natur, etc. Brief eines Edelmannes an seinen Freund in Edinburgh. Übersetzt und mit einer Einleitung hg. von Jens Kulenkampff. Hamburg 1980.

Politische und ökonomische Essays. 2 Bde. Übersetzt von Susanne Fischer. Mit einer Einleitung hg. von Udo Bermbach. Hamburg 1988.

Eine Untersuchung über den menschlichen Verstand. Übersetzt von Raoul Richter. Mit einer Einleitung hg. von Jens Kulenkampff. 11. Aufl. Hamburg 1984.

Eine Untersuchung über den menschlichen Verstand. Übersetzt und hg. von Herbert Herring. Stuttgart 1967 u. ö.

Eine Untersuchung über die Prinzipien der Moral. Übersetzt, mit Einleitung und Register versehen von Carl Winckler. Reprint der ersten Auflage von 1929, Hamburg 1972.

Eine Untersuchung über die Prinzipien der Moral. Übersetzt und hg. von Gerhard Streminger. Stuttgart 1984.

Dialoge über natürliche Religion. 6. Aufl., mit ergänzter Bibliographie hg. von Günter Gawlick. Hamburg 1993.

Dialoge über natürliche Religion. Übersetzt und hg. von Norbert Hoerster. Stuttgart 1981 u. ö.

Vom schwachen Trost der Philosophie. Essays. Auswahl, Übersetzung und Nachwort von Jens Kulenkampff. Göttingen 1990.

Peter Kopf: *David Hume. Philosoph und Wirtschaftstheoretiker (1711–1776).* Wiesbaden 1987. (Übers. von acht Essays Humes, S. 241–334.)

Deutsche Übersetzungen der *Natural History of Religion*

Vier Abhandlungen. I. *Die natürliche Geschichte der Religion.* II. *Von den Leidenschaften.* III. *Vom Trauerspiel.* IV. *Von der Grundregel des Geschmacks.* Aus dem Englischen übersetzt (von F. C. Resewitz). Quedlinburg, Leipzig 1759.

Anfänge und Entwicklung der Religion. Deutsch mit einer Einleitung von Wilhelm Bolin. Leipzig 1909.

Die Naturgeschichte der Religion. Übersetzt und mit einem Abriß über die Geschichte des Deismus in England eingeleitet von Alphons J. Sußnitzki. Frankfurt/M. 1911.

Deutsche Übersetzungen der drei Essays

Von dem Aberglauben, und der Enthusiasterey. In: David Hume: *Moralische und politische Versuche, als dessen vermischter Schriften vierter und letzter Theil*. Nach der neusten und verbesserten Ausgabe übersetzet. Hamburg, Leipzig 1756, S. 128–137.

D. Hume's Versuch über Aberglauben und Schwärmerei. In: C. F. Pockels (Hg.): *Beiträge zur Beförderung der Menschenkenntnis, besonders in Rücksicht unserer moralischen Natur*. Zweites Stück. Berlin 1789, S. 77–90.

Untersuchungen über den Selbstmord. Aus dem Englischen mit laufenden Anmerkungen und einem Anhang von D. L. Dörrien. Hannover 1781.

Dialoge über natürliche Religion. Über Selbstmord und Unsterblichkeit der Seele. Ins Deutsche übersetzt und mit einer Einleitung versehen von Friedrich Paulsen. 3. Aufl. Leipzig 1905.

Sammelbände und Gesamtdarstellungen

Burton, John Hill: *Life and Correspondence of David Hume*. From the papers bequeathed by his nephew to the Royal Society of Edinburgh; and other original sources. 2 Bde. Edinburgh 1846. Reprint Aalen 1969.

Hendel, Charles W.: *Studies in the Philosophy of David Hume*. Princeton 1925. 2nd edition Indianapolis, New York 1963.

Metz, Rudolf: *David Hume. Leben und Philosophie*. Stuttgart 1929. Reprint Stuttgart-Bad Cannstatt 1968.

Greig, J. Y. T.: *David Hume*. London 1931. Reprint London 1954.

Laing, B. M.: *David Hume*. London 1932. Reprint New York 1968.

Laird, John: *Hume's Philosophy of Human Nature*. London 1932. Reprint o. O. (Hamden/Connecticut) 1967.

Kemp Smith, Norman: *The Philosophy of David Hume. A critical study of its origins and central doctrines*. London 1941. Reprint London, Melbourne, Toronto 1966.

MacNabb, D. G. C.: *David Hume. His theory of knowledge and morality*. London 1951. 2nd edition Hamden/Connecticut 1966.

Passmore, John: *Hume's Intentions*. Cambridge 1952. Revised edition New York 1968.

Leroy, A.-L.: *David Hume*. Paris 1953.

Mossner, Ernest Campbell: *The Life of David Hume*. Edinburgh 1954. 2nd edition Oxford 1980.

Basson, A. H.: *David Hume*. Harmondsworth 1958.

Flew, Antony: *Hume's Philosophy of Belief. A study of his first »Inquiry«*. London 1961. 3rd impr. London, New York 1969.

Pears, D. F. (Ed.): *David Hume. A symposium*. London 1963.

Price, John Valdimir: *The Ironic Hume*. Austin 1965.

Sesonske, A. / Fleming, N. (Eds.): *Human Understanding. Studies in the philosophy of David Hume*. Belmont/California 1965.

Anderson, Robert Fendel: *Hume's First Principles*. Lincoln 1966.

Chappell, V. C. (Ed.): *Hume. A collection of critical essays*. New York 1966.

Price, John Valdimir: *David Hume*. New York 1968.

Dal Pra, Mario: *Hume e la scienza della natura umana*. Roma, Bari 1973.

Noxon, James: *Hume's Philosophical Development. A study of his methods*. Oxford 1973. Reprinted with corrections Oxford 1975.

Todd, William B. (Ed.): *Hume and the Enlightenment: Essays presented to Ernest Campbell Mossner*. Edinburgh, Austin 1974.

Capaldi, Nicholas: *David Hume. The Newtonian philosopher.* Boston 1975.

Penelhum, Terence: *Hume*. London, Basingstoke 1975.

Livingston, D. W. / King, J. T. (Eds.): *Hume. A re-evaluation*. New York 1976.

Merrill, Kenneth R. / Shahan, Robert W. (Eds.): *David Hume. Manysided genius*. Oklahoma 1976.

Morice, G. P. (Ed.): *David Hume. Bicentenary papers*. Edinburgh 1977.

Stroud, Barry: *Hume*. London, Henley, Boston 1977.

Craig, Edward: *David Hume. Eine Einführung in seine Philosophie*. Frankfurt/M. 1979.

Ayer, A. J.: *Hume*. Oxford 1980.

Bricke, John: *Hume's Philosophy of Mind*. Princeton 1980.

Topitsch, E. / Streminger, G.: *Hume*. Darmstadt 1981.

Jones, Peter: *Hume's Sentiments. Their Ciceronian and French context*. Edinburgh 1982.

Kreimendahl, Lothar: *Humes verborgener Rationalismus*. Berlin, New York 1982.

Mackie, J. L.: *The Miracle of Theism*. Oxford 1982. (Dt.: *Das Wunder des Theismus*. Stuttgart 1985.)

Norton, David Fate: *David Hume. Common-sense moralist, sceptical metaphysician*. Princeton 1982.

Livingston, Donald: *Hume's Philosophy of Common Life*. Chicago 1984.

Flew, Antony: *David Hume. Philosopher of Moral Science*. Oxford 1986.

Streminger, Gerhard: *David Hume*. Mit Selbstzeugnissen und Bilddokumenten. Reinbek 1986.

Gawlick, Günter / Kreimendahl, Lothar: *Hume in der deutschen Aufklärung. Umrisse einer Rezeptionsgeschichte*. Stuttgart-Bad Cannstatt 1987.

Kulenkampff, Jens: *David Hume*. München 1989.

Salmon, C. V.: *The Central Problem of David Hume's Philosophy*. New York 1993.

Norton, David Fate (Ed.): *The Cambridge Companion to David Hume*. Cambridge, New York 1994.

Streminger, Gerhard: *David Hume. Sein Leben und sein Werk*. Paderborn, München, Wien, Zürich 1994.

Tweyman, Stanley (Ed.): *David Hume: Critical Assessments*. 4 Bde. in 6. London, New York 1995.

Garrett, Don: *Cognition and Commitment in Hume's Philosophy*. New York, Oxford 1997.

Studien zur *Natural History of Religion* und den drei Essays

Eine ausführliche Bibliographie zu Humes Religionsphilosophie insgesamt hat Günter Gawlick seiner Neubearbeitung der *Dialoge über natürliche Religion*. 6. Aufl., Hamburg 1993 (PhB36), S. XXXIX–LII beigegeben. Die vorliegende Bibliographie kann sich daher auf eine Zusammenstellung derjenigen Titel beschränken, die sich mit den Texten des vorliegenden Bandes auseinandersetzen oder im Falle von Monographien Kapitel enthalten, die ihnen gewidmet sind.

Lechler, Gotthard Victor: *Geschichte des englischen Deismus*. Reprint der Ausgabe Stuttgart, Tübingen 1841. Mit einem Vorwort und bibliographischen Hinweisen von Günter Gawlick. Hildesheim 1965.

Thomson, Anton: *David Hume's »Natural History of Religion«*. The Monist 19 (1909), S. 269–288.
Meinicke, M.: *Die Wurzeln der Religion im menschlichen Gemüt nach David Hume, mit einem vergleichenden Blick auf Kant*. Eisenach 1914.
Braham, Ernest G.: *The Problem of the Self and Immortality. An estimate and criticism of the subject from Descartes to Kant*. London 1925.
Mossner, Ernest Campbell: *Hume's »Four Dissertations«: An essay in biography and bibliography*. Modern Philology 48 (1950), S. 37–57.
Manuel, Frank E.: *Mr. Hume's »Natural Religion«*. In: ders.: *The Eighteenth Century Confronts the Gods*. Cambridge/Massachusetts 1959, S. 168–183.
Sprott, S. E.: *The English Debate on Suicide from Donne to Hume*. La Salle/Illinois 1961.
Gaskin, J. C. A.: *Hume's Suppressed Dissertations: an authentic text*. Hermathena 106 (1968), S. 54–59.
Glidden, J. C.: *Hume on Superstition*. Diss. University of Colorado 1969.
Alvarez, Alfred: *The Savage God. A study of suicide*. London 1971. (Deutsche Übers.: *Der grausame Gott. Eine Studie über den Selbstmord*. Übertragung: Maria Dessauer. Hamburg 1974.)
O'Higgins, James: *Hume and the Deists: A contrast in religious approaches*. Journal of Theological Studies. NS 22 (1971), S. 479–501.
Gaskin, J. C. A.: *Hume's Critique of Religion*. Journal of the History of Philosophy 14 (1976), S. 301–311.
Beauchamp, Tom L.: *An Analysis of Hume's Essay »On Suicide«*. Review of Metaphysics 30 (1976/77), S. 73–95.
Gawlick, Günter: *Hume and the Deists. A reconsideration*. In: G. P. Morice (Ed.): *David Hume. Bicentenary papers*. Edinburgh 1977, S. 128–138.
Gaskin, J. C. A.: *Hume's Philosophy of Religion*. London, Basingstoke 1978. 2nd. edition London, New York 1988.
Davis, M. V.: *Les idées du 18e siècle sur l'idolâtrie, et les audaces de David Hume et du Président de Brosses*. Numen 24 (1979), S. 81–84.
Streminger, Gerhard: *David Humes Religionspsychologie*. In: Kurt Salamun (Hg.): *Sozialphilosophie als Aufklärung*. Festschrift für Ernst Topitsch. Tübingen 1979, S. 297–314.
Gaskin, J. C. A.: *Hume's Attenuated Deism*. Archiv für Geschichte der Philosophie 65 (1983), S. 160–173.

Manuel, Frank E.: *The Changing of the Gods*. Hanover, London 1983.

Siebert, Donald T.: *Hume on Idolatry and Incarnation*. Journal of the History of Ideas 45 (1984), S. 379–396.

Badia Cabrera, Miguel A.: *Hume's »Natural History of Religion«: Positive science or metaphysical vision of religion?*. Diálogos [Puerto Rico] 45 (1985), S. 71–78.

Wheatly, Christopher J.: *Polemical Aspects of Hume's »Natural History of Religion«*. Eighteenth-Century Studies 19 (1985–86), S. 502–514.

Hume's Philosophy of Religion. The sixth James Montgomery Hester Seminar. Winston-Salem 1986

Mitchell, Timothy A.: *David Hume's Anti-Theistic Views*. Boston 1986.

Buchergger, Josef: *David Humes Argumente gegen das Christentum*. Frankfurt/M., Bern, New York, Paris 1987.

Kreimendahl, Lothar: *Humes Kritik an den Schwärmern und das Problem der »wahren Religion« in seiner Philosophie*. Aufklärung 3 (1988), S. 7–27.

Beauchamp, Tom. L.: *Suicide in the Age of Reason*. In: Baruch A. Brody (Ed.): *Suicide and Euthanasia. Historical and contemporary themes*. Dordrecht 1989, S. 183–219.

Foster, Stephen Paul: *Different Religions and the Difference They Make: Hume on the political effects of religious ideology*. The Modern Schoolman 66 (1989), S. 253–274.

Passmore, John: *Enthusiasm, Fanaticism and David Hume*. In: Peter Jones (Ed.): *The »Science of Man« in the Scottish Enlightenment. Hume, Reid, and their contemporaries*. Edinburgh 1989, S. 85–107.

MacDonald, Michael / Murphy, Terence R.: *Sleepless Souls. Suicide in early modern England*. Oxford 1990.

Weber, M. Andreas: *David Hume und Edward Gibbon. Religionssoziologie in der Aufklärung*. Frankfurt/M. 1990.

Webb, Mark: *The Argument of the »Natural History«*. Hume-Studies 17 (1991), S. 141–159.

Baird, Robert Joel: *The Invention of Religion: A study of Hume's »Natural History of Religion«*. Diss. phil. Duke University 1992.

Hanson, Delbert J.: *Fideism and Hume's Philosophy. Knowledge, religion and metaphysics*. New York, San Francisco, Bern u.a. 1993.

Logan, Beryl: *A Religion without Talking. Religious belief and natural belief in Hume's philosophy of religion*. New York, Frankfurt/M., Bern 1993.

Baier, Annette C.: *Hume on Religion: Stopping the Ocean with a Bull-Rush?*. In: J. J. MacIntosh / H. A. Meynell (Eds.): *Faith, Scepticism, and Personal Identity*. Calgary 1994, S. 61–82.

Bernard, Christopher: *Hume and the Madness of Religion*. In: M. A. Stewart / John P. Wright (Eds.): *Hume and Hume's Connexions*. Edinburgh 1994, S. 224–238.

Ferreira, M. Jamie: *Religion's »Foundation in Reason«: The common sense of Hume's »Natural History«*. Canadian Journal of Philosophy 24 (1994), S. 565–582.

Pailin, David A.: *The Confused and Confusing Story of Natural Religion*. Religion 24 (1994), S. 199–212.

Segal, Robert A.: *Hume's »Natural History of Religion« and the Beginning of the Social Scientific Study of Religion*. Religion 24 (1994), S. 225–234.

Streminger, Gerhard: *Religiosität eine Gefahr für die Moralität? Bemerkungen zu einem kaum beachteten Aspekt der Humeschen Religionsphilosophie*. Aufklärung und Kritik, Nr. 1, März 1994, S. 28–44.

Ferreira, M. Jamie: *Hume's »Natural History«: Religion and »explanation«*. Journal of the History of Philosophy 33 (1995), S. 593–611.

Malherbe, Michel: *Hume's »Natural History of Religion«*. Hume-Studies 21 (1995), S. 255–274.

Stafford, J. Martin: *Was Hume's »Natural History of Religion« inspired by Mandeville's »Fable of the Bees« Part II?*. Bulletin of the British Society for Eighteenth-Century Studies 38 (1995), S. 13–18.

Kreimendahl, Lothar: *Humes frühe religionsphilosophische Interessen im Lichte seiner »Early Memoranda«*. Zeitschrift für philosophische Forschung 53 (1999), S. 67–82.

DAVID HUME

Die Naturgeschichte der Religion
Über Aberglaube und Schwärmerei
Über die Unsterblichkeit der Seele
Über Selbstmord

DIE NATURGESCHICHTE DER RELIGION

Einleitung

Ist schon jede die Religion betreffende Untersuchung von der größten Wichtigkeit, so sind es insbesondere zwei Fragen, die unsere Aufmerksamkeit herausfordern; einmal die, welche die Grundlage der Religion in der Vernunft betrifft[a], sodann die, welche auf ihren Ursprung in der menschlichen Natur zielt. Glücklicherweise gestattet die erste Frage, die die wichtigste ist, eine sehr offenkundige, zumindest eine sehr klare Lösung. Die gesamte Struktur der Welt verrät einen intelligenten Urheber[b], und kein vernünftiger Forscher kann nach ernsthaftem Nachdenken hinsichtlich der grundlegenden Prinzipien des echten Theismus und der Religion auch nur einen Augenblick lang im Zweifel sein. Weit mehr Schwierigkeiten ergeben sich indes bei der anderen Frage nach dem Ursprung der Religion in der menschlichen Natur. Der Glaube an eine unsichtbare, intelligente Macht ist überall und zu allen Zeiten bei den Menschen außerordentlich stark verbreitet gewesen, aber er ist vielleicht doch nie so allgemein gewesen, daß er keine Ausnahme zugelassen hätte, noch waren die Vorstellungen, die er veranlaßte, in irgendeiner Weise gleichförmig. Man hat einige Völker entdeckt, die – wenn man Reisenden und Geschichtsschreibern Glauben schenken darf – keinerlei religiöse Empfindungen besaßen[c], und keine zwei Völker, ja kaum zwei Menschen haben noch jemals in den gleichen Empfindungen genau übereingestimmt. Es scheint daher, als entspringe diese Voreingenommenheit nicht einem ursprünglichen Instinkt oder einem ersten Eindruck der Natur, wie etwa jener es ist, der die Selbstliebe, Zuneigung zwischen den Geschlechtern, Liebe zu den Nachkommen und das Gefühl der Dankbarkeit und des Neides hervorbringt; denn jeder derartige Instinkt ist ausnahmslos bei allen Völkern und zu allen Zeiten angetroffen worden und hat immer einen genau bestimmten Gegenstand, auf den er immerfort gerichtet ist. Die grundlegenden Prinzipien der Religion müssen abgeleiteter Natur sein[d], derart, daß sie durch verschiedene Zufälle und Ursachen leicht entstellt und in ihrer Wirkung auch bisweilen auf Grund eines außerordentlichen Zusammentreffens von Umständen gänzlich aufgehoben werden können. Was das nun für Prinzipien sind, aus denen der ursprüngliche Glaube entspringt, und was das für Zufälle und Ursachen sind, die seine Wirkung leiten, das ist der Gegenstand unserer vorliegenden Untersuchung.

Erster Abschnitt
Polytheismus als ursprüngliche Religionsform

Betrachten wir den Fortschritt der menschlichen Gesellschaft von ihren rohen Anfängen bis zu einem Zustand größerer Vollkommenheit, so scheint mir, daß der Polytheismus oder der Götzendienst die erste und allerälteste Religion der Menschheit war und notwendigerweise sein mußte. Diese Meinung werde ich durch die folgenden Argumente zu bekräftigen suchen.

Es ist eine unbestreitbare Tatsache, daß vor etwa 1700 Jahren die gesamte Menschheit dem Polytheismus anhing. Die zweifelhaften und skeptischen Prinzipien weniger Philosophen oder der – zudem nicht ganz reine – Theismus von einem oder zwei Völkern stellen keinen beachtenswerten Einwand dagegen dar. Das klare Zeugnis der Geschichte ist unabweisbar. Je weiter wir in das Altertum zurückgehen, desto tiefer finden wir die Menschheit im Polytheismus versunken. Es gibt keine Spuren, keine Anzeichen irgendeiner vollkommeneren Religion. Noch die ältesten Dokumente der Menschheit zeigen uns jenes System als den gewöhnlichen und feststehenden Glauben. Norden, Süden, Osten und Westen bestätigen dieselbe Tatsache einmütig. Was könnte solcher Beweisfülle entgegengehalten werden?

Soweit die schriftlichen Dokumente oder die Geschichte zurückreichen, scheinen die Menschen in alten Zeiten durchweg Polytheisten gewesen zu sein. Sollen wir nun behaupten, daß die Menschheit zu einer noch früheren Zeit vor der Kenntnis der Buchstaben oder der Entdeckung irgendeiner Kunst oder Wissenschaft mit den Prinzipien des reinen Theismus vertraut gewesen wäre? Das hieße, sie hätte die Wahrheit erkannt, als sie unaufgeklärt und unkultiviert war, wäre aber dem Irrtum verfallen, sobald sie Gelehrsamkeit und Bildung erlangte.

Aber diese Behauptung hätte nicht nur jeden Schimmer von Wahrscheinlichkeit gegen sich, sondern auch unsere jetzigen Erfahrungen von den Grundsätzen und Meinungen der unkultivierten Völker. Die wilden Stämme Amerikas, Afrikas und Asiens sind allesamt Götzendiener. Von dieser Regel gibt es keine einzige Ausnahme. Wenn sich daher ein Reisender in irgendein unerforschtes Land begäbe und auf Einwohner stieße, die mit Künsten und Wissenschaften vertraut wären, so wäre es zwar schon unter dieser Voraussetzung unwahrscheinlich, daß sie Theisten sind, aber er könnte ohne weitere Untersuchung hierüber doch nichts mit Gewißheit aussagen; stieße er jedoch auf unwissende und unzivilisierte Einwohner, so dürfte er sie ohne weiteres als Götzendiener bezeichnen, und es ist kaum möglich, daß er hierbei irren würde.

Es scheint sicher zu sein, daß die unwissende Menge dem natürlichen Fortschritt des menschlichen Denkens gemäß erst einige niedere und unkomplizierte Begriffe von den höheren Mächten annehmen mußte, bevor sie ihre Vorstellungskraft bis zu jenem vollkommenen Wesen ausdehnen konnte, das dem gesamten Weltbau Ordnung verlieh. Es wäre ebenso vernünftig, sich vorzustellen, die Menschen hätten Paläste bewohnt, bevor sie Hütten und Katen hatten, oder hätten eher Geometrie als Akkerbau betrieben, wie die Behauptung aufzustellen, sie hätten die Gottheit als reinen, allwissenden, allmächtigen und allgegenwärtigen Geist erkannt, ehe sie als ein mächtiges, obgleich eingeschränktes Wesen mit menschlichen Leidenschaften und Neigungen, Knochen und Organen aufgefaßt worden sei. Der Verstand entwickelt sich allmählich vom Niederen zum Höheren. Indem er von dem Unvollkommenen abstrahiert, bildet er die Vorstellung der Vollkommenheit, und indem er langsam an seiner eigenen Gestalt die edleren von den gröberen Teilen unterscheidet, lernt er, nur die ersteren in viel gehobenerem und verfeinertem Maße seiner Gottheit beizulegen. Nichts könnte diesen natürlichen Fortschritt des Denkens stören außer einem klaren und unabweisbaren Argument, das den Verstand unmittelbar zu den reinen Prinzipien des Theismus führte und ihn mit einem Satz den weiten Abstand überspringen ließe, der zwischen der menschlichen und der göttlichen Natur besteht. Aber obwohl ich einräume, daß eine genaue Untersuchung der Ordnung und des Baues des Universums ein solches Argument hergibt, kann ich mir doch keineswegs vorstellen, daß diese Betrachtung einen Einfluß auf die Menschheit haben konnte, als sie sich ihre ersten rohen Begriffe der Religion bildete.

Die Ursachen von solchen Dingen, die uns ziemlich vertraut sind, reizen niemals unsere Aufmerksamkeit oder unseren Wissensdurst, und wie außergewöhnlich oder überraschend diese Dinge als solche auch sein mögen, die rohe und ungebildete Menge geht an ihnen vorüber, ohne sie näher zu prüfen oder zu untersuchen. Adam, der im Paradies auf einmal und in der ganzen Vollkommenheit seiner Fähigkeiten entstanden war[a], würde – wie Milton[b] ihn darstellt – natürlicherweise über die herrlichen Naturerscheinungen, den Himmel, die Luft, die Erde, seine eigenen Organe und Gliedmaßen erstaunt sein und zu der Frage veranlaßt werden, woher diese wunderbare Szenerie wohl stamme. Aber als ein bedürftiges, tierisches Lebewesen (wie es der Mensch in den Anfängen der Gesellschaft ist), wenn so zahlreiche Bedürfnisse und Leidenschaften auf ihn einstürmen, findet er keine Zeit, den regelmäßigen Lauf der Natur zu bewundern oder Untersuchungen über die Ursachen jener Dinge anzustellen, an die er sich von Kindheit an nach und nach gewöhnt hat. Im Gegenteil, je regelmäßiger und gleichförmiger, d.h. je vollkommener die Natur ihm erscheint, desto vertrauter ist er mit ihr und sieht sich um so weniger veranlaßt, sie zu untersuchen und zu erforschen. Eine Mißgeburt weckt seine Neugier und wird von ihm als ein Wunder angesehen. Die Neuheit dieser Erscheinung beunruhigt ihn und bringt ihn zum Zittern, Opfern und Beten. Aber ein mit allen Knochen und Organen ausgestattetes Lebewesen ist ein gewohnter Anblick für ihn und löst keine religiösen Ansichten oder Stimmungen in ihm aus. Man frage ihn, woher jenes Lebewesen stamme. Er wird antworten, aus der Paarung seiner Eltern. Und woher stammen diese? Aus der Paarung der ihrigen. Wenige Schritte zurück befriedigen seine Neugier und setzen die Gegenstände in eine solche Entfernung, daß er sie ganz aus den Augen verliert[c]. Man glaube nicht, er würde soweit gehen zu fragen, woher das erste Lebewesen stamme, weit weniger noch, woraus das ganze System oder der gesamte Bau des Universums entstanden sei. Würde man ihm aber eine solche Frage stellen, so möge man nur nicht erwarten, daß er seinen Verstand auch nur im geringsten mit einem Thema beschäftigen würde, das so fern liegt, so uninteressant ist und das die Grenzen seines Fassungsvermögens so weit übersteigt.

Wenn aber ferner die Menschen anfangs durch Überlegungen, die aus der Struktur der Welt abgeleitet waren, zum Glauben an ein höchstes Wesen geführt worden wären, so hätten sie diesen Glauben unmöglich wieder aufgeben können, um sich zum Polytheismus zu bekennen. Denn dieselben Vernunftprinzipien, die gleich anfangs eine so großartige Vorstellung unter der Menschheit hervorbrachten und verbreiteten, müssen mit größerer Leichtigkeit imstande sein, sie auch weiterhin zu erhalten[d]. Eine Lehre zu entwickeln und zu beweisen ist weitaus schwieriger als sie zu stützen und zu bewahren.

Es klafft eine große Lücke zwischen historischen Tatsachen und spekulativen Meinungen[e]; auch breitet sich die Kenntnis der einen nicht in gleicher Weise aus wie die der anderen. Eine historische Tatsache wird, indem sie durch mündliche Überlieferung von Augenzeugen und Zeitgenossen übermittelt wird, bei jeder folgenden Wiedergabe entstellt und wird schließlich – wenn überhaupt – dann nur noch sehr wenig Ähnlichkeit mit der ursprünglichen Wahrheit haben, auf der sie beruhte. Das schwache Gedächtnis der Menschen, ihre Liebe zur Übertreibung und ihre träge Sorglosigkeit sind die Gründe, die – wenn sie nicht durch Bücher und Schriftstücke korrigiert werden – die Darstellung historischer Ereignisse bald entstellen. Denn Argumente und Schlußfolgerungen haben hier geringen oder gar keinen Einfluß und können die Wahrheit niemals wieder zurückbringen, die aus jenen Erzählungen einmal entwichen ist. So nimmt man auch an, daß die Sagen von Herkules, Theseus und Bacchus ursprünglich auf einer wahren Geschichte beruhten, die durch die Überlieferung verfälscht worden ist. Hinsichtlich der spekulativen Meinungen liegt der Fall jedoch ganz anders. Wenn diese Meinungen auf so klare und einleuchtende Argumente gegründet sind, daß sie die Mehrheit der Menschen zu überzeugen vermögen, dann werden dieselben Argumente, die jene Meinungen zuerst verbreiteten, sie auch in ihrer ursprünglichen Reinheit erhalten. Wenn die Argumente jedoch nur schwer verständlich sind und das gewöhnliche Auffassungsvermögen übersteigen, dann werden die Meinungen stets auf wenige Personen beschränkt sein;

und sobald man sich von der Betrachtung der Argumente abwendet, werden die Meinungen sofort verloren gehen und in Vergessenheit geraten[f]. Welche Seite des Dilemmas wir auch nehmen, es muß unmöglich erscheinen, daß der Theismus auf Grund von Vernunftschlüssen die ursprüngliche Religionsform des menschlichen Geschlechts gewesen sein könnte und später durch seine Entstellung den Polytheismus und all die mannigfachen Erscheinungsformen des Aberglaubens in der heidnischen Welt hervorgebracht hätte. Sind die Vernunftschlüsse einleuchtend, so verhindern sie diese Entstellungen, sind sie schwer verständlich, so lassen sie die Prinzipien gar nicht erst ins Bewußtsein der Menge gelangen, die allein dazu neigt, Prinzipien oder Meinungen zu entstellen.

Zweiter Abschnitt
Ursprung des Polytheismus

Wollen wir daher unsere Wißbegierde befriedigen und Untersuchungen über den Ursprung der Religion anstellen, dann müssen wir unsere Überlegungen auf den Polytheismus richten, der ersten Religion der noch unwissenden Menschheit.

Würden die Menschen durch eine Betrachtung der Werke der Natur zur Annahme einer unsichtbaren, intelligenten Macht geführt, dann könnten sie unmöglich einen anderen Begriff als den eines einzigen Wesens haben, das dieser riesigen Maschine Existenz und Ordnung verlieh und alle seine Teile nach einem regelmäßigen Plan oder zusammenhängenden System einander angepaßt hat. Obschon es Leuten einer bestimmten Geistesart nicht ganz und gar abwegig scheinen würde, daß mehrere unabhängige, mit höherer Weisheit ausgestattete Wesen die Aufstellung und Ausführung eines einzigen, einheitlichen Planes zusammen bewerkstelligen könnten[a], so ist dies doch nur eine willkürliche Annahme, von der man sagen muß, daß sie, selbst wenn man ihre Möglichkeit einmal einräumt, weder durch Wahrscheinlichkeit noch Notwendigkeit gestützt wird. Alles in der Welt ist offensichtlich aus einem Guß. Alles ist mit allem abgestimmt. Ein Zweck herrscht durch das Ganze. Und diese Gleichförmigkeit führt den Geist zur Anerkennung nur eines Urhebers, weil die Vorstellung verschiedener Urheber ohne jede Unterscheidung von Eigenschaften oder Wirkungsweisen nur dazu dient, die Einbildungskraft zu verwirren, ohne den Verstand auch nur im geringsten zu befriedigen. Wie wir von Plinius[b] erfahren, war die Statue des Laokoon das Werk von drei Künstlern[c]. Wir würden aber gewiß niemals auf den Gedanken gekommen sein, daß eine aus einem Steinblock[d] gehauene und nach einem Plan angeordnete Figurengruppe nicht das Werk und der Entwurf eines einzigen Bildhauers wäre, wenn man es uns nicht gesagt hätte. Es ist sicherlich keine natürliche und naheliegende Annahme, irgendeine einzelne Wirkung der Verbindung mehrerer Ursachen zuzuschreiben.

Wenn wir auf der anderen Seite die Werke der Natur verlassen und den Spuren einer unsichtbaren Macht in den vielfältigen und einander entgegengesetzten Begebenheiten des menschlichen Lebens folgen, so werden wir notwendigerweise zum Polytheismus und der Anerkennung mehrerer eingeschränkter und unvollkommener Gottheiten geführt. Stürme und Unwetter vernichten, was unter der Sonne gedeiht. Die Sonne zerstört, was die Feuchtigkeit von Tau und Regen wachsen läßt. Der Krieg kann für eine Nation günstig sein, die durch die Mißgunst der Jahreszeiten von einer Hungersnot heimgesucht wird. Krankheiten und Seuchen können ein Königreich inmitten des üppigsten Überflusses entvölkern. Dieselbe Nation ist zu ein und derselben Zeit nicht gleichermaßen auf dem Meer und zu Land erfolgreich. Und eine Nation, die jetzt über ihre Feinde triumphiert, muß sich vielleicht schon bald deren erfolgreicheren Waffen unterwerfen. Kurz, der Lauf der Dinge oder was wir den Plan einer besonderen Vorsehung nennen, ist von so großer Abwechslung und Ungewißheit, daß wir, wenn wir annehmen, er stünde unter der unmittelbaren Leitung irgendwelcher intelligenter Wesen, eine Gegensätzlichkeit in ihren Zwecken und Absichten anerkennen müssen, einen beständigen Kampf einander entgegengesetzter Mächte und selbst bei ein und derselben Macht eine auf Unvermögen oder Leichtfertigkeit beruhende Reue oder Absichtsänderung[e]. Jedes Volk hat seine Schutzgottheit. Jedes Element ist ihrer unsichtbaren Macht oder seinem Beherrscher unterworfen. Der Wirkungskreis einer jeden Gottheit ist von dem der anderen getrennt. Ferner sind die Handlungen ein und derselben Gottheit auch nicht immer berechenbar und unveränderlich. Heute beschützt sie uns, morgen läßt sie uns im Stich. Gebete und Opfer, Riten und Zeremonien sind, je nachdem, ob sie gut oder schlecht ausgeführt werden, die Quellen ihrer Gunst oder Feindseligkeit und bewirken all das Glück oder Unglück, das bei den Menschen anzutreffen ist.

Wir können daher schließen, daß bei allen Völkern, die den Polytheismus angenommen hatten, die ersten religiösen Vorstellungen nicht von einer Betrachtung der Werke der Natur herrührten, sondern von der Sorge um das tägliche Leben und von den unaufhörlichen Hoffnungen und Ängsten, die den menschlichen Geist bewegen. Dementsprechend finden wir, daß sich alle Götzendiener nach der Abgrenzung der Wirkungsbereiche ihrer Gottheiten an denjenigen unsichtbaren Herrscher wenden, dessen Zuständigkeitsbereich sie unmittelbar unterstellt sind und in dessen Wirkungsbereich die Oberaufsicht über den Gang der Handlungen fällt, mit denen sie jeweils gerade beschäftigt sein mögen. Juno wird bei Hochzeiten angerufen, Lucina bei Geburten. Neptun nimmt die Gebete der Seeleute entgegen, Mars diejenigen der Krieger. Der Bauer bestellt seinen Acker unter dem Schutz der Ceres, während der Kaufmann die Zuständigkeit Merkurs anerkennt. Von jedem natürlichen Ereignis nimmt man an, es sei von einem intelligenten Urheber geleitet; und nichts Günstiges oder Gegenteiliges kann sich im Leben ereignen, das nicht Gegenstand besonderer Gebete oder Danksagungen sein könnte[1].

In der Tat wird man notwendigerweise zugeben müssen, daß die Menschen, sollen sie ihre Blicke über das Gegenwärtige hin-

[1] »Fragilis et laboriosa mortalitas in partes ista digessit, infirmitatis suae memor, ut portionibus coloret quisque, quo maxime indigeret«[f]. Plinius d. Ä.: *Naturalis historia*. Buch II, Kap. 4, § 15. In den frühen Zeiten Hesiods[g] gab es 30000 Gottheiten. *Opera et dies*. Vers 252–255[h]. Aber die von ihnen auszuführenden Aufgaben scheinen doch noch zu groß für ihre Zahl gewesen zu sein. Die Zuständigkeitsbereiche der Gottheiten waren so weit unterteilt, daß es sogar einen Gott des Niesens gab. Siehe Aristoteles: *Problemata*. Buch XXXIII, Kap. 7[i]. Entsprechend seiner Wichtigkeit und Würde war der Zuständigkeitsbereich für die Begattung unter mehreren Gottheiten verteilt.

aus erheben oder zu irgendeiner Folgerung hinsichtlich der unsichtbaren intelligenten Macht veranlaßt werden, von irgendeiner Leidenschaft bewegt sein müssen, die ihr Sinnen und Trachten beherrscht; irgendeinem Beweggrund, der sie zu ihrer ersten Untersuchung treibt. Aber zu welcher Leidenschaft sollen wir hier Zuflucht nehmen, um eine Wirkung von so gewaltiger Konsequenz zu erklären? Gewiß nicht zur spekulativen Wißbegierde oder zur reinen Wahrheitsliebe. Diese Antriebe sind zu subtil für derart grobe Auffassungen und würden die Menschen zu Untersuchungen über die Struktur der Welt führen; einem für ihre begrenzten Fähigkeiten zu weitläufigen und umfangreichen Gegenstand. Folglich kann man nicht annehmen, daß andere Leidenschaften auf solche ungebildeten Menschen einwirken könnten, als die gewöhnlichen Gemütsbewegungen des menschlichen Lebens: der ängstlichen Sorge um Glück, der Furcht vor künftigem Elend, dem Schrecken des Todes, dem Durst nach Rache, dem Hunger und anderen Bedürfnissen. Derart von Hoffnung und Furcht, besonders der letzteren[j], getrieben, untersuchen die Menschen mit banger Neugier den Lauf künftiger Ursachen und erforschen die vielfältigen und einander entgegengesetzten Ereignisse des menschlichen Lebens. Und in diesem verwirrten Schauspiel erblicken sie mit noch verwirrteren und erstaunteren Blicken die ersten dunklen Spuren einer Gottheit.

Dritter Abschnitt
Fortsetzung des Themas

Wir sind in diese Welt gesetzt wie in ein großes Theater[a], wo uns die wahren Quellen und Ursachen jedes Ereignisses vollkommen verborgen bleiben. Wir sind weder weise genug, die Übel, die uns ständig belästigen, vorherzusehen, noch haben wir genügend Macht, ihnen vorzubeugen. In steter Ungewißheit schweben wir zwischen Leben und Tod, Gesundheit und Krankheit, Überfluß und Mangel; Zustände, die durch geheime und unbekannte Ursachen unter der menschlichen Gattung verbreitet sind und deren Wirkung oft unerwartet, immer jedoch unerklärlich ist. Diese *unbekannten Ursachen*[b] werden nun der beständige Gegenstand unserer Hoffnung und Furcht, und während die Leidenschaften durch die ängstliche Erwartung der Ereignisse in fortwährender Unruhe gehalten werden, ist die Einbildungskraft in gleichem Maße damit beschäftigt, Vorstellungen von jenen Mächten zu bilden, von denen wir so vollständig abhängig sind. Könnten die Menschen die Natur gemäß der wahrscheinlichsten oder wenigstens der verständlichsten Philosophie zergliedern, so würden sie feststellen, daß diese Ursachen nichts als die besondere Zusammensetzung und Struktur der kleinsten Teile ihrer eigenen Körper und der äußeren Gegenstände sind, und daß alle die Ereignisse, die sie so sehr beunruhigen, durch einen regelmäßigen und beständigen Mechanismus hervorgebracht werden. Aber diese Philosophie übersteigt die Fassungskraft der unwissenden Menge, die sich die *unbekannten Ursachen* nur in einer ganz allgemeinen und verworrenen Weise vorstellen kann, obschon ihre Einbildungskraft, die ja fortwährend mit demselben Gegenstand beschäftigt ist, sich bemühen muß, eine besondere und deutliche Vorstellung von ihnen zu bilden. Je mehr die Menschen über diese Ursachen selbst und die Ungewißheit ihrer Wirkungen nachdenken, desto weniger Befriedigung finden sie bei ihren Nachforschungen; und sie würden zuletzt, wenn auch widerwillig, ein so mühsames Unternehmen aufgeben müssen, gäbe es in der menschlichen Natur nicht einen Hang, der zur Aufstellung eines Systems führt, das ihnen doch einige Befriedigung gewährt.

Es besteht eine allgemeine Neigung unter den Menschen, sich alle Wesen ihnen ähnlich vorzustellen und auf jeden Gegenstand diejenigen Eigenschaften zu übertragen, mit denen sie näher vertraut und die dem Bewußtsein besonders gegenwärtig sind[c]. Wir sehen menschliche Gesichter im Mond, Armeen in den Wolken und schreiben auf Grund eines natürlichen Hanges, sofern er nicht durch Erfahrung und Nachdenken korrigiert wird, einem jeden Ding, das uns verletzt oder gefällt, Böswilligkeit oder einen guten Willen zu. Daher rührt die Häufigkeit und Schönheit der Prosopopöie[d] in der Poesie, wo Bäume, Berge und Flüsse personifiziert werden und die unbelebten Teile der Natur Gefühle und Leidenschaften erhalten. Und wenn diese poetischen Gestalten und Ausdrücke auch keinen Glauben erfahren, so können sie zumindest doch dazu dienen, eine gewisse Neigung der Einbildungskraft zu beweisen, ohne die sie niemals weder für schön, noch für natürlich gehalten werden könnten. Auch wird ein Flußgott oder eine Baumnymphe nicht immer für ein bloß poetisches oder erdichtetes Geschöpf gehalten, sondern kann bisweilen von der unwissenden Menge als wirklich existent angenommen werden, da sie sich ja jeden Wald und jedes Feld als einem besonderen *Genius* oder einer unsichtbaren Macht zugehörig denkt, die dort wohnt und ihr Gebiet beschützt. Ja sogar die Philosophen können sich von dieser natürlichen Schwäche nicht ganz frei machen und haben oftmals der unbelebten Materie den »horror vacui«[e], Sympathien, Antipathien und andere menschliche Affekte zugeschrieben. Die Absurdität ist nicht geringer, wenn wir unsere Augen nach oben richten und – wie es nur zu gebräuchlich ist – menschliche Leidenschaften und Schwächen auf Gott übertragen, ihn uns als eifersüchtig und rachsüchtig, launenhaft und parteiisch, kurz, als einen in jeder Hinsicht bösen und törichten, nur mit größerer Macht und Autorität ausgestatteten Menschen vorstellen. Es ist daher kein Wunder, daß die Menschen, die sich in einer so tiefen Unkenntnis der Ursachen befinden und zur gleichen Zeit so um ihr künftiges Glück bangen, sich sofort zu einer Abhängigkeit von unsichtbaren, mit Gefühl und Intelligenz versehenen Mächten bekennen. Da nun die *unbekannten Ursachen*, die ihr Denken unaufhörlich beschäftigen, immer in demselben Licht erscheinen, werden sie von ihnen so aufgefaßt, als wären sie alle von derselben Art oder Gattung. Und es dauert nicht lange, bis wir ihnen Verstand, Vernunft und Leidenschaften und manchmal sogar die Gliedmaßen und die Körpergestalt der Menschen zuschreiben, um sie uns noch ähnlicher zu machen.

Wir finden stets, daß in dem Maße, wie das Leben eines Menschen vom Zufall regiert wird, auch sein Aberglaube zunimmt. Das kann man besonders gut bei Spielern und Seeleuten beobachten, bei denen es, obschon sie von allen Menschen am wenigsten zu ernsthafter Überlegung befähigt sind, an unbegründeten und abergläubischen Vorstellungen nur so wimmelt. Die Götter, sagt Coriolanus bei Dionysios[1], haben auf alles einen Einfluß, beson-

[1] Dionysios von Halikarnassos: *Antiquitates Romanae.* Buch VIII, Kap. 2, § 2.

ders aber im Krieg, wo der Verlauf der Ereignisse so ungewiß ist. Da das gesamte menschliche Leben, besonders vor der Errichtung von Ordnung und einer starken Regierungsgewalt, zufälligen Ereignissen ausgesetzt ist, so ist es natürlich, daß der Aberglaube in barbarischen Zeiten überall die Oberhand gewinnt und die Menschen zur ernsthaftesten Untersuchung jener unsichtbaren Mächte veranlaßt, die über ihr Glück oder Elend entscheiden. Da sie nichts von Astronomie und der Anatomie der Pflanzen und Tiere wissen und nicht wißbegierig genug sind, um die großartige Anordnung der Zweckursachen zu bewundern, bleibt ihnen die Vorstellung eines ersten und höchsten Schöpfers sowie jenes unendlich vollkommenen Geistes, der allein und durch seinen allmächtigen Willen dem Bau der Welt Ordnung verliehen hat, noch fremd. Eine derart erhabene Vorstellung ist zu gewaltig für ihr beschränktes Fassungsvermögen, das weder die Schönheit des Werkes bemerken noch die Größe seines Urhebers erfassen kann. Sie halten ihre Gottheiten, wenn auch für noch so mächtig und unsichtbar, doch nur für eine Art menschlicher Geschöpfe, die möglicherweise aus dem Menschengeschlecht hervorgegangen sind und alle menschlichen Leidenschaften und Neigungen zusammen mit den Gliedmaßen und Organen beibehalten haben. Obschon sie als die Herren des menschlichen Schicksals angesehen wurden, mußten die derart beschränkten Wesen, da jedes von ihnen für unfähig gehalten wurde, seinen Einfluß überallhin zu erstrecken, enorm vervielfältigt werden, damit sie der Mannigfaltigkeit der Ereignisse in der gesamten Natur entsprachen. So ist jeder Ort mit einer Menge lokaler Gottheiten ausgestattet, und so hat der Polytheismus Überhand genommen und herrscht noch immer unter dem größten Teil der ungebildeten Menschheit vor[2].

[2] Die folgenden Zeilen des Euripides passen so gut zu dem gegenwärtigen Thema, daß ich nicht umhin kann, sie hier zu zitieren:

Οὐκ ἔστιν οὐδὲν πιστὸν, οὔτ' εὐδοξία,
Οὔτ' αὖ καλῶς πράσσοντα μὴ πράξειν κακῶς.
Φύρουσι δ'αὔθ'οἱ θεοὶ πάλιν τε χαὶ πρόσω,
Ταραγμὸν ἐντιθέντες, ὡς ἀγνωσίᾳ
Σέβωμεν αὐτούς.
Hecuba, Vers 956–960.

Jeder menschliche Affekt vermag uns zu dem Begriff einer unsichtbaren, intelligenten Macht zu führen; Hoffnung wie Furcht, Dankbarkeit wie Kummer. Aber wenn wir unsere eigenen Herzen prüfen oder beobachten, was um uns herum vorgeht, so werden wir finden, daß die Menschen weit öfter durch traurige als durch angenehme Gemütsbewegungen auf die Knie geworfen werden. Das Glück wird leicht als das uns Zustehende hingenommen, und man fragt dabei wenig nach seiner Ursache oder seinem Urheber. Es bringt Fröhlichkeit, Geschäftigkeit, Heiterkeit und ein lebhaftes Genießen jeder Art von geselligem und sinnlichem Vergnügen hervor; und in dieser Gemütsverfassung haben die Menschen wenig Zeit und Neigung, an die unbekannten, unsichtbaren Regionen zu denken. Dagegen erschreckt uns jedes unheilvolle Ereignis und veranlaßt uns zur Untersuchung der Gründe, aus denen es entstand. Befürchtungen hinsichtlich der Zukunft erheben sich; und der in Mißtrauen, Furcht und Trübsinn versunkene Verstand nimmt zu jedem beliebigen Verfahren Zuflucht, um jene geheimen, intelligenten Mächte zu besänftigen, von denen unser Glück angeblich ganz abhängt.

Um die Leute zu einem gebührenden religiösen Empfinden zu bringen, ist bei allen volkstümlichen Priestern kein Thema gebräuchlicher als dasjenige, die Vorteile des Elends auszumalen, wodurch ihr Selbstvertrauen und ihre Lebensfreude unterdrückt werden, die sie in glücklichen Zeiten die göttliche Vorsehung vergessen lassen. Dieses Thema findet sich nicht etwa allein in den modernen Religionen; auch den Alten war es schon bekannt. »Das Schicksal«, sagt ein griechischer Geschichtsschreiber[3], »hat den Menschen niemals freigiebig und ohne Mißgunst ein ungetrübtes Glück beschert, sondern hat mit all seinen Geschenken immer einige verhängnisvolle Umstände verbunden, um die Menschen so zur Ehrfurcht vor den Göttern zu zwingen, die sie bei anhaltendem Wohlergehen zu leugnen und zu vergessen geneigt sind.«

»Es gibt nichts Sicheres in der Welt, keinen Ruhm, kein Glück. Die Götter stürzen das gesamte Leben in eine heillose Unordnung, mischen alles mit seinem Gegenteil, damit wir alle wegen unserer Unkenntnis und Ungewißheit sie desto mehr anbeten und verehren«[f].

[3] Diodorus Siculus: *Bibliotheca historica.* Buch III, Kap. 47, § 1[g].

Welche Altersstufe oder welche Lebensperiode ist dem Aberglauben am meisten zugetan? Die schwächlichste und furchtsamste. Und welches der Geschlechter? Hier wird die Antwort dieselbe sein müssen. »Die Führer und Muster jeder Art von Aberglauben«, sagt Strabo[4], »sind die Frauen. Sie spornen die Männer zu Frömmigkeit und Gebet und zur Einhaltung religiöser Feiertage an. Man wird selten jemanden treffen, der getrennt von Frauen lebt und doch derartigen Praktiken zugetan wäre. Und nichts kann aus diesem Grunde unwahrscheinlicher sein als der Bericht über einen Männerorden bei den Geten[i], die im Zölibat gelebt hätten und trotzdem die schlimmsten Glaubensfanatiker gewesen wären.« Das ist eine Art der Beweisführung, die uns zu einer schlimmen Vorstellung von der Frömmigkeit der Mönche führen würde, hätte uns nicht die Erfahrung, die zu Strabos Zeiten[j] vielleicht noch nicht so verbreitet war, darüber belehrt, daß man im Zölibat leben und sich zur Keuschheit bekennen kann und dennoch die engsten Beziehungen und die uneingeschränkteste Sympathie mit jenem furchtsamen und frommen Geschlecht aufrecht zu erhalten vermag.

Vierter Abschnitt
Gottheiten, die nicht als Weltschöpfer oder Weltbildner betrachtet werden

Der einzige Punkt in der Theologie, wo wir eine nahezu allgemeine Übereinstimmung der Menschen antreffen werden, ist, daß es eine unsichtbare, intelligente Macht in der Welt gibt. Aber ob diese Macht die höchste oder eine nur untergeordnete ist, ob auf ein Wesen beschränkt oder unter mehreren verteilt, welche Merkmale, Eigenschaften, Verbindungen oder Handlungsprinzipien diesen Wesen zugeschrieben werden sollen, das alles sind Fragen, in denen die volkstümlichen Systeme der Theologie die größten Unterschiede aufweisen. Vor dem Wiederaufblühen der Wissenschaften[a] glaubten unsere Vorfahren in Europa wie wir heute, daß es einen höchsten Gott, den Urheber der Natur gege-

[4] *Geographia.* Buch VII, Kap. 3, § 4[h].

ben habe, dessen Macht, obschon sie an sich unbeschränkt war, doch noch oftmals durch die Vermittlung seiner Engel und untergeordneten Diener ausgeübt wurde, die seine heiligen Entschlüsse ausführten. Aber sie glaubten auch, daß die gesamte Natur voll von anderen unsichtbaren Mächten war: Feen, Kobolden, Elfen, Gespenstern; allesamt Wesen, die stärker und mächtiger als Menschen, aber viel tieferstehend als die himmlischen Geschöpfe sind, die den Thron Gottes umgeben. Nehmen wir nun einmal an, jemand hätte in jenen Zeiten das Dasein Gottes und seiner Engel geleugnet; würde sein Unglaube nicht zu Recht die Bezeichnung des Atheismus verdient haben, selbst wenn er auf Grund einer wunderlich eigensinnigen Überlegung die volkstümlichen Geschichten von Elfen und Feen als richtig und wohlbegründet anerkannt hätte? Der Unterschied zwischen einer solchen Person und einem wirklichen Theisten auf der einen Seite ist unendlich größer als auf der anderen Seite der zwischen ihm und jemandem, der jede unsichtbare, intelligente Macht überhaupt ausschließt. Und man begeht einen Trugschluß, wenn man lediglich auf Grund der zufälligen Ähnlichkeit der Namen ohne jede Übereinstimmung in der Bedeutung so entgegengesetzte Meinungen mit derselben Bezeichnung belegt.

Für jedermann, der die Sache richtig erwägt, wird sich ergeben, daß die Götter aller Polytheisten nicht besser sind als die Elfen und Feen unserer Vorfahren und daß sie genausowenig fromme Verehrung oder Ehrerbietung wie jene verdienen. Diese angeblich Religiösen sind tatsächlich eine Art abergläubischer Atheisten und erkennen kein Wesen an, das unserer Vorstellung einer Gottheit entspräche: kein erstes Prinzip der Vernunft oder des Denkens, keine höchste Herrschaft und Regierung, keine göttliche Planung oder Absicht in dem Bau der Welt.

Die Chinesen schlagen ihre Götzenbilder, wenn ihre Gebete nicht erhört werden[1]. Die Gottheiten der Lappländer sind irgendwelche große Steine von außergewöhnlicher Gestalt[2]. Zur Erklärung der Tieranbetung führten die ägyptischen Mythendichter an, daß die Götter, die von der Gewalttätigkeit der ihnen

[1] Père Le Comte[b].

[2] Jean François Regnard: *Voyage de Laponie*[c].

feindlich gesonnenen erdgeborenen Menschen verfolgt wurden, ehedem gezwungen waren, sich in Tiergestalten zu verbergen[3]. Die Kaunier, ein in Kleinasien lebendes Volk, die beschlossen hatten, keine fremden Götter unter sich zu dulden, versammelten sich regelmäßig zu bestimmten Jahreszeiten in voller Bewaffnung, stießen mit ihren Lanzen in die Luft und rückten so bis zu ihren Landesgrenzen vor, um, wie sie sagten, die fremden Gottheiten zu vertreiben[4]. »Nicht einmal die unsterblichen Götter«, sagten einige germanische Volksstämme zu Caesar, »sind den Sueven gewachsen«[5].

Viele Übel, sagt Dione bei Homer zu der von Diomedes verwundeten Venus[g], viele Übel, meine Tochter, haben die Götter den Menschen zugefügt; und viele Übel haben die Menschen den Göttern dafür zugefügt[6]. Wir brauchen nur einen beliebigen klassischen Autor aufzuschlagen, um auf diese groben Darstellungen der Gottheiten zu stoßen. Und Longinus[7] bemerkt zu Recht, daß derartige Vorstellungen von der göttlichen Natur, wenn sie wörtlich genommen werden, den wahren Atheismus enthalten.

Einige Schriftsteller[8] haben sich darüber gewundert, daß die Gottlosigkeiten des Aristophanes zugelassen, ja von den Athenern sogar öffentlich aufgeführt und mit Beifall bedacht worden sind; einem Volk, das so abergläubisch und um die Staatsreligion so besorgt war, daß es zur gleichen Zeit Sokrates wegen seines angeblichen Unglaubens in den Tod schickte. Aber diese Schriftsteller bedenken nicht, daß die albernen und gewöhnlichen Bilder, in denen die Götter von jenem Komödiendichter dargestellt werden, statt als pietätlos zu erscheinen, genau dem Licht ent-

[3] Diodorus Siculus: *Bibliotheca historica.* Buch I, Kap. 86, § 3[d]. Lukian: *De sacrificiis.* § 14[e]. Ovid spielt auf dieselbe Überlieferung an, *Metamorphoses* Buch V, Vers 321–331. So auch Manilius: *Astronomica.* Buch IV, Vers 800–802[f].

[4] Herodot: *Historiae.* Buch I, § 172.

[5] Caesar: *Bellum Gallicum,* Buch IV, § 7.

[6] *Ilias.* V. Gesang, Vers 383–384[h].

[7] *De sublimitate.* Kap. IX, § 7.

[8] Pierre Brumoy: *Le théâtre des grecs*[i] und Fontenelle: *Histoire des oracles*[j].

sprachen, in dem die Alten ihre Götter sahen. Welches Verhalten könnte verbrecherischer und niederträchtiger sein als das des Jupiter im *Amphitruo*[k]? Und dennoch empfand man dieses Stück, das seine galanten Heldentaten darstellte, als ihm so angenehm, daß es in Rom stets dann mit amtlicher Genehmigung gespielt wurde, wenn der Staat von einer Seuche, einer Hungersnot oder irgendeinem anderen großen Unheil bedroht war[9]. Die Römer nahmen an, daß er, wie alle alten Wüstlinge, durch das Aufwärmen seiner ehemaligen heldenhaften und vitalen Bravourstücke höchst erfreut sei und daß es kein geeigneteres Mittel gebe, seiner Eitelkeit zu schmeicheln.

Während des Krieges, sagt Xenophon[10], sandten die Lakedämonier ihre Bitten immer sehr früh am Morgen empor, um so ihren Feinden zuvorzukommen und als die ersten Bittsteller die Götter im voraus zu ihren Gunsten zu verpflichten. Aus Seneca[11] können wir entnehmen, daß die Gläubigen im Tempel den Tempeldiener oder Küster gewöhnlich ersuchten, ihnen einen Platz nahe dem Bilde der Gottheit zu verschaffen, damit ihre Gebete und Bitten von dieser am besten gehört würden. Während der Belagerung durch Alexander schlangen die Tyrier Ketten um die Statue des Herkules, um die Gottheit daran zu hindern, zum Feind überzulaufen[12]. Als Augustus seine Flotte zweimal durch Sturm verloren hatte, verbot er, daß Neptun in einer Prozession mit den anderen Göttern herumgetragen werde und meinte, sich auf diese Weise genügend gerächt zu haben[13]. Nach dem Tod des Germanicus war das Volk über seine Götter derart erzürnt, daß es sie in ihren Tempeln steinigte und ihnen öffentlich jede Treue kündigte[14].

Es kommt einem Polytheisten oder Götzendiener niemals in den Sinn, Ursprung und Bau des Universums diesen unvoll-

[9] Arnobius: *Adversus gentes libri VII.* Buch VII, Kap. 33[l].

[10] *De republica Lacedaemoniorum.* Kap. 13, § 3.

[11] *Ad Lucilium epistulae morales.* Brief 41.

[12] Quintus Curtius Rufus: *Historiae Alexandri Magni Macedonis.* Buch IV, Kap. 3, §§ 21–22[m]. Diodorus Siculus: *Bibliotheca historica.* Buch XVII, Kap. 41, § 8[n].

[13] Sueton: *Divus Augustus.* Kap. 16, § 2.

[14] Ders.: *C. Caligula.* Kap. 5[o].

kommenen Wesen zuzuschreiben. Hesiod, dessen Schriften zusammen mit denen des Homer das kanonische Himmelssystem enthielten[15], Hesiod, sage ich, nimmt an, daß Götter und Menschen gleichermaßen den unbekannten Mächten der Natur entsprungen seien[16], und in der ganzen Theogonie dieses Autors tritt uns Pandora als einziges Beispiel einer Schöpfung oder einer absichtlichen Erzeugung entgegen. Doch auch sie wurde von den Göttern lediglich aus Zorn über Prometheus erschaffen, der den Menschen das vom Himmel gestohlene Feuer geschenkt hatte[17]. Die alten Mythendichter scheinen sich in der Tat durchweg eher die Vorstellung von Erzeugung als die von Schöpfung oder Gestaltung zu eigen gemacht und von daher den Ursprung des Universums erklärt zu haben.

Ovid, der einem aufgeklärten Zeitalter angehörte[r] und von Philosophen über die Prinzipien einer göttlichen Schöpfung oder Gestaltung der Welt unterrichtet worden war, ließ diese Vorstellung sozusagen frei und losgelöst von seinem System auf sich beruhen, nachdem er herausgefunden hatte, daß sie nicht mit der volkstümlichen Mythologie zusammenstimmte, die er vortrug. »Quisquis fuit ille Deorum?«[18] Welcher der Götter, fragt er, war es wohl, der das Chaos auflöste und Ordnung in das Universum brachte. Er wußte, es konnte weder Saturn, noch Jupiter, noch Neptun, noch sonst eine der vom Heidentum angenommenen Gottheiten sein. Sein theologisches System hatte ihn hierüber nichts gelehrt, und so läßt er diese Sache ebenfalls unentschieden.

Diodorus Siculus[19], der sein Werk mit einer Aufzählung der vernünftigsten Ansichten über den Ursprung der Welt eröffnet, erwähnt keine Gottheit oder intelligentes Wesen[s], obgleich aus seiner Geschichtsdarstellung klar hervorgeht, daß er weit mehr

[15] Herodot: *Historiae.* Buch II, Kap. 53, §§ 1–2. Lukian[p]: *Jupiter confutatus; De luctu.* § 2; *Saturnalia.* § 5 etc.

[16] ʽΩς ὁμόθεν γεγάασι θεοὶ θνητοί τʼ ἄνθρωποι. Hesiod: *Opera et dies.* Vers 108[q].

[17] *Theogonia.* Vers 570–584.

[18] *Metamorphoses.* Buch I, Vers 32.

[19] *Bibliotheca historica.* Buch I, Kap. 6–7.

zum Aberglauben als zum Unglauben neigte. Und in einem anderen Abschnitt[20], wo er von den Ichthyophagen, einem in Indien lebenden Volk, spricht, behauptet er, wir müßten sie, weil es so große Schwierigkeiten gebe, ihre Abstammung zu erklären, für *Autochthone* halten, die ohne jeden Anfang ihres Geschlechts ihre Rasse seit aller Ewigkeit fortpflanzten[t], wie dies einige Physiologen bei der Behandlung des Ursprungs der Natur ganz richtig bemerkt hätten. »Aber bei Gegenständen wie diesen«, fügt der Geschichtsschreiber hinzu, »die alles menschliche Fassungsvermögen übersteigen, kann es wohl vorkommen, daß gerade diejenigen, die am meisten darüber sprechen, am wenigsten davon wissen und durch ihre Überlegungen eine trügerische Wahrscheinlichkeit erreichen, wo sie doch von der wirklichen Wahrheit und Tatsächlichkeit äußerst weit entfernt sind.«

Das ist in unseren Augen eine ziemlich merkwürdige Meinung für einen so erklärten und eifrigen Gottesbekenner[21]. Indes war es stets bloßer Zufall, wenn in den alten Zeiten die Frage nach dem Ursprung der Welt einmal Eingang in religiöse Systeme fand oder von Theologen behandelt wurde. Es war allein das Geschäft der Philosophen, derartige Systeme vorzutragen, und es hat auch ziemlich lange gedauert, bevor diese sich darauf besannen, ihre Zuflucht zu einem Geist von höchster Intelligenz als der ersten Ursache von allem zu nehmen. Man war damals so weit davon entfernt, die Darlegung des Ursprungs der Dinge ohne eine Gottheit für gottlos zu halten, daß Thales, Anaximenes, Heraklit und andere, die sich jenes kosmogonische System zu eigen gemacht hatten, ganz unbehelligt blieben, während Anaxagoras,

[20] *Bibliotheca historica.* Buch III, Kap. 20.

[21] Derselbe Autor, der so den Ursprung der Welt ohne eine Gottheit darlegen kann, hält es für gottlos, die gewöhnlichen Lebensereignisse, Erdbeben, Überschwemmungen und Stürme durch physikalische Ursachen zu erklären und schreibt sie demütig dem Zorn Jupiters oder Neptuns zu. Ein klarer Beweis, woher er seine religiösen Vorstellungen herleitete[u]. Vgl. Buch XV, Kap. 48, S. 364 in der Ausgabe Rhodomans[v].

der erste unbestrittene Theist unter den Philosophen, vielleicht der erste war, der jemals des Atheismus beschuldigt wurde[22].

Sextus Empiricus[23] erzählt uns, daß Epikur als Kind[y] einmal mit seinem Lehrer die folgenden Verse Hesiods[z] gelesen habe:

> Als ältestes der Wesen entstand zuerst das *Chaos*,
> danach folgte die *Erde* mit ihrer breiten Brust,
> dem *Wohnsitz* für alle.

Da habe sich in der Frage »Und woher stammt das Chaos?« zum ersten Mal der wißbegierige Geist des jungen Schülers gezeigt. Sein Lehrer aber habe ihm gesagt, er müsse zur Lösung solcher Fragen Zuflucht zu den Philosophen nehmen. Auf diesen Hinweis hin gab Epikur die Philologie und alle anderen Studien auf, um sich jener Wissenschaft zuzuwenden, von der er allein Befriedigung in diesen erhabenen Dingen erwartete.

Das gewöhnliche Volk würde seine Untersuchungen vermutlich niemals so weit treiben oder seine Religionssysteme aus Schlußfolgerungen herleiten, wenn, wie wir sehen, Philologen und Mythendichter kaum jemals soviel Scharfsinn bekundeten und sogar die Philosophen, die solche Themen behandelten, bereitwillig der gröbsten Theorie zustimmten und den gemeinsamen Ursprung der Götter und Menschen aus Nacht und Chaos, Feuer, Wasser, Luft oder was immer sie für das grundlegende Element hielten, anerkannten.

[22] Es ist leicht zu erklären, warum Thales, Anaximander und jene frühen Philosophen, die tatsächlich Atheisten waren, im Sinne des heidnischen Glaubens durchaus orthodox sein konnten, und warum Anaxagoras und Sokrates, obwohl sie wirkliche Theisten waren, in jenen alten Zeiten natürlicherweise für gottlos gehalten werden mußten. Waren die blinden, ungeleiteten Mächte der Natur imstande, Menschen hervorzubringen, dann vermochten sie auch solche Wesen wie Jupiter und Neptun zu erzeugen, denen als den mächtigsten, intelligentesten Wesen der Welt Verehrung gebührte. Dort aber, wo eine höchste Intelligenz, die erste Ursache von allem, anerkannt wird, müssen diese launenhaften Wesen, wenn es sie überhaupt gibt, sehr untergeordnet und abhängig erscheinen und folglich vom Rang der Götter ausgeschlossen werden. Platon (*De legibus*. Buch X, 886 d–e) führt dies als Grund für die gegen Anaxagoras gerichtete Beschuldigung an, er habe die Göttlichkeit der Sterne, Planeten und anderer erschaffener Dinge geleugnet[w].

[23] *Adversus dogmaticos*. Buch IV, §§ 18–19[x].

Nicht nur hinsichtlich ihres ersten Ursprungs wurden die Götter als von den Naturmächten abhängig angesehen. Die ganze Dauer ihres Daseins hindurch sollten sie der Herrschaft des Schicksals oder des Unvermeidlichen unterworfen sein. »Denkt an die Macht der Notwendigkeit«, sagt Agrippa zu dem römischen Volk, »jener Macht, der sich selbst die Götter unterwerfen müssen«[24]. Und in Übereinstimmung mit dieser Denkweise berichtet uns Plinius der Jüngere[25], daß inmitten der Dunkelheit, Furcht und Verwirrung, die dem ersten Ausbruch des Vesuvs folgten, etliche Leute gemeint hätten, die ganze Natur ginge unter und Götter und Menschen fielen einem gemeinsamen Verderben anheim.

Es ist in der Tat ein großes Entgegenkommen, wenn wir ein derart unvollkommenes theologisches System mit dem Namen einer Religion auszeichnen und es auf eine Stufe mit späteren Systemen stellen, die auf viel richtigeren und erhabeneren Prinzipien errichtet sind. Ich kann meinesteils kaum zugeben, daß die Prinzipien sogar des Mark Aurel, Plutarch und einiger anderer *Stoiker* und *Akademiker* die ehrenvolle Bezeichnung »Theismus« verdienen, obwohl sie schon viel feiner als der heidnische Aberglaube sind. Denn wenn die heidnische Mythologie dem alten europäischen Geisterglauben dadurch ähnlich ist, daß sie Gott und Engel ausschließt und nur Feen und Gespenster gelten läßt, so darf man auch von dem Glauben dieser Philosophen mit Recht sagen, daß er eine Gottheit ausschließt und nur Engel und Feen gelten läßt.

Fünfter Abschnitt
Verschiedene Formen des Polytheismus: Allegorie und Heldenverehrung

Unsere Hauptaufgabe ist jedoch zunächst, den groben Polytheismus des Volkes zu betrachten und all seine verschiedenen

[24] Dionysios von Halikarnassos: *Antiquitates Romanae.* Buch VI, Kap. 54, § 2.

[25] *Epistulae.* Buch VI, Brief 20, § 15.

Erscheinungen in den Prinzipien der menschlichen Natur zu verfolgen, aus der sie hervorgegangen sind.

Wer die Existenz einer unsichtbaren, intelligenten Macht auf Grund von Argumenten erkennen will, der muß auf der Grundlage der bewundernswürdigen Einrichtung der natürlichen Dinge schlußfolgern, und muß annehmen, daß die Welt das Werk jenes göttlichen Wesens, der ursprünglichen Ursache aller Dinge ist. Aber dem gewöhnlichen Polytheisten liegt diese Vorstellung so fern, daß er vielmehr jeden Teil des Universums vergöttlicht und alle besonders in die Augen fallenden Naturerzeugnisse als ebenso viele wirkliche Gottheiten auffaßt. Die Sonne, der Mond und die Sterne sind nach seinem System allesamt Götter; Quellen werden von Nymphen und Bäume von Dryaden bewohnt. Selbst Affen, Hunde, Katzen und andere Tiere werden in seinen Augen oftmals heilig und flößen ihm religiöse Ehrfurcht ein. Wie stark demnach der Hang der Menschen auch sein mag, an eine unsichtbare, intelligente Macht in der Natur zu glauben; ihr Hang, mit ihrer Aufmerksamkeit bei den sinnlich wahrnehmbaren, sichtbaren Dingen stehenzubleiben, ist gleich stark; und in der Absicht, diese einander entgegengesetzten Neigungen in Einklang zu bringen, werden die Menschen dazu veranlaßt, die unsichtbare Macht mit einem sichtbaren Objekt zu vereinigen.

Die Zuteilung von bestimmten Bereichen zu den verschiedenen Gottheiten ist ebenfalls dazu geeignet, mancherlei Allegorien sowohl physischer als auch moralischer Art hervorzurufen, die in das gewöhnliche System des Polytheismus eingehen. Der Gott des Krieges wird natürlicherweise als wütend, grausam und wild; der Gott der Dichtkunst als elegant, gebildet und liebenswürdig; der Gott des Handels – besonders in frühen Zeiten – als diebisch und hinterlistig dargestellt werden. Ich räume ein, daß die bei Homer und anderen Mythendichtern vorkommenden Allegorien oftmals so gezwungen sind, daß Leute mit Verstand dazu neigen, sie gänzlich zu verwerfen und sie als das bloße Produkt der Phantasie und Einfälle der Kritiker und Kommentatoren anzusehen. Daß aber die Allegorie in der heidnischen Mythologie wirklich vorkommt, wird selbst bei geringster Überlegung nicht zu leugnen sein. Cupido ist der Sohn der Venus, die Musen sind die Töchter des Gedächtnisses, Prometheus ist der weise und Epimetheus der törichte Bruder. Hygieia oder die Göttin des Gesundheit stammt von Aesculap oder dem Gott der Heilkunde ab. Wer sieht hier und in vielen anderen Beispielen nicht die deutlichen Spuren der Allegorie? Wenn man von einem Gott annimmt, daß er die Herrschaft über irgendeine Leidenschaft, Begebenheit oder Handlungsfolge hat, so ist es fast unvermeidlich, ihm eine Genealogie, Eigenschaften und Abenteuer entsprechend der ihm zugetrauten Macht und Wirksamkeit beizulegen und jene Ähnlichkeiten und Vergleiche weiter zu verfolgen, was dem menschlichen Geist natürlicherweise so zusagt.

Freilich sollten wir nicht erwarten, daß Unwissenheit und Aberglaube ganz und gar vollkommene Allegorien hervorbringen, denn es gibt kein Erzeugnis des Geistes, das eine feinere Hand erforderte oder seltener erfolgreich zustandegebracht worden wäre. Daß *Furcht* und *Schrecken* die Söhne des Mars sind, ist angemessen; aber warum zugleich der Venus?[1] Daß *Harmonia* die Tochter der Venus ist, erscheint annehmbar; aber warum zugleich die Tochter des Mars?[2] Daß *Schlaf* der Bruder des *Todes* ist, ist passend; aber warum wird er als in eine der Grazien verliebt geschildert?[3] Und da die antiken Mythendichter so grobe und handgreifliche Fehler begehen, haben wir sicherlich keinen Grund, derart subtile und gutausgeführte Allegorien zu erwarten, wie einige sie aus ihren Dichtungen haben ableiten wollen.

Lukrez ist von der großen Rolle, die die Allegorie in den heidnischen Dichtungen spielt, offensichtlich allzusehr beeindruckt gewesen. Er wendet sich zunächst an Venus als an die zeugende Macht, die das Universum belebt, erneuert und verschönert, wird aber bald durch die Mythologie zu Inkonsequenzen verleitet, indem er jene allegorische Person anfleht, den Zorn ihres Liebhabers Mars zu besänftigen[a]: ein Einfall, der nicht der Allegorie, sondern der volkstümlichen Religion entnommen ist und den Lukrez als Epikureer nicht ohne sich selbst zu widersprechen zulassen konnte.

[1] Hesiod: *Theogonia.* Vers 933–935.
[2] Ders. ebd., Vers 936–937 und Plutarch: *Pelopidas.* Kap. 19, § 2.
[3] *Ilias.* XIV. Gesang, Vers 267–269.

Die Gottheiten der Menge sind den menschlichen Geschöpfen so wenig überlegen, daß den Menschen, wenn sie von starken Empfindungen der Verehrung oder der Dankbarkeit für einen Helden oder Wohltäter der Allgemeinheit erfüllt sind, nichts natürlicher sein kann, als ihn in einen Gott zu verwandeln und den Himmel auf diese Weise beständig mit Rekruten aus dem Menschengeschlecht zu füllen. Von den meisten Gottheiten der alten Welt nimmt man an, daß sie einst Menschen waren und ihre *Apotheose* der Bewunderung und Zuneigung des Volkes zu verdanken hatten. Die wirkliche Geschichte ihrer Abenteuer, die durch die Überlieferung entstellt und durch den Wundergehalt gehoben wurde, stellte eine unerschöpfliche Quelle von Sagen dar; besonders wenn sie durch die Hände der Poeten, Allegoriendichter und Priester ging, die sich immer wieder das verwunderte Erstaunen der unwissenden Menge zunutze machten.

Auch die Maler und Bildhauer erhielten ihren Gewinnanteil an den heiligen Mysterien; und indem sie den Menschen sinnlich wahrnehmbare Darstellungen ihrer Gottheiten lieferten, die sie in menschliche Gestalten kleideten, erhöhten sie die öffentliche Andacht beträchtlich und bestimmten deren Gegenstand. Es ist vermutlich auf das Fehlen dieser Künste in den rohen und barbarischen Zeiten zurückzuführen, daß die Menschen Pflanzen, Tiere, ja sogar die vernunftlose anorganische Materie vergöttlichten und lieber so wenig vertrauenerweckenden Gestalten göttlichen Charakter beilegten, als ohne ein sinnlich wahrnehmbares Objekt der Verehrung zu sein. Hätte in frühen Zeiten irgendein syrischer Bildhauer eine angemessene Apollonfigur zu gestalten vermocht, so würde der Steinkegel, der Heliogabalus darstellt, niemals Gegenstand einer solch tiefen Verehrung geworden sein, noch wäre er jemals als eine Versinnbildlichung des Sonnengottes akzeptiert worden[4].

[4] Herodian: *Ab excessu divi Marci libri octo.* Buch V, Kap. 3, § 5[b]. Jupiter Ammon wird von Curtius als eine Gottheit gleicher Art dargestellt, *Historiae Alexandri Magni Macedonis.* Buch IV, Kap. 7, § 23[c]. Die Araber und Einwohner von Pessinus[d] beteten ebenfalls ungestaltete, nicht geformte Steine als ihre Götter an. Arnobius: *Adversus gentes libri VII.* Buch VI, Kap. 11[e]. Soweit überstieg ihre Torheit die der Ägypter.

Stilpo wurde wegen seiner Behauptung, die in der Zitadelle aufgestellte Minerva sei keine Gottheit, sondern das Werk des Bildhauers Phidias, durch Beschluß des Areopags in die Verbannung geschickt[5]. Welchen Grad von Vernunft müssen wir da in dem religiösen Glauben bei der Masse anderer Nationen vermuten, wenn schon Athener und Areopagiten sich mit derart groben Vorstellungen trugen?

Dies sind also die allgemeinen Prinzipien des Polytheismus, wie sie in der menschlichen Natur begründet und wenig oder gar nicht von Laune und Zufall abhängig sind. Da die *Ursachen*, die uns Glück oder Elend bringen, im allgemeinen sehr wenig bekannt und sehr ungewiß sind, bemüht sich unser ängstliches Gemüt, eine bestimmte Vorstellung von ihnen zu erhalten und findet dabei keinen besseren Ausweg, als sie sich als intelligente, freihandelnde Wesen ähnlich uns selbst vorzustellen, nur daß sie uns an Macht und Weisheit etwas überlegen sind. Der begrenzte Einfluß dieser Wesen und ihre nahe Verwandtschaft mit der menschlichen Schwachheit führen zu der mannigfaltigen Einteilung und Gliederung ihrer Autorität und geben dadurch Veranlassung zur Bildung von Allegorien. Dieselben Prinzipien sind es natürlich, die Sterbliche, die sich durch Kraft, Mut oder Verstand besonders auszeichnen, zu Göttern werden lassen und die Heldenverehrung mitsamt den sagenhaften Geschichten und den mythologischen Überlieferungen in all ihren wilden und unerklärlichen Gestalten hervorbringen. Und da eine unsichtbare geistige Intelligenz ein für die gewöhnliche Auffassungsgabe zu subtiler Gegenstand ist, verbinden die Menschen sie natürlicherweise mit einer sinnlichen Verkörperung; sei es mit den mehr ins Auge fallenden Teilen der Natur oder mit den Statuen, Bildern und Gemälden, die ein schon kultiviertes Zeitalter sich von seinen Gottheiten bildet.

Nahezu alle Götzendiener aus jeder Zeit und jedem Land stimmen in diesen allgemeinen Prinzipien und Vorstellungen überein; ja selbst die besonderen Charaktere und Zuständigkeitsbereiche, die sie ihren Gottheiten zuschreiben, weichen

[5] Diogenes Laertius: *Vitae philosophorum.* Buch II, Kap. 11, § 116.

nicht sehr voneinander ab[6]. Die griechischen und römischen Reisenden und Eroberer fanden ohne große Schwierigkeit ihre eigenen Gottheiten überall und sagten ganz unbeschadet der Bezeichnungen, mit denen die fremden Götter benannt werden mochten: das ist Merkur, das Venus, dieser ist Mars und jener Neptun. Die Göttin Hertha unserer angelsächsischen Vorfahren scheint nach Tacitus[7] keine andere als die *Mater Tellus* der Römer gewesen zu sein, und seine Vermutung war offenbar richtig.

Sechster Abschnitt
Entstehung des Theismus aus dem Polytheismus

Die Lehre von einem höchsten Gott als dem Urheber der Natur ist sehr alt. Sie hat sich über große und volkreiche Nationen ausgebreitet und ist dort von Menschen aller Klassen und Lebensbedingungen angenommen worden. Wer jedoch meint, dieser Erfolg sei der überlegenen Stärke jener unwiderlegbaren Vernunftschlüsse zu verdanken, auf die sie sich ja zweifellos gründet, würde damit zeigen, daß ihm die Unwissenheit und Torheit des Volkes sowie seine unheilbaren Vorurteile hinsichtlich seines besonderen Aberglaubens wenig bekannt sind. Fragt selbst heutzutage und in Europa irgend jemanden aus der großen Masse, warum er an einen allmächtigen Schöpfer der Welt glaubt. Er wird niemals die Schönheit der Zweckursachen erwähnen, die ihm ganz unbekannt sind; er wird auch seine Hand nicht hinhalten und euch auffordern, die Geschmeidigkeit und Mannigfaltigkeit der Gelenke seiner Finger zu betrachten, wie sie sich alle in eine Richtung biegen, wie der Daumen das Gegengewicht zu ihnen bildet, wie das Handinnere weich und fleischig ist und wie dies zusammen mit all den anderen Umständen diesen Körperteil erst zu dem Gebrauch tauglich macht, zu dem er bestimmt wurde. An diese Dinge hat er sich längst gewöhnt, und er sieht sie nun teilnahmslos und unbekümmert an. Aber er wird euch von dem plötzlichen und unerwarteten Tod des einen und dem Sturz und

[6] Siehe Caesar über die Religion der Gallier, *Bellum Gallicum*. Buch VI, § 17[f].

[7] *Germania*. Kap. 40, § 2[g].

der Verletzung des anderen erzählen, der übermäßigen Trockenheit dieser Jahreszeit und der Kälte und dem Regen einer anderen. Dies schreibt er der unmittelbaren Wirkung der Vorsehung zu, und solche Ereignisse, die für vernünftig Denkende die hauptsächlichen Schwierigkeiten gegen die Annahme einer höchsten Intelligenz darstellen, sind für ihn die einzigen Argumente, die dafür sprechen[a].

Es hat viele Theisten gegeben, und darunter waren sogar die eifrigsten und gebildetsten, die eine *besondere* Vorsehung geleugnet haben. Sie waren der Ansicht, daß der höchste Geist oder das erste Prinzip aller Dinge nach der Festlegung der allgemeinen Gesetze, durch die die Natur gelenkt wird, diesen Gesetzen freien und ununterbrochenen Lauf gewährt, ohne bei jeder Gelegenheit die festgelegte Ordnung der Vorgänge durch besondere Willensakte zu stören. Aus der wunderbaren Verknüpfung und der strengen Befolgung der festgelegten Regeln, sagen sie, leiten wir das Hauptargument für den Theismus her, und eben diese Prinzipien befähigen uns auch, die wichtigsten Einwände gegen ihn zu beantworten[b]. Aber das wird von dem größten Teil der Menschen so wenig verstanden, daß sie vielmehr geneigt sind, jeden des gröbsten Unglaubens zu verdächtigen, von dem sie nur merken, daß er alle Vorgänge natürlichen Ursachen zuschreibt und das besondere Eingreifen einer Gottheit bestreitet. »Ein wenig Philosophie«, sagt Lord Bacon[c], »macht die Menschen zu Atheisten; viel Philosophie versöhnt sie mit der Religion.« Denn wenn die Auffassung der Menschen, die man durch abergläubische Vorurteile gelehrt hat, das Gewicht auf die falsche Stelle zu legen, einmal versagt hat und sie durch etwas Nachdenken entdecken, daß der Lauf der Natur regelmäßig und gleichförmig ist, so wird ihr ganzer Glaube wanken und zugrunde gehen. Wenn sie aber durch weiteres Nachdenken darüber belehrt worden sind, daß eben diese Regelmäßigkeit und Gleichförmigkeit der stärkste Beweis für eine Absicht und eine höchste Intelligenz sind, dann kehren sie zu jenem Glauben zurück, den sie verlassen hatten, und sind nun in der Lage, ihn auf einer festeren und dauerhafteren Grundlage zu errichten.

Obwohl Erschütterungen und Störungen der Natur, Zeichen und Wunder dem Plan eines weisen Oberaufsehers am entschiedensten entgegenstehen, erfüllen sie die Menschheit mit den stärksten religiösen Empfindungen, da die Ursachen der Ereignisse dann am wenigsten bekannt und berechenbar erscheinen. Wahnsinn, Raserei, Wut und eine erhitzte Phantasie gelten, obschon sie doch den Menschen fast auf das Niveau der Tiere herabsinken lassen, aus dem gleichen Grund oft als die einzigen seelischen Zustände, in denen wir eine unmittelbare Verbindung mit Gott erlangen können[d].

Da nun die breite Masse selbst solcher Völker, die die Lehre des Theismus angenommen haben, diese noch auf irrationalen und abergläubischen Prinzipien errichtet, dürfen wir aufs Ganze gesehen den Schluß ziehen, daß sie zu dieser Auffassung niemals durch eine Folge von Argumenten, sondern durch einen bestimmten Gedankengang gebracht wird, der ihrer Begabung und Fassungskraft angemessener ist.

Bei einem götzendienerischen Volk kann es leicht vorkommen, daß die Menschen, obwohl sie die Existenz mehrerer beschränkter Gottheiten anerkennen, dennoch einen Gott haben, den sie auf ganz besondere Weise zum Gegenstand ihrer Verehrung und Anbetung machen. Sie glauben entweder, daß bei der Macht- und Gebietsverteilung unter den Göttern ihr Volk der Gerichtsbarkeit jener besonderen Gottheit unterstellt wurde, oder aber sie stellen sich gemäß den irdischen Verhältnissen den einen Gott als den Herrscher oder die höchste Obrigkeit über die anderen Götter vor, der sie, obschon er von gleicher Beschaffenheit ist, mit einer Autorität ähnlich derjenigen beherrscht, die ein Souverän auf Erden über seine Untertanen und Vasallen ausübt. Ob dieser Gott nun als ihr besonderer Schutzpatron oder als der allgemeine Herrscher des Himmels angesehen wird, stets werden seine Verehrer daher bemüht sein, in seine Gunst zu gelangen; und da sie annehmen, daß er wie sie selbst durch Lobpreisungen und Schmeicheleien erfreut wird, lassen sie keine Verherrlichung und Übertreibung in den an ihn gerichteten Gebeten aus. In dem Maß, wie die Ängste und Sorgen der Menschen bedrohlicher werden, erfinden sie immer neue Schmeichelausdrücke; und wer auch seine Vorgänger im Ausschmücken der Titel seiner Gottheit überbieten sollte, darf doch sicher sein, von seinem Nachfolger durch neuere und prunkvollere Lobpreisungen übertroffen zu werden. So fahren sie fort, bis sie schließlich bei der Unendlichkeit selbst anlangen, über die es kein Hinausgehen gibt. Und es ist gut, wenn sie in ihrem Bemühen, weiter zu gelangen und eine herrliche Einfachheit darzustellen, sich nicht in unauflösliche Rätsel verrennen und die intelligente Natur ihrer Gottheit zerstören, auf die allein eine vernünftige Verehrung und Anbetung gegründet werden kann. Solange sie sich auf den Begriff eines vollkommenen Wesens als des Schöpfers der Welt beschränken, stimmen sie zufällig mit den Prinzipien der Vernunft und der wahren Philosophie überein, obwohl sie zu diesem Begriff nicht durch die Vernunft, deren sie großenteils nicht fähig sind, sondern durch die Schmeicheleien und Ängste des allergewöhnlichsten Aberglaubens geführt werden.

Wir finden oft bei barbarischen und manchmal sogar bei zivilisierten Völkern, daß die servilen Höflinge, wenn sie jede Art von Schmeichelei erschöpft und jede menschliche Eigenschaft ins Unermeßliche aufgebauscht haben, ihre uneingeschränkt herrschenden Fürsten schließlich als wirkliche Götter hinstellen und sie vor dem Volk als Gegenstand göttlicher Verehrung ausgeben. Um wieviel natürlicher ist es daher, daß eine beschränkte Gottheit, die man anfangs nur für den unmittelbaren Urheber der besonderen Glücks- und Unglücksfälle des Lebens gehalten hat, schließlich als der höchste Schöpfer und Gestalter des Universums dargestellt wird?

Selbst dort, wo dieser Begriff einer höchsten Gottheit bereits in Geltung ist und obwohl dies natürlicherweise jeden anderen Gottesdienst schmälern und jeden Gegenstand der Anbetung herabsetzen müßte, wendet sich das Volk doch, wenn es die Überzeugung von der Existenz einer untergeordneten Schutzgottheit, eines Heiligen oder Engels bewahrt hat, mit seinen Gebeten in ständig steigendem Maße an jenes Wesen und beeinträchtigt damit die seiner höchsten Gottheit zukommende Verehrung. Bevor die Reformation ihr Ansehen schmälerte, war aus der Jungfrau Maria als einer lediglich frommen Frau eine Gestalt geworden, die viele Attribute des Allmächtigen an sich gezogen hatte. In allen Gebeten und Bitten der Russen werden Gott und Sankt Nikolaus in einem Atemzug erwähnt.

So wurde die Gottheit[e], die sich aus Liebe in einen Stier verwandelte, um Europa zu entführen, und die aus Ehrgeiz ihren Vater Saturn entthronte, zum Optimus Maximus der Heiden.

So[*] wurde der Gott Abrahams, Isaaks und Jakobs die höchste Gottheit oder der Jehovah der Juden.

Die Jakobiner[f], die die unbefleckte Empfängnis leugneten, sind mit ihrer Lehre nie recht glücklich geworden, wenngleich politische Gründe die römische Kirche von ihrer Verdammung abgehalten haben. Die Franziskaner[g] hatten die Gunst des Volkes ganz auf ihrer Seite. Im fünfzehnten Jahrhundert aber behauptete ein italienischer *Franziskaner*, wie wir von Boulainvilliers[1] erfahren, daß während der drei Tage, die Christus begraben war, die Vereinigung der göttlichen und menschlichen Natur in seiner Person aufgehoben gewesen sei und daß seine menschliche Natur während dieser Zeit keinen passenden Gegenstand der Gottesverehrung darstellte. Man brauchte kein Prophet zu sein, um vorauszusehen, daß eine derart grobe und gottlose Blasphemie vom Volk verdammt werden mußte. Sie war denn auch der Anlaß zu schweren Beschimpfungen von seiten der Jakobiner, die sich nunmehr für ihre Niederlage in dem Streit um die unbefleckte Empfängnis schadlos hielten.

Lieber noch haben sich die Religionsanhänger aller Zeiten in die größten Absurditäten und Widersprüche verwickelt, als daß sie diesen Hang zur Schmeichelei aufgegeben hätten.

An einer Stelle bezeichnet Homer[i] entsprechend der geltenden Mythologie und Überlieferung der Griechen Okeanos und Tethys als die ursprünglichen Urheber aller Dinge; doch an anderen Stellen[j] kann er es sich nicht versagen, den regierenden Gott Jupiter mit dieser großartigen Bezeichnung zu beehren und nennt ihn folglich Vater der Götter und der Menschen. Er vergißt dabei, daß jeder Tempel, jede Straße voll war von den Vorfahren, Onkeln, Brüdern und Schwestern dieses Jupiter, der tatsächlich nichts anderes als ein emporgekommener Vatermörder und

[* In den Druckbögen lautete dieser Satz:]
So wurde die Gottheit, die sich die gewöhnlichen Juden lediglich als den Gott *Abrahams, Isaacs* und *Jakobs* vorstellten, ihr *Jehovah* und der Schöpfer der Welt.

[1] Henri de Boulainvilliers: *État de la France, contenant XIV lettres sur les anciens parlements de France, avec l'histoire de ce royaume depuis le commencement de la monarchie jusqu'à Charles VIII. On y a joint des mémoires présentés à M. le duc d'Orléans.* Bd. III. London 1728, S. 499[h].

Usurpator war. Ein ähnlicher Widerspruch läßt sich bei Hesiod[k] beobachten, der um so weniger entschuldbar ist, als es seine erklärte Absicht war, eine getreue Genealogie der Götter zu liefern[l].

Gäbe es eine Religion (und wir dürfen im mohammedanischen Glauben eine derartige Inkonsequenz argwöhnen), die Gott bald in den erhabensten Farben als den Schöpfer von Himmel und Erde malte, bald [**] hinsichtlich seiner Macht und Fähigkeiten fast auf eine Stufe mit den menschlichen Geschöpfen setzte und ihm dabei gleichzeitig in moralischer Beziehung die entsprechenden Schwächen, Leidenschaften und Parteilichkeiten zuspräche: dann würde diese Religion nach ihrem Untergang ebenfalls als ein Beispiel für jene Widersprüche angeführt werden, die aus dem Gegensatz zwischen den groben, gewöhnlichen, natürlichen Begriffen der Menschen und ihrem beständigen Hang zur Schmeichelei und Übertreibung entstehen. In der Tat würde nichts überzeugender den göttlichen Ursprung einer Religion beweisen als die Feststellung (und die trifft glücklicherweise beim Christentum zu), daß sie von einem Widerspruch frei ist, der der menschlichen Natur so leicht unterläuft.

Siebenter Abschnitt
Bestätigung dieser Lehre

Es scheint gewiß, daß die breite Masse, wenngleich sie sich in ihrer ursprünglichen Auffassung Gott als ein beschränktes Wesen vorstellt und ihn lediglich als die besondere Ursache von Gesundheit und Krankheit, Überfluß und Mangel, Glück und Unglück ansieht, es doch für bedenklich hält, ihre Zustimmung den prachtvolleren Vorstellungen von ihm zu versagen, die ihr bisweilen aufgedrängt werden. Wollt ihr wirklich behaupten, daß

[** In den Druckbögen lautete der folgende Satzteil:]
... ihn bald so weit auf eine Ebene mit menschlichen Geschöpfen herabwürdigte, daß sie sich vorstellt, wie er mit einem Menschen ringt[m], in der abendlichen Kühle umhergeht[n], seinen Rücken zeigt[o] und vom Himmel herabsteigt, um sich über das zu informieren, was auf der Erde geschieht[p] und ihm dabei ...

euer Gott endlich und in seinen Vollkommenheiten eingeschränkt ist, daß er von einer stärkeren Macht bezwungen werden kann, daß er menschlichen Leidenschaften, Mühen und Schwächen unterworfen ist, daß er einen Anfang und möglicherweise auch ein Ende hat? Das wagen sie nicht zu bejahen, sondern in der Meinung, es sei das beste, in die höheren Lobpreisungen einzustimmen, bemühen sie sich, durch gekünsteltes Entzücken und vorgetäuschte Frömmigkeit seine Gunst zu erwerben. Als Bestätigung dessen können wir die Tatsache ansehen, daß die Zustimmung der Menge in diesem Fall rein verbal bleibt und daß sie unfähig ist, jene erhabenen Eigenschaften zu begreifen, die sie der Gottheit scheinbar beilegt. Ihre wahre Vorstellung von ihr bleibt trotz ihrer aufgeblasenen Sprache so armselig und oberflächlich wie sie es immer war.

Jene ursprüngliche Intelligenz, sagen die Magier, die das erste Prinzip aller Dinge ist, entdeckt sich *unmittelbar* allein dem Geist und dem Verstand. Aber sie hat die Sonne als ihr Abbild in die sichtbare Welt gesetzt, und wenn dieser helle Lichtkörper seine Strahlen über die Erde und das Firmament verbreitet, so sehen wir einen schwachen Abglanz von der Herrlichkeit, die in den höheren Himmelsgegenden wohnt. Wollt ihr dem Mißfallen dieses göttlichen Wesens entgehen, so müßt ihr darauf achten, weder jemals barfuß den Boden zu betreten[a], noch ins Feuer zu spucken oder Wasser hineinzugießen, wenn es auch eine ganze Stadt verzehrte[1]. Wer vermag die Vollkommenheiten des Allmächtigen auszudrücken? sagen die Mohammedaner. Selbst das prächtigste seiner Werke ist verglichen mit ihm nur Staub und Schutt. Um wieviel unzureichender muß das menschliche Begreifen seiner unendlichen Vollkommenheiten erscheinen? Sein Lächeln und Wohlwollen macht die Menschen für immer glücklich, und der beste Weg, dies für eure Kinder zu erlangen, besteht darin, ihnen im Säuglingsalter ein Stückchen Haut von etwa der halben Größe eines Hellers wegzuschneiden. Nehmt zwei quadratische Stoffläppchen[2] von ungefähr ein oder anderthalb Zoll Größe, sagen die *Katholiken*, verbindet deren Ecken mit zwei

[1] Thomas Hyde: *Historia religionis veterum Persarum eorumque magorum.* Oxford 1700, S. 20[b].

[2] »Skapulier« genannt.

Schnürchen oder Stückchen Bindfaden, die ungefähr sechzehn Zoll lang sind, werft es euch derart über den Kopf, daß das eine Stoffläppchen auf eure Brust und das andere auf euren Rücken zu liegen kommt und tragt es auf der bloßen Haut: Es gibt kein besseres Geheimnis, um euch jenem unendlichen Wesen zu empfehlen, das von Ewigkeit zu Ewigkeit existiert.

Die Geten[c], die wegen ihres festen Glaubens an die Unsterblichkeit der Seele gemeinhin die Unsterblichen genannt wurden, waren echte Theisten und Unitarier[d]. Sie behaupteten, ihr Gott Zamolxis[e] sei der einzig wahre Gott und versicherten, daß die Gottesverehrung aller anderen Völker sich an bloße Phantasiegestalten und Chimären richte. Aber waren ihre religiösen Prinzipien wegen dieser großartigen Ansprüche etwa geläuterter? Alle fünf Jahre opferten sie einen Menschen, den sie als Botschafter zu ihrem Gott sandten, um ihn über ihre Wünsche und Bedürfnisse zu unterrichten. Und wenn es donnerte, waren sie so aufgebracht, daß sie, um die Herausforderung zu erwidern, ihre Pfeile nach ihm schossen, ohne den Kampf als ungleich zu vermeiden. So wenigstens lautet der Bericht, den Herodot von dem Theismus der unsterblichen Geten gibt[3].

Achter Abschnitt
Beständiger Wechsel von Polytheismus und Theismus[a]

Es ist bemerkenswert, daß die Prinzipien der Religion eine Art von Ebbe und Flut im menschlichen Geist aufweisen und daß die Menschen einen natürlichen Hang haben, sich vom Götzendienst zum Theismus zu erheben und wieder vom Theismus in den Götzendienst zurückzufallen. Die breite Masse – und sie macht ja bis auf wenige Ausnahmen tatsächlich die gesamte Menschheit aus – ist unwissend und unaufgeklärt. Sie erhebt ihre Gedanken niemals bis zum Himmel und dringt mit ihren Untersuchungen nicht bis in die geheime Struktur der Pflanzen- und Tierkörper vor, um einen höchsten Geist oder eine ursprüngliche Vorsehung zu entdecken, die Ordnung in jeden Teil der Natur gebracht hat. Die Leute betrachten diese bewundernswerten

[3] *Historiae.* Buch IV, Kap. 94[f].

Werke aus einem beschränkteren und selbstsüchtigeren Blickwinkel; und da sie finden, daß ihr eigenes Glück und Unglück von dem geheimen Einfluß und dem unvorhergesehenen Zusammentreffen äußerer Körper abhängt, richtet sich ihr Blick mit andauernder Aufmerksamkeit auf die *unbekannten Ursachen*, die für all diese natürlichen Ereignisse maßgeblich sind und durch ihr mächtiges, aber stilles Wirken Freude und Schmerz, Gutes und Böses verteilen. Auf die unbekannten Ursachen beruft man sich bei jedem unvorhergesehenen Ereignis; und in diesem allgemeinen Schein oder verworrenen Bild sind die beständigen Gegenstände menschlicher Hoffnungen und Ängste, Wünsche und Sorgen enthalten. Allmählich jedoch beginnt die tätige Einbildungskraft des Menschen, die mit dieser abstrakten Auffassung der Dinge, mit denen sie sich unaufhörlich beschäftigt, nicht zufrieden ist, ihnen bestimmtere Züge zu verleihen und sie in Formen zu kleiden, die ihrer natürlichen Fassungskraft angemessener sind. Sie stellt sie sich als sinnliche, intelligente Wesen ähnlich den Menschen vor, die von Liebe und Haß angetrieben und durch Geschenke und Bitten, Gebete und Opfer gewonnen werden. Das ist der Ursprung der Religion, und das heißt: der Ursprung des Götzendienstes oder des Polytheismus.

Allein dieselbe ängstliche Sorge um Glück, die die Vorstellung dieser unsichtbaren, intelligenten Mächte hervorgebracht hat, gestattet es den Menschen nicht, lange bei der ersten einfachen Auffassung von ihnen zu bleiben, nach der sie zwar mächtige, aber doch beschränkte Wesen sind, zwar die Herren über das menschliche Geschick, aber doch Sklaven des Schicksals und des Laufes der Natur. Die übertriebenen Lobpreisungen und Schmeicheleien bauschen die Vorstellungen von ihnen immer mehr auf, und indem die Menschen ihre Götter zu den äußersten Grenzen der Vollkommenheit erheben, bringen sie schließlich die Attribute der Einheit und Unendlichkeit, Einfachheit und Geistigkeit hervor. Derart subtile Vorstellungen, die sich in einem gewissen Mißverhältnis zur Fassungskraft der breiten Masse befinden, bleiben allerdings nicht lange in ihrer ursprünglichen Reinheit erhalten, sondern verlangen schon bald nach einer Unterstützung durch die Annahme von untergebenen Fürsprechern und untergeordneten Hilfskräften, die zwischen den Menschen und ihrer höchsten Gottheit vermitteln. Diese Halbgötter oder mittleren Wesen werden nun dadurch, daß sie mehr Teil an der menschlichen Natur haben und uns vertrauter sind, zum Hauptgegenstand der Anbetung und bringen so nach und nach jenen Götzendienst wieder zurück, der früher durch die inbrünstigen Gebete und Lobpreisungen der ängstlichen und bedürftigen Sterblichen verbannt worden war. Da aber diese götzendienerischen Religionen Tag für Tag in immer gröbere und vulgärere Ansichten verfallen, richten sie sich schließlich selbst zugrunde und bewirken infolge der niederen Vorstellungen, die sie sich von ihren Gottheiten machen, daß der Strom sich wieder in Richtung Theismus bewegt. Aber die Neigung, zum Götzendienst zurückzukehren, ist so groß in diesem abwechselnden Kreislauf der menschlichen Gefühle, daß selbst die äußerste Vorsicht nicht imstande ist, dem wirksam vorzubeugen. Und dies war einigen Theisten, besonders den Juden und Mohammedanern, bewußt; was daraus hervorgeht, daß sie alle Bildhauerei und Malerei verbannten und nicht einmal die Darstellung von Menschenfiguren in Marmor oder Farbe gestatteten, damit die allgemeine Schwachheit des Menschengeschlechts daraus keine Götzendienerei hervorbringen sollte. Das schwache Auffassungsvermögen der Menschen kann sich mit der Vorstellung, ihre Gottheit sei ein reiner Geist und eine vollkommene Intelligenz, nicht zufrieden geben; und doch halten sie ihre natürlichen Ängste davon ab, ihr auch nur den leisesten Schatten von Begrenzung und Unvollkommenheit beizulegen. So schwanken sie zwischen diesen entgegengesetzten Gefühlen hin und her. Die gleiche Schwäche zieht sie von einer allmächtigen und geistigen Gottheit immer weiter zu einer beschränkten und körperlichen, und von einer körperlichen und beschränkten Gottheit zu einer Statue oder sinnlich wahrnehmbaren Darstellung hinab. Dasselbe Streben nach Verherrlichung führt sie immer höher von der Statue oder dem materiellen Bild zu der unsichtbaren Macht, und von der unsichtbaren Macht zu einer unendlich vollkommenen Gottheit hinauf, dem Schöpfer und Beherrscher des Weltalls.

Neunter Abschnitt
Vergleich dieser Religionsformen im Hinblick auf Verfolgung und Duldung

Dadurch, daß der Polytheismus oder der götzendienerische Kultus sich ganz auf die Überlieferungen der Masse gründet, ist er mit dem großen Nachteil behaftet, daß jeder Brauch und jede Meinung, wie barbarisch oder verderbt sie auch sein mögen, durch ihn gerechtfertigt werden können. Die Schurkerei erhält auf diese Weise weiten Spielraum, sich die Leichtgläubigkeit zunutze zu machen, bis Sittlichkeit und Menschlichkeit aus den religiösen Systemen der Menschen schließlich verbannt sind. Gleichzeitig jedoch besitzt der Götzendienst den offenkundigen Vorteil, daß er die Macht und Aufgaben seiner Gottheiten beschränkt und dadurch die Götter anderer Sekten und Völker natürlicherweise an der Göttlichkeit teilhaben läßt sowie all die verschiedenen Gottheiten wie auch die Riten, Zeremonien oder Traditionen in Einklang miteinander bringt[1]. Der Theismus ist in seinen Vor- und Nachteilen von entgegengesetzter Art. Da dieses System eine einzige Gottheit von vollkommener Vernunft und Güte annimmt, sollte es bei richtiger Befolgung alles Nichtige, Unvernünftige und Unmenschliche von der religiösen Verehrung ausschließen und den Menschen das herrlichste Beispiel und die stärksten Motive zu Gerechtigkeit und Wohlwollen vor Augen führen. Diese gewaltigen Vorteile werden indessen durch Mißstände, die aus den Lastern und Vorurteilen der Menschen

[1] Der bei Plinius, *Naturalis historia.* Buch XXVIII, Kap. 4, §§ 18–19 zitierte Verrius Flaccus berichtet, daß es für die Römer üblich war, vor der Belagerung einer Stadt deren Schutzgottheit anzurufen und sie durch Versprechen größerer Ehrungen als derjenigen, deren sie sich jetzt erfreute, zu bestechen, damit sie ihre alten Freunde und Verehrer hinterginge. Der Name der Schutzgottheit Roms wurde aus diesem Grund als ein Religionsgeheimnis von höchster Bedeutung gehütet, damit die Feinde der Republik es nicht vermöchten, sie auf gleiche Weise in ihre Dienste zu ziehen. Denn ohne ihren Namen, so dachten sie, könnte nichts dergleichen durchgeführt werden. Plinius sagt, daß die gebräuchliche Form der Anrufung in den Ritualen des Pontifex bis in seine Zeit bewahrt wurde[a]. Und Macrobius[b] hat uns eine Abschrift davon aus den verborgenen Dingen[c] des Sammonicus Serenus überliefert.

entstehen, zwar nicht überwogen (denn das ist nicht möglich), wohl aber etwas beeinträchtigt. Indem ein einziger Gegenstand der Verehrung anerkannt wird, wird die Anbetung anderer Gottheiten für absurd und gottlos gehalten. Ja diese Einheit des Gegenstandes scheint natürlicherweise die Einheit des Glaubens und der Zeremonien zu verlangen und liefert somit intriganten Menschen einen Vorwand, ihre Gegner als Religionsschänder und als Objekte göttlicher wie menschlicher Rache hinzustellen. Denn da jede Sekte überzeugt ist, daß ihr eigener Glaube und Gottesdienst der Gottheit ganz und gar wohlgefällig sei, keine sich aber vorstellen kann, daß dasselbe Wesen an verschiedenen, ja entgegengesetzten Riten und Prinzipien Gefallen finden könnte, geraten die verschiedenen Sekten natürlicherweise in Feindschaft und lassen mit dem heiligen Eifer und Haß die heftigsten und unversöhnlichsten aller menschlichen Leidenschaften aneinander aus.

Der tolerante Geist der Götzendiener sowohl alter wie auch neuerer Zeit fällt jedem leicht in die Augen, der auch nur ein wenig mit den Geschichtswerken und Reiseberichten vertraut ist. Als das Orakel zu Delphi befragt wurde, welcher Ritus oder Gottesdienst den Göttern am genehmsten sei, lautete die Antwort: Der in einer Stadt jeweils zu Recht besteht[2]. Es scheint, daß in jenen Zeiten sogar die Priester den Angehörigen anderer Glaubensgemeinschaften die Seligkeit zugestehen konnten. Die Römer nahmen gewöhnlich die Götter des eroberten Volkes an und bestritten niemals die Eigenschaften der Lokal- und Nationalgottheiten, in deren Gebiet sie sich aufhielten. Die Religionskriege und Verfolgungen unter den ägyptischen Götzendienern stellen in der Tat eine Ausnahme von dieser Regel dar; die alten Autoren geben dafür jedoch ganz beachtenswerte und merkwürdige Gründe an. Verschiedene Tierarten stellten bei den Ägyptern die Gottheiten der verschiedenen Sekten dar, und da die Gottheiten in beständigem Kampf miteinander lagen, zogen sie ihre Anhänger mit in den Streit hinein. Die Verehrer von Hunden konnten nicht lange mit den Anbetern von Katzen oder Wölfen Frieden halten[3]. Wo dieser Grund aber nicht gegeben war, da

[2] Xenophon: *Memorabilia.* Buch I, Kap. 3, § 1.
[3] Plutarch: *De Iside et Osiride.* Kap. 72.

zeigte sich auch der ägyptische Aberglaube nicht so unverträglich, wie man gemeinhin annimmt; erfahren wir doch von Herodot[4], daß Amasis einen großen Betrag zum Wiederaufbau des Tempels in Delphi beisteuerte[d].

Die Intoleranz nahezu aller Religionen, die die Einheit Gottes behauptet haben, ist ebenso bemerkenswert wie das entgegengesetzte Prinzip der Polytheisten. Der unversöhnliche, engherzige Geist der Juden ist wohlbekannt. Der Islam bahnte sich mit noch blutigeren Prinzipien seinen Weg und überliefert noch heute alle anderen Religionsgemeinschaften der Verdammnis, wenn er sie auch nicht mehr mit Feuer und Schwert überfällt; und wenn unter den Christen die Engländer und Holländer die Prinzipien der Toleranz angenommen haben, so ist diese Besonderheit auf die unerschütterliche Entschlossenheit der bürgerlichen Obrigkeit im Kampf mit den fortgesetzten Anstrengungen der Priester und Frömmler zurückzuführen.

Die Anhänger des Zoroaster verschlossen die Himmelspforten für alle mit Ausnahme der Magier[5]. Nichts konnte den fortschreitenden Eroberungszug der Perser mehr hemmen als ihr wütender Eifer gegen die Tempel und Bildsäulen der Griechen. Und nach der Niederwerfung dieses Reiches finden wir, daß Alexander als Polytheist unverzüglich den Gottesdienst der Babylonier wieder einsetzt, den ihre früheren Fürsten als Monotheisten sorgfältig abgeschafft hatten[6]. Die blinde und treue Anhänglichkeit dieses Eroberers an den griechischen Aberglauben hinderte ihn nicht einmal daran, selbst nach babylonischen Riten und Zeremonien zu opfern[7].

Der Polytheismus ist so verträglich, daß die heftigste Wut und Abneigung, auf die er in einer anders gearteten Religion stößt, kaum in der Lage ist, ihn abzustoßen und fernzuhalten. Augustus lobte das reservierte Verhalten seines Enkels Caius Caesar über alle Maßen, als dieser Herrscher auf seiner Reise Jerusalem

[4] *Historiae.* Buch II, Kap. 180.

[5] Thomas Hyde: *Historia religionis veterum Persarum eorumque magorum.* Oxford 1700[e].

[6] Arrianus: *Alexandri anabasis.* Buch III, Kap. 16, §§ 3–5. Ders.: Buch VII, Kap. 17.

[7] Ders.: Buch III, Kap. 16, § 5.

berührte und sich nicht herabließ, nach jüdischem Gesetz zu opfern. Aus welchem Grunde aber billigte Augustus dieses Verhalten so sehr? Nur deshalb, weil diese Religion von den Heiden für gemein und barbarisch gehalten wurde[8].

Ich darf wohl die Behauptung wagen, daß wenige Entartungen des Götzendienstes und Polytheismus' verderblicher für die Gesellschaft sind als die auf die Spitze getriebene Entartung des Theismus[9]. Die Menschenopfer der Karthager, Mexikaner[g] und vieler barbarischer Völker[10] übertreffen kaum die Inquisition und die Verfolgungen Roms und Madrids. Denn abgesehen davon, daß das Blutvergießen im ersteren Fall nicht so groß gewesen sein dürfte wie im letzteren; abgesehen davon, sage ich, ließ die Tatsache, daß die zu opfernden Menschen durch Los oder gewisse äußerliche Kennzeichen ausgewählt wurden, den Rest der Gesellschaft in weitaus höherem Maße unberührt. Dagegen sind Tugend, Wissen, Freiheitsliebe die Eigenschaften, die die verhängnisvolle Rache der Inquisitoren heraufbeschwören; und die Gesellschaft bleibt in der schmählichsten Unwissenheit, Verderbtheit und Knechtschaft zurück, wenn ihr diese erst einmal ausgetrieben worden sind. Die gesetzwidrige Ermordung eines Menschen durch einen Tyrannen ist bei weitem verderblicher als der Tod von Tausenden, die von einer Seuche, einer Hungersnot oder irgendeiner wahllos wütenden Katastrophe dahingerafft werden.

[8] Sueton: *Divus Augustus.* Kap. 93.

[9] *Corruptio optimi pessima*[f].

[10] Die meisten Völker haben sich des Verbrechens der Menschenopfer schuldig gemacht, obschon dieser gottlose Aberglaube bei gesitteten Völkern vielleicht niemals allzusehr überhand genommen hat, wenn wir von den Karthagern einmal absehen. Denn die Tyrier hatten ihn bald abgeschafft. Ein Opfer stellt man sich als ein Geschenk vor, und jedes Geschenk wird der Gottheit dargereicht, indem es zerstört und für Menschen unbrauchbar gemacht wird. Was fest ist, wird verbrannt, was flüssig ist, ausgegossen, was lebend ist, getötet. In Ermangelung eines besseren Dienstes, den wir ihr erweisen könnten, fügen wir uns selber Schaden zu und bilden uns ein, dadurch zumindest die Aufrichtigkeit unseres guten Willens und unserer Anbetung zum Ausdruck zu bringen. So betrügt unsere gewinnsüchtige Frömmigkeit uns selbst, indes sie sich einbildet, die Gottheit zu betrügen.

Wer im Tempel der Diana zu Aricia bei Rom den jeweiligen Priester ermordete, erwarb nach geltendem Recht die Anwartschaft auf dessen Nachfolge[11]. Eine sehr eigentümliche Einrichtung! Doch wie barbarisch und blutig der gewöhnliche Aberglaube für den Laien oft auch ist, so schlägt er doch im allgemeinen zum Vorteil des heiligen Standes aus.

Zehnter Abschnitt
Vergleich dieser Religionsformen im Hinblick auf Mut und Erniedrigung

Aus dem Vergleich von Theismus und Götzendienst können wir noch einige andere Bemerkungen ableiten, die gleichfalls die allbekannte Beobachtung bestätigen werden, daß aus der Entartung der besten Dinge die schlimmsten entstehen[a].

Wo die Gottheit als den Menschen unendlich überlegen dargestellt wird, da ist eben dieser an sich ganz richtige Glaube, sobald er mit abergläubischen Schrecken vereinigt wird, durchaus imstande, den menschlichen Geist zur tiefsten Unterwürfigkeit und Erniedrigung herabzudrücken und Mönchstugenden wie Kasteiung, Buße, Demut und geduldiges Leiden als die einzigen Gott wohlgefälligen Eigenschaften hinzustellen. Wo hingegen die Götter als den Menschen nur wenig überlegen und viele von ihnen als erst von dieser niederen Stufe aufgestiegen angesehen werden, da können wir ungezwungener zu ihnen beten und bisweilen sogar danach trachten, sie nachzuahmen und mit ihnen zu wetteifern, ohne uns zu versündigen. Daraus entspringt Tätigkeit, feste Gesinnung, Mut, Großherzigkeit, Freiheitsliebe und all die Tugenden, die ein Volk groß machen.

Die heidnischen Helden entsprechen genau den Heiligen im Papsttum und den heiligen Derwischen im Islam. Die Stelle eines Herkules, Theseus, Hektor, Romulus hat jetzt ein Dominicus, Franciscus, Antonius und Benedictus eingenommen. Aber anstatt Ungeheuer zu erlegen, Tyrannen zu bezwingen und das Vaterland zu verteidigen, bemühen sich die Menschen nun, durch

[11] Strabo: *Geographia.* Buch V, Kap. 3, § 12. Sueton: *C. Caligula.* Kap. 35, § 3.

Züchtigungen und Fasten, Feigheit und Demut, durch jämmerlichste Unterwürfigkeit und sklavischen Gehorsam himmlische Ehrungen zu erlangen.

Der Wunsch, mit Herkules und Bacchus zu wetteifern, die er mit Recht übertroffen zu haben glaubte, stellte für den frommen Alexander einen starken Ansporn in seinen Kriegszügen dar[1]. Als Brasidas, dieser großmütige und edle Spartaner, in der Schlacht gefallen war, wurden ihm von den Bewohnern von Amphipolis, deren Verteidigung er übernommen hatte, die einem Helden zukommenden Ehren erwiesen[2]. Überhaupt wurden bei den Griechen alle Staaten- und Koloniengründer von denen, die die Früchte ihrer Arbeit ernteten, auf die unterste Stufe der Göttlichkeit erhoben[c].

Dies veranlaßte Machiavelli[3] zu der Bemerkung, daß die Lehren der christlichen Religion (womit er die katholische meinte, denn er kannte keine andere), die allein einen untätigen Mut und Leiden empfehlen, den Geist der Menschen unterjochen und sie für Sklaverei und Unterwürfigkeit abgerichtet hätten; eine Bemerkung, die gewiß richtig wäre, gäbe es nicht viele andere Umstände in der menschlichen Gesellschaft, die Geist und Charakter einer Religion bestimmen.

Brasidas fing eine Maus, ließ sie aber laufen, als sie ihn biß. »Es gibt nichts noch so Verächtliches«, sagte er, »das nicht seines Lebens sicher wäre, wenn es nur den Mut hat, sich zu verteidigen«[4]. Bellarmin ließ Flöhe und anderes widerliches Ungeziefer geduldig und demütig an ihm fressen. »Wir werden im Himmel für unsere Leiden belohnt werden«, sagte er, »aber diese armen Kreaturen haben nichts als den Genuß des gegenwärtigen Lebens«[5]. Solch ein Unterschied besteht zwischen den Maximen eines griechischen Helden und eines katholischen Heiligen.

[1] Arrianus: *Alexandri anabasis*, passim[b].

[2] Thukydides: *Historiae*. Buch V, Kap. 11.

[3] *Discorsi sopra la prima deca di Tito Livio*. Buch II, Kap. 2, §§ 6–7.

[4] Plutarch: *Regum et imperatorum apophthegmata*. 219 C 1.

[5] Pierre Bayle: *Dictionnaire historique et critique*. Artikel »Bellarmine«[d].

Elfter Abschnitt
Vergleich dieser Religionsformen im Hinblick auf Vernunft und Vernunftwidrigkeit

Dem gleichen Zweck dient die folgende Bemerkung, die zugleich ein neuer Beweis dafür ist, daß die Entartung der besten Dinge die schlimmsten hervorbringt[a]. Untersuchen wir vorurteilslos die alte heidnische Mythologie, wie sie von den Dichtern überliefert ist, so werden wir darin keineswegs eine solche ungeheuere Vernunftwidrigkeit entdecken, wie man zunächst zu fürchten geneigt sein möchte. Worin liegt die Schwierigkeit sich vorzustellen, daß dieselben Mächte oder Prinzipien, wie immer sie beschaffen gewesen sein mögen, die die sichtbare Welt, Menschen und Tiere erschufen, ebenfalls eine gewisse Art intelligenter Geschöpfe von feinerer Substanz und größerer Machtbefugnis hervorgebracht hätten? Daß diese Geschöpfe launisch, rachsüchtig, leidenschaftlich, wollüstig sein können, läßt sich leicht vorstellen; ist ja bei uns selbst nichts geeigneter, solche Laster hervorzubringen, als die Freiheit uneingeschränkter Machtbefugnis. Und kurz, das ganze mythologische System ist so natürlich, daß angesichts der ungeheueren Mannigfaltigkeit von Planeten und Welten, die in diesem Universum enthalten sind, seine tatsächliche Verwirklichung hier oder dort mehr als wahrscheinlich erscheint[b].

Hinsichtlich dieses Planeten besteht der Haupteinwand dagegen darin, daß es keinen haltbaren Grund oder eine zuverlässige Quelle dafür gibt. Die alte Überlieferung, auf die sich die heidnischen Priester und Theologen stützten, ist eine nur schwache Grundlage und hat auch eine so große Zahl sich widersprechender Berichte übermittelt, die zudem alle gleich gut bezeugt sind, daß es absolut unmöglich wurde, einem von ihnen den Vorzug zu geben. Alle polemischen Schriften der heidnischen Priester konnten daher nur wenige Bände ausmachen, und ihre ganze Theologie mußte mehr in überlieferten Geschichten und abergläubischen Praktiken als in philosophischen Beweisführungen und Kontroversen bestehen.

Wo aber der Theismus das grundlegende Prinzip einer Volksreligion ausmacht, da steht diese Lehre so sehr mit der gesunden Vernunft in Einklang, daß die Philosophie geneigt ist, sich mit einem solchen theologischen System zu vereinigen. Und wenn die anderen Glaubenssätze dieses Systems in einem heiligen Buch wie z. B. im Koran enthalten sind oder durch eine sichtbare Autorität ähnlich der des römischen Papstes bestimmt werden, dann gehen die spekulativen Denker natürlicherweise mit ihrer Zustimmung weiter und übernehmen eine Theorie, die ihnen durch die früheste Erziehung eingeflößt wurde und die auch einen gewissen Grad an Folgerichtigkeit und Geschlossenheit besitzt. Da aber nun all diese Momente sich als trügerisch erweisen, wird die Philosophie bald merken, daß sie ein sehr ungleiches Gespann mit ihrem neuen Gefährten bildet, und statt daß sie bei ihrem gemeinsamen Vorwärtsschreiten jedes Prinzip bestimmte, wird sie bei jeder Gelegenheit verdreht, damit sie den Zwecken des Aberglaubens dient. Denn außer den unvermeidlichen Inkohärenzen, die beigelegt und ausgeglichen werden müssen, darf man ruhig behaupten, daß jede herkömmliche Theologie und besonders die scholastische geradezu eine Art Begierde nach Absurditäten und Widersprüchen hat. Ginge diese Theologie nicht über Vernunft und gesunden Menschenverstand hinaus, so würden ihre Lehren ja zu einfach und alltäglich erscheinen. So mußte notwendigerweise Staunen hervorgerufen, Geheimnisvolles vorgetäuscht, Dunkles und Verborgenes gesucht und den frommen Anhängern in ihrem Verlangen nach einer Gelegenheit, ihre rebellische Vernunft dem Glauben an die unbegreiflichsten Sophismen zu unterwerfen, eine Grundlage des Verdienstes geboten werden.

Diese Überlegungen werden durch die Kirchengeschichte[c] hinlänglich bestätigt. Sobald eine Kontroverse entsteht, glauben stets einige Leute den Ausgang mit Gewißheit voraussagen zu können. Diejenige Meinung, so sagen sie, die dem klaren Verstand am entschiedensten entgegensteht, wird zweifellos die Oberhand gewinnen; selbst dort, wo das allgemeine Interesse des Lehrsystems eine solche Entscheidung gerade nicht erfordert. Und wenn auch die streitenden Parteien eine Zeitlang gegeneinander den Vorwurf der Ketzerei erheben, so bleibt er zuletzt immer auf der Seite derjenigen haften, die die Vernunft vertreten haben. Jedermann, so heißt es, der sich in dieser Materie genug auskennt, um nur zu wissen, was man unter Arianern[d], Pelagianern[e], Erastianern[f], Sozinianern[g], Sabellianern[h], Eutychianern[i],

Nestorianern[j], Monotheliten[k] usw. versteht (um die Protestanten nicht zu erwähnen, deren Schicksal noch ungewiß ist), ist von der Wahrheit dieser Beobachtung überzeugt. So kann es kommen, daß ein System sich am Ende in Sinnlosigkeiten steigert, nur weil es anfangs vernünftig und philosophisch war.

Dem Strom der scholastischen Religion so schwache Lehrsätze entgegenzusetzen wie etwa, *daß dasselbe Ding unmöglich sein und nicht sein kann, daß das Ganze größer ist als ein Teil, daß zwei und drei fünf ergeben,* das hieße den Ozean mit einem Binsenbüschel[l] zustopfen wollen. Wollt ihr etwa die profane Vernunft den heiligen Mysterien entgegensetzen? Keine Strafe ist hart genug für eure Gottlosigkeit. Und dasselbe Feuer, das für die Ketzer entzündet wurde, wird auch zur Vernichtung der Philosophen dienen.

Zwölfter Abschnitt
Vergleich dieser Religionsformen im Hinblick auf Zweifel und Überzeugung

Man trifft täglich Leute, die hinsichtlich der Geschichte so skeptisch sind, daß sie die Auffassung, irgendein Volk könnte an so unsinnige Prinzipien wie die des griechischen und ägyptischen Heidentums glauben, für ausgeschlossen halten. Gleichzeitig sind sie aber in Sachen der Religion dogmatisch genug um anzunehmen, daß sich jene Absurditäten in keiner anderen Glaubensgemeinschaft wiederfinden. Kambyses hatte ähnliche Vorurteile; und in gottloser Weise verspottete und verletzte er sogar Apis, den mächtigen Gott der Ägypter, der aus seiner profanen Sicht nur ein großer, gefleckter Bulle war. Aber Herodot[a] schreibt diesen Ausbruch der Leidenschaften klugerweise einem wirklichen Wahnsinn oder einer Geistesverwirrung zu. Sonst nämlich, sagt der Geschichtsschreiber, hätte er niemals einen bestehenden Kultus öffentlich beschimpft. Denn in diesem Punkt, so fährt er fort, ist jedes Volk mit seinem eigenen am meisten zufrieden und hält sich darin für allen anderen überlegen.

Man wird zugeben müssen, daß die Katholiken eine sehr gebildete Sekte darstellen und daß ihnen mit Ausnahme der englischen Kirche keine andere Glaubensgemeinschaft den Anspruch streitig machen kann, unter allen christlichen Kirchen die gelehrteste zu sein; und doch erklärt der berühmte Araber Averroes[b], der zweifellos von dem ägyptischen Aberglauben gehört hatte, daß unter allen Religionen diejenige die absurdeste und sinnloseste sei, deren Anhänger ihre Gottheit essen, nachdem sie sie geschaffen haben.

Ich glaube in der Tat, daß es im gesamten Heidentum keinen Glaubenssatz gibt, der sich so gut als Ziel des Spottes eignet wie der von der *leibhaftigen Gegenwart*[c]. Denn er ist so absurd, daß er sich der Macht aller Argumente entzieht. Es gibt sogar einige lustige Geschichten darüber, die, obschon sie etwas profaner Natur sind, von den Katholiken selbst erzählt zu werden pflegen. Eines Tages, so erzählt man, reichte ein Priester versehentlich statt des Sakramentes ein Geldstück hin, das zufällig unter die heiligen Oblaten geraten war. Der Kommunikant wartete eine Zeitlang geduldig in der Hoffnung, daß es auf seiner Zunge zergehen werde. Als er aber bemerkte, daß es nicht dazu kam, nahm er es heraus und rief dem Priester zu: »Ich wünschte, Ihr hättet Euch nicht vergriffen, und hättet mir nicht Gottvater selbst gegeben. Er ist so hart und zäh, daß man ihn nicht herunterbekommen kann.«

Ein berühmter General, der damals in russischen Diensten stand und zur Ausheilung seiner Wunden nach Paris gekommen war, brachte einen jungen Türken mit sich, den er gefangengenommen hatte. Einige Doktoren der Sorbonne[d] (die allesamt genauso rechthaberisch sind wie die Derwische in Konstantinopel) hielten es für bedauerlich, daß der arme Türke mangels rechter Unterweisung der Verdammnis anheimfallen sollte und drangen daher mit großer Heftigkeit auf Mustafa ein, zum Christentum überzutreten. Um ihn zu ermutigen, versprachen sie ihm eine Menge guten Weines für diese Welt und das Paradies für die kommende. Diese Verlockungen waren zu stark als daß er hätte widerstehen können. Nachdem er also gründlich unterrichtet und katechisiert worden war, willigte er schließlich ein, die Sakramente der Taufe und des Abendmahls zu empfangen. Um jedoch alles zuverlässig und gründlich zu machen, setzte der Priester seine Unterweisungen fort und begann am darauffolgenden Tag mit der üblichen Frage: »Wie viele Götter gibt es?« »Gar keinen«, antwortete Benedict, denn so hieß er jetzt. »Wie? Gar keinen?« schrie der Priester. »Aber gewiß doch«, sagte der treuherzige Proselyt. »Ihr habt mir die ganze Zeit über immer wieder gesagt, daß es nur einen Gott gibt; und den habe ich gestern aufgegessen.«

Solcherart sind die Lehren unserer katholischen Brüder. Aber wir sind an diese Lehren so sehr gewöhnt, daß wir uns nie mehr über sie wundern, obwohl es in einer künftigen Zeit wahrscheinlich schwerhalten wird, die Völker davon zu überzeugen, daß ein menschliches, zweibeiniges Geschöpf jemals solche Prinzipien annehmen konnte. Man kann freilich tausend zu eins wetten, daß diese Völker dann ihrerseits irgend etwas ebenso Unsinniges in ihrem eigenen Glauben haben werden, dem sie ganz vorbehaltlos und andächtig zustimmen.

Ich wohnte einst[e] in Paris im selben Hotel mit einem tunesischen Gesandten, der über diese Stadt nach Hause zurückkehrte, nachdem er einige Jahre in London zugebracht hatte. Eines Tages sah ich, wie Seine Mohrische Exzellenz unter dem Portal stand und sich an dem Anblick der vorüberfahrenden, prächtigen Kutschen erfreute. Da kamen zufällig einige Kapuzinermönche vorbei, die noch nie einen Türken gesehen hatten; genausowenig wie er seinerseits, obschon er an die europäische Kleidung gewöhnt war, jemals die groteske Gestalt eines Kapuziners zu Gesicht bekommen hatte. Die Verwunderung, die sie beieinander auslösten, ist nicht zu beschreiben. Hätte sich der Kaplan des Gesandten auf einen Disput mit den Franziskanern eingelassen, so wäre ihre gegenseitige Überraschung gleich groß gewesen. So stehen sich alle Menschen in gegenseitigem Anstaunen gegenüber; und es will nun einmal in die Köpfe der Leute nicht hinein, daß der Turban des Afrikaners eine genauso gute oder schlechte Mode ist wie die Kutte des Europäers. »Er ist ein sehr ehrenhafter Mann«, sagte der Fürst von Salé, als er von De Ruyter sprach. »Schade nur, daß er ein Christ ist«[f].

Nehmen wir einmal an, ein Gelehrter der Sorbonne würde einen Priester aus Sais fragen: »Wie könnt ihr Lauch und Zwiebeln verehren?« »Wenn wir sie auch verehren«, würde der letztere antworten, »so essen wir sie doch wenigstens nicht zur gleichen Zeit.« »Aber was für seltsame Anbetungsgegenstände sind Katzen und Affen?« fragt der gelehrte Doktor. »Sie sind wenigstens ebenso gut wie die Reliquien oder die vermoderten Gebeine der

Märtyrer«, antwortet sein nicht weniger gebildeter Gegner. »Aber seid ihr nicht wahnsinnig«, beharrt der Katholik weiter, »euch gegenseitig im Streit über den Vorzug eines Kohlkopfes oder einer Gurke die Kehle durchzuschneiden?« »Ja«, sagt der Heide, »ich gebe es zu, wenn auch ihr eingesteht, daß diejenigen noch weit wahnsinniger sind, die um den Vorzug unter Bänden von Sophisterei streiten, von denen zehntausend nicht soviel wert sind wie ein Kohlkopf oder eine Gurke«[1].

Jeder Außenstehende (aber unglücklicherweise gibt es nur wenige Außenstehende) wird leicht einsehen, daß, wenn nichts weiter zur Errichtung eines Systems unter dem Volke erforderlich wäre als die Absurditäten anderer Systeme herauszustellen, jeder Anhänger jeden Aberglaubens einen hinreichenden Grund für seine blinde und ergebene Anhänglichkeit an die Prinzipien anführen könnte, in denen er erzogen wurde. Aber auch ohne ein derart ausgedehntes Wissen, das nötig wäre, um diese Versicherung damit zu stützen (und vielleicht sogar besser ohne es), fehlt es der Menschheit nicht an einem hinlänglichen Vorrat religiösen

[1] Es ist sonderbar, daß die ägyptische Religion, obwohl sie so widersinnig war, doch eine so große Ähnlichkeit mit der jüdischen gehabt haben soll, daß selbst die geistvollsten Schriftsteller der Antike nicht in der Lage waren, irgendeinen Unterschied zwischen ihnen zu bemerken. Denn es ist sehr auffallend, daß sowohl Tacitus als auch Sueton diese Religionen ausdrücklich als identisch behandeln, wenn sie auf jenen unter Tiberius gefaßten Senatsbeschluß zu sprechen kommen, durch den die ägyptischen und jüdischen Proselyten aus Rom verbannt wurden; und es hat den Anschein, daß sogar jener Beschluß selbst auf dieser Annahme beruhte. »Actum et de sacris Aegyptiis Judaicisque pellendis; factumque patrum consultum, ut quattuor milia libertini generis *ea superstitione*[g] infecta, quis idonea aetas, in insulam Sardiniam veherentur, coercendis illic latrociniis; et si ob gravitatem caeli interissent, *vile damnum*[g]: Ceteri cederent Italia, nisi certam ante diem profanos ritus exuissent«[h] (Tacitus: *Annales*. Buch II, Kap. 85, § 4). »Externas caerimonias, Aegyptios Judaicosque ritus compescuit; coactis qui *superstitione ea*[g] tenebantur, religiosas vestes cum instrumento omni comburere etc.«[i] (Sueton: *Tiberius*. Kap. 36, § 1). Diese zwei gelehrten Heiden hatten in dem allgemeinen Erscheinungsbild, Wesen und Geist dieser beiden Religionen etwas Gleiches gefunden und hielten die Unterschiede in ihren Lehren für zu unbedeutend, als daß sie noch einige Aufmerksamkeit verdient hätten.

Eifers und Glaubens. Diodorus Siculus[2] führt dafür ein merkwürdiges Beispiel an, dessen Augenzeuge er selbst gewesen ist. Zu der Zeit, als der Name Roms den größten Schrecken für die Ägypter bedeutete, geschah es, daß ein Legionär sich unbeabsichtigt der gotteslästerlichen Ruchlosigkeit schuldig machte, eine Katze zu töten. In äußerster Wut fiel das ganze Volk über ihn her, und alle Anstrengungen des Fürsten vermochten ihn nicht zu retten. Ich bin überzeugt, daß der Senat und das Volk Roms zur damaligen Zeit in bezug auf ihre Nationalgottheiten nicht so empfindlich gewesen sein würden. Haben sie doch kurze Zeit später Augustus sehr großzügig einen Platz im Himmel zuerkannt; und sie hätten ihm zuliebe jeden Gott dort oben entthront, wenn er es nur gewünscht zu haben schiene. »Presens divus habebitur Augustus«, sagt Horaz[j]. Das ist ein sehr wichtiger Punkt; und bei anderen Völkern und zu anderen Zeiten sind eben diese Dinge durchaus nicht als gleichgültig angesehen worden[3].

Ungeachtet der Ehrwürdigkeit unserer heiligen Religion, sagt Cicero[4], ist kein Verbrechen bei uns üblicher als der Tempelraub. Aber hat man je gehört, daß ein Ägypter den Tempel einer Katze, eines Ibis oder eines Krokodils geschändet hätte? Es gibt keine Qual, schreibt derselbe Autor an anderer Stelle[5], die ein Ägypter nicht lieber auf sich nähme als einen Ibis, eine Natter, eine Katze, einen Hund oder ein Krokodil zu verletzen. So ist es durchaus wahr, wenn es bei Dryden heißt:

»Von welcher Herkunft ihre Gottheit auch sei,
Stock, Stein oder anderem schlichten Stamm,
In ihrer Verteidigung sind ihre Diener so kühn,
Als wenn sie aus gehämmertem Golde wäre.«

Absalom and Achitophel[m].

[2] *Bibliotheca historica.* Buch I, Kap. 83, §§ 8–9.

[3] Als Ludwig XIV. die Protektion des Jesuiten-Kollegs zu Clermont übernahm, ließ der Orden das königliche Wappen über dem Tor anbringen und, um Platz dafür zu schaffen, das Kreuz abnehmen. Dies gab zu folgendem Epigramm Anlaß:

Sustulit hinc Christi, posuitque insignia Regis:
Impia Gens, alium nescit habere Deum[k].

[4] *De natura deorum.* Buch I, Kap. 29, § 82[l].

[5] *Tusculanae disputationes.* Buch V, Kap. 27, § 78.

Ja, je minderwertiger das Material ist, aus dem die Gottheit besteht, desto größere Verehrung wird sie wahrscheinlich in den Herzen ihrer betrogenen Anhänger hervorrufen. Sie triumphieren in ihrer Schande und rechnen es sich bei ihrer Gottheit als ein Verdienst an, wenn sie ihr zuliebe all den Verspottungen und Schmähungen ihrer Feinde Trotz bieten. Zehntausend Kreuzfahrer scharen sich um das heilige Banner und triumphieren in aller Öffentlichkeit gerade in den Teilen ihrer Religion, die ihre Feinde als die allerschimpflichsten ansehen.

Nun stoßen wir allerdings, wie ich zugebe, auf eine Schwierigkeit in dem ägyptischen Theologiesystem; wie ja tatsächlich nur wenige derartige Systeme frei von allen Schwierigkeiten sind. Es liegt auf der Hand, daß infolge ihrer Fortpflanzungsart ein Paar Katzen in fünfzig Jahren ein ganzes Königreich bevölkern würde und daß es, wenn ihnen dann noch immer jene religiöse Verehrung erwiesen würde, in weiteren zwanzig Jahren nicht nur leichter sein würde, einen Gott als einen Menschen in Ägypten zu finden – wie es nach Petronius[n] in einigen Teilen Italiens der Fall war –, sondern die Götter müßten die Menschen schließlich auch vollkommen aushungern und für sich selbst weder Priester noch Anhänger übrig lassen. Es ist daher wahrscheinlich, daß dieses weise, im Altertum wegen seiner Klugheit und gesunden Politik meistgerühmte Volk, weil es diese gefährlichen Konsequenzen vorhersah, seine ganze Verehrung auf die völlig ausgewachsenen Gottheiten beschränkte und sich die Freiheit nahm, die heilige Brut oder die kleinen angehenden Götter ohne Skrupel und Gewissensbisse zu ertränken. Der Brauch, die Sätze der Religion so zu drehen, daß sie den gegenwärtigen Interessen dienen, ist also keineswegs als eine Erfindung der neueren Zeit anzusehen.

Bei der Behandlung religiöser Fragen will der gelehrte und philosophisch denkende Varro nichts weiter vortragen als was Wahrscheinlichkeit und Anschein für sich hat[o]: So vernünftig und bescheiden war er! Aber der leidenschaftliche und eifernde Augustin spottet über den Skeptizismus und die Zurückhaltung dieses vornehmen Römers und bekennt sich zu einem höchstvollkommenen Glauben und einer unerschütterlichen Gewißheit[6]. Absurderweise hält jedoch ein heidnischer Dichter, der

[6] *De civitate dei.* Buch VII, Kap. 17.

ein Zeitgenosse[p] des Heiligen war, das Religionssystem des letzteren für so falsch, daß, wie er sagt, nicht einmal Kinder so leichtgläubig waren, daran zu glauben[7].

Wenn Irrtümer so allgemein sind, ist es da zu verwundern, daß sich jedermann rechthaberisch und dogmatisch zeigt und daß der Eifer oft in gleichem Verhältnis mit dem Irrtum zunimmt? »Moverunt«, sagt Spartian, »et ea tempestate, Judaei bellum quod vetabantur mutilare genitalia«[8].

Sollte es jemals ein Volk oder eine Zeit gegeben haben, wo die öffentliche Religion alle Gewalt über die Menschen verloren hatte, so wäre zu erwarten, daß die Ungläubigkeit in Rom zur Zeit Ciceros[s] ihre Herrschaft errichtet hätte und daß Cicero selbst in all seinen Reden und Geschäften ihr entschiedenster Verfechter gewesen wäre. Aber mochte sich dieser große Mann auch noch so viele skeptische Freiheiten in seinen Schriften und philosophischen Gesprächen gestatten, so scheint er doch in seiner alltäglichen Lebensführung dem Vorwurf des Deismus und der Gottlosigkeit aus dem Wege zu gehen. Selbst innerhalb seiner eigenen Familie und seiner Frau Terentia gegenüber, der er unbedingtes Vertrauen schenkte, wollte er als ein frommer Mensch erscheinen. Und es ist uns ein an sie gerichteter Brief überliefert, in dem er sie ernsthaft bittet, Apollon und Aesculap zum Dank für seine Genesung zu opfern[9].

Die Frömmigkeit des Pompeius war weit aufrichtiger. Während der Bürgerkriege nahm er in seinem ganzen Verhalten große Rücksicht auf Wahrsagungen, Träume und Prophezeiungen[10]. Augustus war von jeder Art des Aberglaubens angesteckt. So wie man von Milton berichtet, daß sich sein poetisches Genie im Frühling niemals leicht und im Überfluß ergoß[u], so beobachtete Augustus, daß seine Begabung zum Träumen während dieser Jahreszeit weder so vollkommen noch so zuverlässig war, wie während des übrigen Jahres. Dieser große und fähige Herrscher wurde auch sehr unruhig, als es ihm beim Wechseln der Schuhe

[7] Claudius Rutilius Namatianus: *De reditu suo sive iter Gallicum.* Buch I, Vers 391–394[q].

[8] *De vita Hadriani.* Kap. 14, § 2[r].

[9] *Epistulae ad familiares.* Buch XIV, Brief 7.

[10] Cicero: *De divinatione.* Buch II, Kap. 9, § 24[t].

einmal passierte, daß er den rechten Schuh an den linken Fuß zog[11]. Kurz, es kann nicht bezweifelt werden, daß die Anhänger des geltenden Aberglaubens im Altertum in allen Staaten ebenso zahlreich waren, wie es die Anhänger der modernen Religion gegenwärtig sind. Sein Einfluß war genauso verbreitet, wenn auch nicht so entscheidend; und ebenso viele Menschen bekannten sich zu ihm, wenn auch dieses Bekenntnis anscheinend nicht so stark, so bestimmt und so ausdrücklich war.

Wir können die Beobachtung machen, daß die Überzeugung der Religionsanhänger trotz der dogmatischen und herrschsüchtigen Art jedes Aberglaubens zu allen Zeiten mehr gekünstelter als realer Natur ist und daß sie kaum jemals auch nur von fern an den festen Glauben und die sichere Gewißheit heranreicht, die uns in unseren alltäglichen Geschäften leiten. Nicht einmal sich selbst gegenüber wagen sich die Menschen die Zweifel einzugestehen, die sie in solchen Dingen hegen. Sie rechnen sich den blinden Glauben als Verdienst an und verbergen durch die stärksten Beteuerungen und den eifrigsten Fanatismus ihren tatsächlichen Unglauben vor sich selbst. Aber die Natur widersteht all ihren Bemühungen und läßt es nicht zu, daß das dunkle, glimmernde Licht, das diese Schattenregion spendet, den starken Eindrücken gleichkommt, die der gesunde Menschenverstand und die Erfahrung hervorbringen. Das tatsächliche Verhalten der Leute im Alltagsleben straft ihre Worte Lügen und zeigt, daß ihre Zustimmung in diesen Dingen irgendeine unerklärliche Geistesoperation zwischen Zweifel und Überzeugung ist, die aber der ersteren weit näher kommt als der letzteren.

Der menschliche Geist scheint also von so lockerem und veränderlichem Gewebe zu sein, daß die Menschen selbst heutzutage, wo so viele ein Interesse daran haben, ihn ständig mit Hammer und Meißel zu bearbeiten, dennoch nicht in der Lage sind, ihm theologische Lehren von bleibendem Eindruck einzuhämmern. Wieviel mehr muß dies nun in den älteren Zeiten der Fall gewesen sein, wo es vergleichsweise so viel weniger Bewahrer der heiligen Zeremonien gab? Es ist daher nicht zu verwundern, daß die äußeren Erscheinungsbilder der Religionen damals sehr un-

[11] Sueton: *Divus Augustus.* Kap. 90–92. Plinius d. Ä.: *Naturalis historia.* Buch II, Kap. 7, § 24.

beständig waren und daß Menschen gelegentlich ausgemachte Ungläubige und Feinde der herrschenden Religion zu sein schienen, ohne es wirklich zu sein oder zumindest ohne ihr Innerstes in diesem Punkt selbst zu kennen.

Ein weiterer Grund, der den inneren Zusammenhang der alten Religionen weit lockerer machte als den der neueren, besteht darin, daß jene *mündlich*, diese aber *schriftlich* überliefert sind. Zudem war jene Überlieferung sehr verwickelt, widersprüchlich und in vielen Fällen zweifelhaft, so daß sie unmöglich auf einen Stand gebracht oder in einen Kanon zusammengefaßt werden konnte; noch vermochte sie, irgendwelche bestimmte Glaubensartikel zu liefern. Die Göttergeschichten waren so zahllos wie die katholischen Legenden; und obschon fast jedermann einen Teil dieser Geschichten glaubte, so konnte doch niemand alles glauben oder wissen; zumal ein jeder dabei einräumen mußte, daß kein Teil besser begründet war als die übrigen. Ferner waren die Überlieferungen verschiedener Städte und Völker in vielen Fällen einander direkt entgegengesetzt, und man konnte keinen Grund anführen, warum die eine der anderen vorzuziehen sei. Und da es eine Unmenge von Geschichten gab, hinsichtlich derer die Überlieferung gar nichts Gewisses sagte, erfolgte unmerklich der Übergang von den fundamentalsten Glaubensartikeln zu jenen zusammenhanglosen und unsicheren Erdichtungen. Die heidnische Religion schien sich daher jedesmal in Luft aufzulösen, wenn man sich ihr näherte und sie im einzelnen prüfte. Sie konnte nie durch festgelegte Dogmen oder Prinzipien bestimmt werden. Und obgleich dies die Mehrzahl der Menschen nicht von einem so absurden Glauben abbrachte – denn wann werden die Leute je vernünftig? –, so ließ es sie in der Behauptung ihrer Prinzipien doch irritierter und unschlüssiger werden und war sogar geeignet, bei gewissen Gemütern Praktiken und Meinungen hervorzurufen, denen der Schein eines entschiedenen Unglaubens anhaftete.

Wir können noch hinzufügen, daß die Fabeln der heidnischen Religion an sich leicht faßlich, einfach und bekannt waren, ohne Teufel und Schwefelströme oder anderen Dingen, die die Einbildungskraft mit großen Schrecken erfüllen konnten. Wer konnte sich eines Lächelns erwehren, wenn er an die Liebesgeschichte zwischen Mars und Venus oder an die amourösen Possen Jupiters und Pans dachte? In dieser Hinsicht war sie eine wahrhaft poetische Religion, sofern sie für die ernsthaftere Dichtkunst nicht zu viel Frivolität aufwies. Wir finden, daß sie von den heutigen Barden aufgenommen worden ist; und diese haben von den Göttern, die sie als Phantasiegestalten ansahen, mit nicht größerer Freiheit und Pietätlosigkeit gesprochen als es die Alten von den wirklichen Gegenständen ihrer Anbetung taten.

Keinesfalls ist die Schlußfolgerung richtig, daß ein Religionssystem, weil es keinen tiefen Eindruck auf die Ansichten eines Volkes gemacht hat, deshalb von allen Leuten mit gesundem Menschenverstand ausdrücklich zurückgewiesen worden wäre und daß man ungeachtet der Vorurteile der Erziehung die entgegengesetzten Prinzipien auf Grund von Argumenten und vernünftigen Überlegungen allgemein festgelegt hätte. Die umgekehrte Schlußfolgerung dürfte wohl die wahrscheinlichere sein. Je weniger aufdringlich und anmaßend irgendein Aberglaube erscheint, desto weniger wird er Ärger und Empörung bei den Menschen hervorrufen oder sie zu Untersuchungen über seine Grundlage und seinen Ursprung veranlassen. Indessen ist es bekannt, daß die Herrschaft jedes religiösen Glaubens über den Verstand schwankend und ungewiß, allen Veränderungen des Gemüts unterworfen und von den momentanen Begebenheiten abhängig ist, die auf die Einbildungskraft einwirken. Der Unterschied ist nur gradueller Art. Einer der Alten wird im Verlauf einer Rede abwechselnd gottlose und abergläubische Ausdrücke anbringen[12]; die Gedanken des modernen Menschen werden sich

[12] Als Beweis dafür mag die folgende bemerkenswerte Stelle bei Tacitus dienen: »Praeter multiplices rerum humanarum casus caelo terraque prodigia et fulminum monitus et futurorum praesagia, laeta tristia, ambigua manifesta. Nec enim unquam atrocioribus populi Romani cladibus, magisve justis indiciis approbatum est, non esse curae Diis securitatem nostram, esse ultionem«[v] (*Historiae.* Buch I, Kap. 3, § 2). Der Streit des Augustus mit Neptun[w] ist ein Beispiel gleicher Art. Worauf hätte sich der Zorn des Kaisers gestützt, wenn er Neptun nicht für ein wirkliches Wesen und für den Herrscher über das Meer gehalten hätte? Und wenn er das geglaubt hat, welche Tollheit war es dann, diese Gottheit noch weiter zu reizen? Die gleiche Beobachtung kann man auch bei Quintilians Klage anläßlich des Todes seiner Kinder machen. *Institutio oratoria.* Buch VI, Vorrede, § 4[x].

oft in denselben Bahnen bewegen, doch dürfte er in seiner Ausdrucksweise wohl zurückhaltender sein.

Lukian erzählt uns ausdrücklich[13], daß jeder, der nicht an die lächerlichsten Märchen des Heidentums glaubte, von dem Volk für ruchlos und gottlos gehalten wurde. In der Tat, wozu hätte dieser liebenswürdige Autor sonst die ganze Kraft seines Witzes und seiner Satire gegen die Nationalreligion aufgewendet, wenn seine Landsleute und Zeitgenossen nicht durchweg an diese Religion geglaubt hätten?

Ebenso freimütig wie es heute irgendein Geistlicher tun würde, gesteht Livius[14] die allgemeine Ungläubigkeit seiner Zeit ein, verurteilt sie dann aber auch mit gleicher Macht. Und wer vermöchte sich vorzustellen, daß ein Volksaberglaube[z], der einen so geistreichen Mann irreführen konnte, nicht auch die Mehrzahl des Volkes getäuscht haben sollte?

Die Stoiker legten ihrem Weisen viele großartige und sogar gottlose Attribute bei; daß er allein reich, frei, ein König und den unsterblichen Göttern gleich sei. Sie vergaßen hinzuzufügen, daß er an Klugheit und Verstand keinem alten Weib nachstand. Denn es kann gewiß nichts Erbärmlicheres geben als die von dieser Sekte in Religionssachen vertretene Meinung. So stimmen sie allen Ernstes mit den gewöhnlichen Auguren[aa] darin überein, daß es ein gutes Zeichen sei, wenn ein Rabe von der linken Seite krächzt, ein schlechtes aber, wenn eine Krähe von derselben Seite lärmt. Panaitios war der einzige Stoiker unter den Griechen, der so weit ging, die Wahrsagereien und Weissagungen zu bezweifeln[15]. Mark Aurel[16] berichtet uns, daß er selbst viele Warnungen von den Göttern im Schlaf erhalten habe. Nun ist es wahr, daß uns Epiktet[17] verbietet, auf die Sprache der Krähen und Raben zu achten; aber nicht etwa deshalb, weil sie nicht die Wahrheit sagten, sondern nur, weil sie nichts anderes vorhersagen könnten als daß wir uns bald den Hals brechen oder unser Hab und Gut verlieren werden; lauter Dinge, die, wie er sagt, uns nichts angehen.

[13] *Philopseudes.* § 3.
[14] *Ab urbe condita.* Buch X, Kap. 40[y].
[15] Cicero: *De divinatione.* Buch I, Kap. 3, § 6[bb] und Kap. 7, § 12[cc].
[16] *Ad se ipsum libri.* Buch I, Kap. 17, § 20.
[17] *Enchiridion.* § 18[dd].

Auf diese Weise verbinden die Stoiker eine philosophische Schwärmerei mit einem religiösen Aberglauben. Dadurch, daß sie ihre ganze Geisteskraft der moralischen Seite zuwandten, erschlaffte sie auf der Seite der Religion[18].

Platon[19] führt Sokrates ein, indem er ihn behaupten läßt, die gegen ihn erhobene Anschuldigung der Gottlosigkeit sei einzig dem Umstand zuzuschreiben, daß er solche Märchen wie Saturns Kastrierung seines Vaters Uranus und Jupiters Entthronung Saturns verworfen habe. Doch in einem nachfolgenden Dialog[20] gesteht Sokrates, daß die Lehre von der Sterblichkeit der Seele die anerkannte Meinung des Volkes sei. Besteht hier ein Widerspruch? Ja gewiß, aber der Widerspruch liegt nicht bei Platon sondern beim Volk, dessen religiöse Prinzipien sich schon immer aus den widersprüchlichsten Elementen zusammensetzten; und das besonders in einem Zeitalter, wo der Aberglaube es so mühelos und leicht überwältigen konnte[21].

[18] Ich gebe zu, daß die Stoiker nicht ganz orthodox in der bestehenden Religion waren; aber man kann aus diesen Beispielen doch ersehen, daß sie darin sehr weit gingen. Und das Volk ging zweifellos so weit es konnte.

[19] *Euthyphro* 6 a–b.

[20] *Phaedo*[ee].

[21] Das Verhalten Xenophons, so wie er es selbst schildert, ist gleichzeitig ein unwiderlegbarer Beweis für die allgemeine Leichtgläubigkeit der Menschen in jener Zeit und für die Unstimmigkeiten in Religionssachen zu allen Zeiten. Dieser große Feldherr und Philosoph, der Schüler des Sokrates und einer, der einige der geläutertsten Meinungen über die Gottheit geäußert hat, legte all die folgenden Zeichen des landläufigen heidnischen Aberglaubens an den Tag. Bevor er sich dem Feldzug des Kyros anschloß, befragte er auf Anraten des Sokrates das Orakel zu Delphi (*Expeditio Cyri.* Buch III, S. 294 in der Ausgabe von Leunclavius[ff]). In der Nacht, nachdem die Heerführer gefangen genommen worden waren, sieht er einen Traum, dem er große Bedeutung beilegt, den er aber für zweideutig hält (Ders.: Buch III, Kap. 1, §§ 11–13). Sowohl er als auch das ganze Heer hielten das Niesen für ein überaus glückliches Vorzeichen (Ders.: Buch III, Kap. 2, § 9). Als er zu dem Fluß Kentrites kommt, hat er einen weiteren Traum, dem auch sein Mitbefehlshaber Cheirisophos große Bedeutung beilegt (Ders.: Buch IV, Kap. 3, § 8). Da die Griechen unter einem kalten Nordwind zu leiden haben, opfern sie ihm; und unser Geschichtsschreiber bemerkt dazu, daß er sich augenblicklich gelegt

Derselbe Cicero, der darauf bedacht war, im Kreise seiner Familie als ein frommer Mensch zu erscheinen[kk], trug keine Bedenken, in einem öffentlichen Gerichtshof die Lehre von einem künftigen Leben als ein lächerliches Märchen zu behandeln, dem niemand Aufmerksamkeit schenken könne[22]. Und nach der Darstellung Sallusts[23] spricht Caesar öffentlich im Senat dieselbe Sprache[24].

habe (Ders.: Buch IV, Kap. 5, § 4). Bevor er sich über die Gründung einer Kolonie schlüssig werden wollte, befragt Xenophon im geheimen die Opfer (Buch V, Kap. 6, § 16). Er selbst war ein außerordentlich geschickter Augur (Ders.: Buch V, Kap. 6, § 29). Wird durch die Schlachtopfer veranlaßt, den ihm angebotenen Oberbefehl über das Heer abzulehnen (Buch VI, Kap. 1, §§ 22–24). Der Spartaner Kleandros lehnt ihn aus dem gleichen Grund ab, obwohl er sehr danach strebte (Ders.: Buch VI, Kap. 6, § 36). Xenophon erwähnt einen alten Traum mit der Interpretation, die er ihm gegeben hatte, als er sich Kyros anfänglich anschloß (Buch VI, Kap. I, § 22). Er erwähnt auch den Platz, wo Herkules in die Hölle hinabstieg, auf eine Weise, als wenn er daran geglaubt hätte und sagt, daß die Spuren davon noch zu sehen wären (Ders.: Buch VI, Kap. 2, § 2). Er ließ lieber das Heer fast verhungern, als es entgegen den Vorbedeutungen ins Feld zu führen (Ders.: Buch VI, Kap. 4, §§ 12–16). Sein Freund Eukleides, der Augur, wollte nicht glauben, daß er kein Geld aus dem Feldzug mitgebracht habe, bis er (Eukleides) opferte und es dann deutlich in den Eingeweiden[gg] sah (Buch VII, Kap. 8, §§ 1–3). Als derselbe Philosoph einmal ein Minenprojekt zur Erhöhung der athenischen Einnahmen vorschlug, riet er den Athenern, zuvor das Orakel darüber zu befragen (*De vectigalibus*, S. 392). Daß all diese Religionsübungen keine Farce waren, um politischen Zwecken zu dienen, geht sowohl aus den Tatsachen selbst wie auch aus dem Geist der Zeit hervor, wo wenig oder nichts durch Heuchelei erreicht werden konnte. Außerdem war Xenophon, wie seine *Memorabilia* zeigen[hh], nahezu ein Ketzer für jene Zeiten, was ein politischer Frömmler niemals ist. Aus dem gleichen Grund behaupte ich, daß Newton, Locke, Clarke und andere, die sich als Arianer[ii] oder Sozinianer[jj] erklärten, sehr aufrichtig in dem Glauben waren, zu dem sie sich bekannten. Und dieses Argument halte ich immer einigen Freigeistern entgegen, die es durchaus nicht wahrhaben wollen, daß diese Philosophen unmöglich etwas anderes als Heuchler gewesen sein könnten.

[22] *Pro Cluentio*. Kap. 61, § 171.

[23] *Catilinae coniuratio*. Kap. 51, § 20.

[24] Cicero (*Tusculanae disputationes*. Buch I, Kap. 5–6)[ll] und Seneca (*Ad Lucilium epistulae morales*. Brief 24)[mm] wie auch Juvenal (*Satirae*.

Daß aber all diese Freiheiten bei dem Volk keinen totalen und allgemeinen Unglauben und Skeptizismus in sich schlossen, ist zu offensichtlich, als daß es bestritten werden könnte. Wenn auch einige Teile der Nationalreligion nur lose über den Gemütern der Menschen schwebten, so hafteten ihnen andere Teile doch fester an. Und es war die Hauptaufgabe der skeptischen Philosophen zu zeigen, daß der eine Teil nicht besser begründet war als der andere. Das ist der Kunstgriff von Cotta in den Dialogen *Vom Wesen der Götter*[qq]. Er widerlegt das ganze mythologische System, indem er den Orthodoxen schrittweise von den bedeutenderen Geschichten, die geglaubt wurden, zu den unbedeutenderen führt, die jedermann belächelte[rr]: Von den Göttern zu den Göttinnen, von den Göttinnen zu den Nymphen, von den Nymphen zu den Faunen und Satyren. Die gleiche Methode der Beweisführung hatte sein Lehrer Karneades angewandt[25].

Aufs Ganze gesehen gibt es zwei besonders große und beachtenswerte Unterschiede, die zwischen einer *überlieferten, mythologischen* und einer *systematischen, scholastischen* Religion bestehen: Die erstere ist oftmals vernünftiger, da sie nur aus einer Menge Geschichten besteht, die – wie grundlos sie auch sein mögen – keine ausgesprochenen Vernunftwidrigkeiten und demonstrativen Widersprüche in sich schließen; ferner sitzt sie so leicht und locker im menschlichen Gemüt, daß sie selbst bei einer universellen Verbreitung glücklicherweise keinen so tiefen Eindruck auf die Leidenschaften und den Verstand ausübt.

Buch II, Vers 149–152)[nn] behaupten, daß kein Knabe und kein altes Weib so albern sei, den Dichtern ihre Erzählungen von einem künftigen Leben zu glauben. Warum preist dann aber Lukrez seinen Lehrmeister[oo] so hoch, daß er uns von diesen Schrecken befreit hat? Vielleicht waren damals die meisten Menschen in der Verfassung des Kephalus bei Platon (*Respublica.* Buch I, 330 d)[pp], der, solange er jung und gesund war, diese Geschichten lächerlich machen konnte, aber sobald er alt und gebrechlich wurde, begann, Befürchtungen wegen ihrer Wahrheit zu hegen. Dies ist, wie wir beobachten können, auch heutzutage durchaus nichts Ungewöhnliches.

[25] Sextus Empiricus: *Adversus dogmaticos.* Buch III, §§ 182–190[ss].

Dreizehnter Abschnitt
Niedere Auffassungen der göttlichen Natur in den volkstümlichen Religionen beider Arten

Die erste Religion der Menschheit entsteht hauptsächlich aus der bangen Furcht vor den künftigen Ereignissen[a], und es läßt sich leicht denken, welche Vorstellungen die Menschen natürlicherweise von den unsichtbaren, unbekannten Mächten haben, wenn sie von düsteren Ahnungen jeder Art bedrängt werden. Jedes Bild der Rache, der Strenge, der Grausamkeit und der Böswilligkeit muß der Angst und dem Entsetzen, die den bestürzten Gläubigen bedrücken, entgegenkommen und ihre Wirkung steigern. Hat sich aber eine panische Furcht erst einmal der Seele bemächtigt, so vervielfacht die lebhafte Phantasie die Gegenstände des Schreckens noch mehr, indem jenes tiefe Dunkel, oder, was noch schlimmer ist, jenes schimmernde Licht, das uns umgibt, uns die Gestalten der Gottheit in den denkbar fürchterlichsten Erscheinungen vorführt. Und man kann sich keine verderbte Schlechtigkeit ausdenken, die diese verängstigten Anbeter ihrer Gottheit nicht bereitwillig und ohne Bedenken zulegen.

So stellt sich der natürliche Zustand der Religion dar, wenn man sie von der einen Seite betrachtet. Ziehen wir aber auf der anderen Seite den Geist der Verherrlichung und der Lobpreisung in Betracht, der notwendigerweise in allen Religionen vorkommt und der die Folge eben dieser Schrecken ist, dann müssen wir wohl erwarten, daß ein ganz entgegengesetztes System der Theologie vorherrscht. Jede Tugend, jede Vortrefflichkeit muß der Gottheit zugeschrieben und dabei keine Übertreibung als zureichend erachtet werden, um all den Vollkommenheiten zu entsprechen, mit denen sie ausgezeichnet ist. Was für neue Lobsprüche man auch ersinnen mag, sie werden sofort angenommen, ohne daß man weiter nach Argumenten oder Tatsachen fragte. Ihre zureichende Bestätigung wird schon darin gesehen, daß sie uns prachtvollere Vorstellungen von dem göttlichen Gegenstand unserer Verehrung und Anbetung liefern.

Hier liegt deshalb eine Art Widerspruch zwischen den verschiedenen Prinzipien der menschlichen Natur vor, die in die Religion eingehen. Unsere natürlichen Ängste liefern uns den Begriff einer teuflischen und böswilligen Gottheit; unser Hang zur

Schmeichelei führt uns zur Anerkennung einer vortrefflichen und erhabenen Gottheit. Und der Einfluß dieser entgegengesetzten Prinzipien ist mannigfaltig, je nach dem verschiedenen Zustand des menschlichen Verstandes.

Bei ganz wilden und unwissenden Völkern wie den Afrikanern und Indern, ja selbst den Japanern, die keine umfassenden Vorstellungen von Macht und Wissen zu bilden vermögen, mag die Verehrung einem Wesen gezollt werden, das man für böse und abscheulich hält; allerdings dürften sie vielleicht vorsichtig genug sein, dieses Urteil über ihre Gottheit nicht in der Öffentlichkeit oder in ihrem Tempel verlauten zu lassen, wo man Gefahr liefe, von ihr gehört zu werden.

Solche rohen, unvollkommenen Vorstellungen von der Gottheit haften allen Götzendienern lange an; und man darf ruhig behaupten, daß selbst die Griechen sich nie ganz von ihnen freigemacht haben. Xenophon[1] führt zum Lob des Sokrates an, daß dieser Philosoph nicht der gängigen Meinung zustimmte, nach der die Götter einiges wüßten, anderes aber nicht. Er behauptete, daß sie alles wüßten; was getan, gesagt oder auch nur gedacht worden war. Aber da dies ein philosophischer Gedankengang[2] war, der die Fassungskraft seiner Landsleute weit überstieg, dürfen wir nicht überrascht sein, wenn diese in ihren Büchern und Gesprächen ihre Götter sehr freimütig tadelten, die sie in ihren Tempeln anbeteten. Es ist bemerkenswert, daß insbesondere Herodot an vielen Stellen keine Bedenken trägt, den Göttern *Neid* zuzuschreiben[c]; eine Gesinnung, die mehr als alle anderen für einen niederträchtigen und teuflischen Charakter spricht. Die heidnischen Hymnen jedoch, die beim öffentlichen Gottesdienst gesungen wurden, enthielten nichts als Worte des Lobes; auch dann, wenn die den Göttern zugeschriebenen Handlungen höchst barbarisch und abscheulich waren. Als der Dichter Timotheus eine Hymne an Diana vortrug, in der er all die Handlungen und Eigenschaften dieser grausamen und launenhaften Göttin

[1] *Memorabilia.* Buch I, Kap. 1, § 19.

[2] Wie wir von Lukian: *Hermotimus sive de sectis.* § 81[b], erfahren, wurde es bei den Alten als ein ganz außergewöhnliches, philosophisches Paradoxon angesehen, daß sich die Gegenwart der Götter nicht auf den Himmel beschränken, sondern überallhin erstrecken sollte.

mit den größten Lobpreisungen aufzählte, rief ihm einer der Anwesenden[d] zu: »Möchte deine Tochter doch so werden wie die Gottheit, die du preist«[3].

Wenn nun die Menschen in der Folge ihre Vorstellung von der Göttlichkeit läutern, so ist es nur ihr Begriff von ihrer Macht und ihrem Wissen, nicht aber der ihrer Güte, der erhöht wird. Im Gegenteil: Ihre Schrecken nehmen natürlicherweise in dem Maße zu, wie sie dem Wissen und der Macht der Gottheit eine größere Ausdehnung zuerkennen, weil sie ja jetzt glauben, daß keine Heimlichkeit sie ihrer Überwachung entziehen kann und daß selbst die innersten Schlupfwinkel ihrer Herzen offen vor ihr liegen. Sie müssen nun sorgfältig darauf bedacht sein, niemals ein deutliches Gefühl des Tadels oder der Mißbilligung aufkommen zu lassen. Alles muß vielmehr Zustimmung, Entzücken und Begeisterung sein. Und während ihre dunklen Befürchtungen sie dazu veranlassen, ihrer Gottheit Verhaltensmaßregeln beizulegen, die bei menschlichen Geschöpfen höchst tadelnswert wären, müssen sie sich noch bemühen, dieses Verhalten bei dem Gegenstand ihrer andächtigen Gebete zu preisen und zu bewundern. Demnach darf man mit Gewißheit behaupten, daß die volkstümlichen Religionen, so wie sie von ihren gewöhnlichen Anhängern aufgefaßt werden, tatsächlich eine Art Dämonismus darstellen; und je höher die Gottheit an Macht und Wissen erhoben wird, desto tiefer wird sie natürlich an Güte und Wohlwollen herabgesetzt, gleichgültig welche Lobeserhebungen ihr von ihren verzückten Anbetern zuteil werden. Bei Götzendienern können die Worte falsch sein und der heimlichen Meinung nicht entsprechen, aber bei Anhängern einer geläuterten Religionsform gewinnt die Meinung selbst eine Art Falschheit und straft das innere Empfinden Lügen. Im Geheimen verabscheut das Herz jene Maßnahmen einer grausamen und unversöhnlichen Rache, aber die Urteilskraft wagt es nicht, sie für etwas anderes als vollkommen und anbetungswürdig zu erklären. Und das zusätzliche Übel dieses inneren Kampfes verschlimmert noch die anderen Schrecken, von denen diese unglückseligen Opfer des Aberglaubens schon immer geplagt werden.

[3] Plutarch: *De superstitione.* Kap. 10.

Lukian[4] bemerkt, daß ein junger Mann, der bei Homer oder Hesiod die Geschichte der Götter liest und sieht, wie Aufwiegeleien, Kriege, Ungerechtigkeit, Blutschande, Ehebruch und andere Unsittlichkeiten so hoch gepriesen werden, hinterher, als er die Welt kennenlernt, sehr überrascht ist, feststellen zu müssen, daß durch Gesetz Strafen für die gleichen Handlungen verhängt werden, die man ihn den höheren Wesen zuzuschreiben gelehrt hatte. Der Widerspruch ist vielleicht noch größer zwischen den Anschauungen, die uns von einigen späteren Religionen übermittelt werden und unseren natürlichen Vorstellungen von Großmut, Milde, Unparteilichkeit und Gerechtigkeit; und nach Maßgabe der vielfältigen Schrecken dieser Religionen nehmen bei uns die barbarischen Vorstellungen von der Göttlichkeit zu[5].

[4] *Necyomantia.* § 3.

[5] Bacchus, ein göttliches Wesen, wird in der heidnischen Mythologie als der Erfinder des Tanzes und des Theaters dargestellt. Spiele bildeten ehemals bei den feierlichsten Anlässen sogar einen Teil des öffentlichen Gottesdienstes und wurden oft in Zeiten einer Epidemie veranstaltet, um die verletzten Gottheiten zu versöhnen. Später freilich haben die Gottesfürchtigen sie mit allem Eifer verbannt; und nach der Meinung eines gelehrten Geistlichen ist das Theater die Pforte der Hölle[e].

Um aber noch deutlicher zu zeigen, daß es für eine Religion möglich ist, die Gottheit in einem noch unmoralischeren und unfreundlicheren Licht darzustellen als sie von den Alten gezeichnet wurde, werden wir einen langen Abschnitt aus einem Autor von Geschmack und Phantasie zitieren, der gewiß kein Feind des Christentums war. Es handelt sich um den Chevalier Ramsay[f], einen Schriftsteller, der das löbliche Verlangen, orthodox zu sein, in dem Maße besaß, daß seine Vernunft niemals irgendwelche Schwierigkeiten selbst in den Lehrstücken fand, gegen die die Freidenker die größten Bedenken hatten: die Dreieinigkeit, die Menschwerdung und die Genugtuung. Es war allein seine Menschlichkeit, die er allerdings in großem Maß besessen zu haben scheint, die gegen die Lehren der ewigen Verdammnis und der Prädestination rebellierte. Er drückt sich folgendermaßen aus: »Welch sonderbare Vorstellungen«, sagt er, »würde ein indischer oder chinesischer Philosoph von unserer heiligen Religion haben, wenn er darüber nach den Darstellungen urteilen sollte, die unsere modernen Freidenker und pharisäischen Doktoren aller Sekten von ihr entwerfen? Nach dem abscheulichen und zu *gewöhnlichen*[g] System dieser ungläubigen Spötter und leichtgläubigen Schreiberlinge ›ist der Gott der Juden ein höchst grausames, ungerechtes, parteiisches und launenhaftes Wesen. Vor über 6000 Jahren schuf er einen Mann

Nichts kann die echten Prinzipien der Moral in unserem Urteil über das menschliche Verhalten rein bewahren als die absolute Notwendigkeit dieser Prinzipien für das Bestehen der Gesell-

und eine Frau und setzte sie in einen schönen Garten Asiens, von dem es keine Überreste gibt. Dieser Garten war mit allen Arten von Bäumen, Quellen und Blumen ausgestattet. Er erlaubte ihnen den Genuß aller Früchte dieses wunderbaren Gartens mit Ausnahme einer einzigen, die in seiner Mitte gepflanzt war und die eine geheime Kraft besaß, sie dauernd an Leib und Seele gesund und stark zu erhalten, ihre natürlichen Kräfte zu erhöhen und sie weise zu machen. Der Teufel fuhr in die Gestalt einer Schlange und stiftete die erste Frau an, von dieser verbotenen Frucht zu essen; sie veranlaßte ihren Mann, dasselbe zu tun. Zur Strafe für diese kleine Neugier und das natürliche Verlangen nach Leben und Erkenntnis warf Gott nicht nur unsere ersten Eltern aus dem Paradies, sondern verdammte auch alle ihre Nachfahren zu zeitlichem Elend und den größten Teil davon zu ewigem Leid, obgleich die Seelen dieser unschuldigen Kinder in keiner näheren Beziehung zu derjenigen Adams als zu der Neros oder Mohammeds standen; werden ja nach Ansicht der scholastischen Schwätzer, Fabulisten und Märchendichter alle Seelen rein erschaffen und unmittelbar den sterblichen Körpern eingegeben, sobald sich der Fötus gebildet hat. Um den grausamen und parteiischen Entschluß der Prädestination und der Verdammnis durchzuführen, überließ Gott alle Völker ohne jegliche rettende Erkenntnis oder heilsame Gnade der Dunkelheit, dem Götzendienst und dem Aberglauben; ein einziges Volk ausgenommen, das er zu seinem auserwählten Volk erkor. Dieses auserwählte Volk war jedoch das stumpfsinnigste, undankbarste, rebellischste und treuloseste unter allen Völkern. Nachdem Gott so den weitaus größeren Teil des menschlichen Geschlechts nahezu 4000 Jahre lang in einem verworfenen Zustand gehalten hatte, änderte er sich plötzlich und fand auch an anderen Völkern außer den Juden Gefallen. Er schickte hierauf seinen eingeborenen Sohn in Menschengestalt in die Welt, damit dieser seinen Zorn besänftige, seiner strafenden Gerechtigkeit Genüge leiste und für die Vergebung der Sünden sterbe. Jedoch hatten nur sehr wenige Völker von diesem Evangelium gehört, und alle die anderen sind, obwohl sie in unüberwindlicher Unwissenheit gelassen wurden, ohne Ausnahme oder irgendeiner Möglichkeit der Vergebung verdammt worden. Der größte Teil derjenigen, die davon gehört hatten, hat lediglich einige spekulative Begriffe von Gott und einige äußerliche Formen des Gottesdienstes geändert. Denn darüber hinaus ist die große Menge der Christen in ihren Sitten genauso verderbt geblieben wie der Rest der Menschheit, ja um so verderbter und verbrecherischer, als ihr Wissen größer war. Außer einer sehr kleinen auserwählten Zahl werden alle anderen Christen wie die schaft. Wenn die allgemeine Meinung nun bereit ist, Fürsten eine Moral zuzubilligen, die von der etwas verschieden ist, die für Privatpersonen gilt; um wieviel mehr wird sie es dann jenen höchsten Wesen gegenüber sein, deren Eigenschaften, Ansichten

Heiden in alle Ewigkeit verdammt, das große für sie erbrachte Opfer wird vergeblich und wirkungslos sein; Gott wird an ihren Qualen und Lästerungen ewig Freude haben, und obwohl er durch ein einziges ›fiat‹ ihre Herzen ändern kann, werden sie doch für immer unbekehrt und unbekehrbar bleiben, weil er auf ewig unversöhnlich und unerbittlich bleiben wird. Nun ist es wahr, daß dies alles Gott hassenswert und eher zu einem Hasser der Seelen als zu ihrem Freund macht; ihn eher einen grausamen, rachsüchtigen Tyrannen, einen ohnmächtigen oder zornigen Dämonen als einen allmächtigen, wohltätigen Vater der Geister sein läßt. Doch all das ist ein Mysterium. Er hat geheime Gründe für sein Verhalten, die unerforschlich sind, und obwohl er ungerecht und grausam erscheint, müssen wir doch das Gegenteil davon glauben, weil das, was bei uns Ungerechtigkeit, Verbrechen, Grausamkeit und tiefste Böswilligkeit ist, bei ihm Gerechtigkeit, Gnade und höchste Güte wird.‹ So haben die ungläubigen Freidenker, die jüdisch gesinnten Christen und die fatalistischen Schriftgelehrten die erhabensten Geheimnisse unseres heiligen Glaubens entstellt und herabgewürdigt; so haben sie die Natur von Gut und Böse durcheinander gebracht, die ungeheuerlichsten Gemütsbewegungen in göttliche Attribute umgewandelt und die Heiden in der Gotteslästerung übertroffen, indem sie dem ewigen Wesen das als Vollkommenheiten zuschreiben, was bei den Menschen als die schrecklichsten Verbrechen gilt. Die ungebildeteren Heiden begnügten sich damit, Wollust, Blutschande und Ehebruch zu vergöttlichen, aber die der Prädestinationslehre anhängenden Schriftgelehrten vergöttlichten Grausamkeit, Zorn, Wut, Rache und die schwärzesten Laster.« Siehe Chevalier Ramsays *Philosophical Principles of Natural and Revealed Religion.* Teil II, S. 403–406[h].

An anderen Stellen behauptet derselbe Autor, daß die arminianischen[i] und molinistischen[j] Systeme sich sehr wenig dazu eignen, die Sache zu verbessern[k]. Und nachdem er sich so von allen anerkannten Sekten des Christentums losgelöst hat, sieht er sich gezwungen, sein eigenes System vorzutragen, das eine Art Origenismus[l] darstellt und die Präexistenz[m] sowohl der menschlichen als auch der tierischen Seele sowie die ewige Seligkeit und Bekehrung aller Menschen, Tiere und Teufel annimmt. Mit dieser ihm ganz eigenen Auffassung brauchen wir uns indes nicht zu beschäftigen. Ich hielt die Ansichten dieses geistreichen Schriftstellers für sehr eigenartig, ich will mich jedoch nicht für ihre Richtigkeit verbürgen.

und Beschaffenheiten uns so vollkommen unbekannt sind? »Sunt superis sua jura«[6]. Die Götter haben ihre eigenen Grundsätze der Gerechtigkeit.

Vierzehnter Abschnitt
Ungünstiger Einfluß der volkstümlichen Religionen auf die Moralität

Ich möchte es hier nicht unterlassen, auf eine Tatsache hinzuweisen, die wohl die Aufmerksamkeit derjenigen verdienen dürfte, die die menschliche Natur zum Gegenstand ihrer Untersuchung gemacht haben. Es ist gewiß, daß in jeder Religion, wie erhaben die verbalen Definitionen auch sein mögen, die sie von ihrer Gottheit gibt, ein großer, wenn nicht sogar der größte Teil der Anhänger die göttliche Gnade nicht durch Tugend und gute Sitten suchen wird, wie es für ein vollkommenes Wesen allein annehmbar ist, sondern immer noch durch oberflächliche Observanzen, zügellosen Eifer, leidenschaftliche Verzückungen oder durch den Glauben an geheimnisvolle und absurde Ansichten. Der kleinste Teil sowohl des Sadders[a] als auch des Pentateuchs[b] besteht aus moralischen Vorschriften, und wir dürfen auch sicher sein, daß jener Teil der allzeit am wenigsten befolgte und beachtete war. Wurden die alten Römer von einer Seuche heimgesucht, so schrieben sie ihr Leid niemals ihren Lastern zu, noch dachten sie im Traume daran, Reue zu empfinden und sich zu bessern. Sie kamen nie auf den Gedanken, daß sie die allgemeinen Räuber der Welt wären, deren Ehrgeiz und Habsucht die Erde verwüstete und wohlhabende Völker in Not und Armut stürzte. Sie wählten lediglich einen Diktator[1], damit er einen Nagel in eine Tür einschlagen sollte und meinten, auf diese Weise ihre erzürnte Gottheit hinlänglich besänftigt zu haben.

In Aegina zettelte eine Partei eine Verschwörung an und ermordete in barbarischer und heimtückischer Weise siebenhundert ihrer Mitbürger. Sie trieben ihre Wut so weit, daß sie einem

[6] Ovid: *Metamorphoses.* Buch IX, Vers 500.

[1] Der sogenannte »Diktator zum Nageleinschlagen«. Titus Livius: *Ab urbe condita.* Buch VII, Kap. 3, § 4[c].

armseligen Flüchtling, der zum Tempel geflohen war, die Hände abschlugen, mit denen er sich an die Tore geklammert hatte, um ihn von dem heiligen Boden wegzuschleppen und gleich darauf umzubringen. »Durch diese Gottlosigkeit«, sagt Herodot[2], (nicht durch die vielen anderen grausamen Meuchelmorde) »beleidigten sie die Götter und luden eine unsühnbare Schuld auf sich.«

Nehmen wir sogar einmal an – was freilich nie vorkommt – es fände sich eine volkstümliche Religion, in der es ausdrücklich hieße, daß nichts außer Moralität die göttliche Gnade gewinnen könne; und nehmen wir weiter an, ein Priesterorden wäre eingesetzt, um diese Auffassung in täglichen Predigten und mit aller Überredungskunst einzuschärfen: so sind die Vorurteile der großen Masse doch so unausrottbar, daß sie in Ermangelung eines anderen Aberglaubens das Anhören dieser Predigten selbst eher zu dem Wesentlichen der Religion machen würde als es in Tugend und gute Sitten zu setzen. Der erhabene Prolog zu den Gesetzen des Zaleukos[3] inspirierte, soweit wir sehen können, die Lokrer keineswegs zu vernünftigeren Begriffen von den Verhaltensmaßregeln der Gottheit gegenüber, als sie sonst bei den Griechen üblich waren.

Diese Beobachtung ist also allgemeingültig. Indes dürfte man noch in einiger Verlegenheit nach Erklärungsgründen dafür sein. Es reicht nicht aus zu bemerken, daß die Menschen ihre Gottheiten allenthalben zu einer Ähnlichkeit mit sich selbst herabwürdigen und sie lediglich als eine etwas mächtigere und intelligentere Art menschlicher Geschöpfe ansehen. Das wird die Schwierigkeit nicht beheben. Denn *niemand* ist so töricht, als daß er nicht nach dem Urteil seiner natürlichen Vernunft Tugend und Rechtschaffenheit für die wertvollsten Eigenschaften hielte, die jemand besitzen könne. Warum schreibt er nicht die gleiche Gesinnung seiner Gottheit zu? Warum läßt er nicht die ganze Religion oder ihren hauptsächlichen Teil in diesen Vorzügen bestehen?

Es genügt auch nicht zu sagen, es sei schwieriger, Sittlichkeit zu üben als Aberglauben zu praktizieren, und daß sie deshalb

[2] *Historiae.* Buch VI, Kap. 91.

[3] Zu finden bei Diodorus Siculus: *Bibliotheca historica.* Buch XII, Kap. 20–21[d].

verworfen werde. Die übermäßigen Bußübungen der *Brahmanen*[e] und *Talapoinen*[f] nicht zu erwähnen, ist es gewiß, daß der *Ramadan*[g] der Türken, während dessen Dauer die armen Teufel viele Tage lang, und das oft während der heißesten Monate des Jahres und in einigen der heißesten Gegenden der Welt, vom Sonnenaufgang bis zum Sonnenuntergang ohne Essen und Trinken bleiben; daß dieser *Ramadan,* sage ich, selbst für den verderbtesten und lasterhaftesten Menschen härter sein muß als die Erfüllung irgendeiner moralischen Pflicht. Die vier Fastenzeiten der Russen[h] und die strenge Lebensart einiger *Katholiken* scheinen unangenehmer zu sein als Sanftmut und Wohlwollen zu üben. Kurz, jede Tugend, wenn die Menschen durch noch so geringe Ausübung an sie gewöhnt worden sind, ist angenehm; aller Aberglaube hingegen ist immer verhaßt und lästig.

Vielleicht kann die folgende Erklärung als wahre Lösung dieser Schwierigkeit angenommen werden. Die Pflichten, die ein Mensch als Freund oder Vater erfüllt, scheint er allein seinem Wohltäter oder seinen Kindern schuldig zu sein; und er kann diese Pflichten nicht unterlassen, ohne alle natürlichen und sittlichen Bande zu zerreißen. Eine starke Zuneigung mag ihn zur Ausführung derselben antreiben; ein Gefühl von Ordnung und moralischer Verpflichtung fügt seine Kraft zu diesem natürlichen Band hinzu und der ganze Mensch wird, wenn er wirklich tugendhaft ist, ohne jede Mühe oder Anstrengung zu seiner Pflicht geführt. Selbst bei solchen Tugenden, die ziemlich streng und mehr auf Reflexion gegründet sind wie Gemeinsinn, Kindespflicht, Mäßigkeit und Rechtschaffenheit, schaltet die moralische Verpflichtung in unserem Denken jeden Anspruch auf ein religiöses Verdienst aus, und das tugendhafte Verhalten wird für nicht mehr als was wir der Gesellschaft und uns selbst schuldig sind erachtet. In alldem findet ein abergläubischer Mensch nichts, was er eigentlich seiner Gottheit zuliebe getan hätte oder was ihn der Gnade und dem göttlichen Schutz besonders empfehlen könnte. Er bedenkt nicht, daß das unverfälschteste Mittel, seiner Gottheit zu dienen, darin besteht, das Glück ihrer Geschöpfe zu befördern. Er hält immer noch nach einem unmittelbareren Dienst des höchsten Wesens Ausschau, um die Schrecken zu lindern, von denen er verfolgt wird. Und jedes ihm empfohlene Ritual, das entweder im Leben unnütz ist, oder seinen natürlichen Neigungen die stärkste Gewalt antut, wird er eben jener Umstände wegen desto bereitwilliger annehmen, als sie ihn veranlassen sollten, es unbedingt abzulehnen. Es scheint ganz und gar religiös zu sein, weil es aus keiner Mischung mit anderen Motiven oder Erwägungen hervorgeht. Und wenn er ihm zuliebe viel seiner Bequemlichkeit und Ruhe opfert, so scheint ihm sein Anspruch auf Verdienst im Verhältnis zu der von ihm an den Tag gelegten eifrigen Hingebung zu wachsen. Wenn er ein Darlehen zurückerstattet oder eine Schuld bezahlt, ist ihm seine Gottheit in keiner Weise dankbar, weil er zur Erfüllung dieser Akte der Gerechtigkeit verpflichtet war und manche ebenso gehandelt haben würden, auch wenn es keinen Gott in der Welt gäbe. Aber wenn er einen Tag lang fastet oder sich eine tüchtige Tracht Prügel verabreicht, so hat das seiner Meinung nach eine direkte Beziehung zum Gottesdienst. Kein anderer Beweggrund könnte ihn zu solchen Kasteiungen treiben. Durch diese unverkennbaren Zeichen der Frömmigkeit hat er nun die göttliche Gnade erlangt und darf zur Belohnung Schutz und Sicherheit in dieser und ewige Glückseligkeit in der kommenden Welt erwarten[i].

Daher kommt es, daß man in vielen Fällen die größten Verbrechen mit einer abergläubischen Frömmigkeit und Gottesverehrung im Einklang fand; und daher kommt es auch, daß man es zu Recht für unsicher hält, aus der Inbrunst und peinlichen Genauigkeit seiner religiösen Übungen irgendeine gewisse Folgerung zugunsten der Moralität eines Menschen zu ziehen, auch wenn er selbst sie für aufrichtig hält[j]. Hat man doch beobachtet, daß Ungeheuerlichkeiten dunkelster Art vielmehr imstande gewesen sind, abergläubischen Schrecken hervorzubringen und religiöse Leidenschaften anzufachen. Bomilkar, der eine Verschwörung angezettelt hatte, um mit einem Schlag den ganzen Senat Karthagos zu ermorden und die Freiheit seines Vaterlandes zu unterdrücken, verpaßte die günstige Gelegenheit dazu, weil er sein Augenmerk andauernd auf Vorbedeutungen und Prophezeiungen richtete. »Diejenigen, die die verbrecherischsten und gefährlichsten Dinge unternehmen, sind gewöhnlich die abergläubischsten Menschen«, bemerkt ein alter Geschichtsschreiber[4] bei dieser Gelegenheit. Ihre Frömmigkeit und ihr innerer Glaube

[4] Diodorus Siculus: *Bibliotheca historica.* Buch XX, Kap. 43, § 1.

nimmt mit ihren Ängsten zu. Catilina begnügte sich nicht mit den bestehenden Gottheiten und überlieferten Riten der Nationalreligion: Seine ängstliche Unruhe ließ ihn neue Erfindungen dieser Art suchen[5], an die er wahrscheinlich nicht im Traum gedacht hätte, wäre er ein guter Bürger und den Gesetzen seines Vaterlandes gehorsam geblieben.

Hinzu kommt noch, daß nach der Ausführung der Verbrechen Gewissensbisse und geheime Schrecken entstehen, die der Seele keine Ruhe gewähren, sondern sie veranlassen, zur Buße ihrer Straftaten Zuflucht zu religiösen Riten und Zeremonien zu nehmen. Alles, was das seelische Gleichgewicht schwächt oder stört, leistet den Interessen des Aberglaubens Vorschub, und nichts ist für diese verderblicher als eine mannhafte, standfeste Tugend, die uns entweder vor unheilvollen und melancholischen Zufällen bewahrt, oder sie uns zu ertragen lehrt. Solange solcher sanfte Sonnenschein die Seele erhellt, erscheinen diese Gespenster einer falschen Göttlichkeit niemals. In dem Augenblick jedoch, wo wir uns den natürlichen und ungezügelten Eingebungen unseres furchtsamen und ängstlichen Herzens überlassen, da wird auch gleich dem höchsten Wesen nach den Schrecken, die uns beunruhigen, jede Art von Grausamkeit, und nach den Methoden, die wir ergreifen, um es zu besänftigen, jede Art von Launenhaftigkeit zugeschrieben. *Grausamkeit* und *Launenhaftigkeit;* diese Eigenschaften können wir allgemein, wenn auch vielleicht unter anderem Namen, als den herrschenden Charakterzug der Gottheit in volkstümlichen Religionen wahrnehmen. Selbst Priester hat man des öfteren gefunden, die, anstatt diese verderbten Vorstellungen der Menschen zu berichtigen, bereit waren, sie zu fördern und zu begünstigen. Je schrecklicher man sich die Gottheit vorstellt, desto zahmer und ergebener werden die Menschen deren Dienern gegenüber; und je unberechenbarer die Mittel sind, die sie zur Erlangung ihres Wohlwollens fordert, desto notwendiger wird es, unserer natürlichen Vernunft zu entsagen und sich deren geistlicher Führung und Leitung zu unterwerfen[m]. So wird man zugeben dürfen, daß die menschliche List unsere natürli-

[5] Cicero: *In Catilinam orationes.* Oratio prima, Kap. 6, § 16[k]. Sallust: *Catilinae coniuratio.* Kap 22[l].

chen Schwächen und Torheiten dieser Art zwar steigert, sie jedoch niemals ursprünglich erzeugt. Ihre Wurzeln reichen tiefer in die Seele hinab und entspringen den wesentlichen und allgemeinen Eigenschaften der menschlichen Natur.

Fünfzehnter Abschnitt
Allgemeine Schlußbetrachtung

Obwohl die Unwissenheit der barbarischen und unaufgeklärten Menschen so groß ist, daß sie in den auffälligsten Werken der Natur, mit denen sie so eng vertraut sind, keinen höchsten Schöpfer zu sehen vermögen, so scheint es doch kaum möglich, daß irgend jemand von gesundem Verstand diese Vorstellung verwerfen sollte, wenn sie ihm einmal nahegebracht worden ist. In allen Dingen ist ein Zweck, eine Absicht, ein Plan unverkennbar; und wenn unsere Fassungskraft endlich so erweitert ist, daß sie über den ersten Ursprung dieses sichtbaren Systems nachdenkt, dann müssen wir die Vorstellung von einer vernünftigen Ursache oder einem intelligenten Urheber mit der festesten Überzeugung annehmen. Die einheitlichen Gesetze, die im gesamten Bau des Universums vorherrschen, führen uns auch, wennschon nicht notwendigerweise, so doch auf natürlichem Wege dazu, daß wir uns diese Intelligenz als eine einzige und ungeteilte vorstellen, sofern die anerzogenen Vorurteile sich einer so vernünftigen Theorie nicht widersetzen. Selbst die Gegensätzlichkeiten in der Natur, wie sie überall zum Vorschein kommen, werden zu Beweisen für eine übereinstimmende Absicht und bekunden einen einzigen Zweck oder Plan, wie unerklärlich und unfaßbar er auch sein mag.

Gutes und Böses, Glück und Elend, Weisheit und Torheit, Tugend und Laster sind überall miteinander vermischt und vermengt. Nichts ist rein und ganz aus einem Guß. Alle Vorteile sind von Nachteilen begleitet. Eine universelle Ausgleichung herrscht in allen Lebens- und Daseinsformen vor. Und mit unseren phantastischsten Wünschen ist es uns nicht möglich, die Vorstellung eines in jeder Hinsicht begehrenswerten Zustandes zu bilden. Der Lebenstrank wird nach dem Bild des Dichters stets aus den Gefäßen beider Hände Jupiters gemischt; wird aber einmal ein ganz reiner Becher dargereicht, so ist er, wie uns derselbe Dichter[a] sagt, nur aus dem Gefäß in seiner linken Hand gefüllt.

Je vorzüglicher ein Gut ist, von dem uns eine kleine Probe gewährt wird, desto bitterer ist das damit verbundene Übel; und von diesem gleichbleibenden Naturgesetz lassen sich nur wenige Ausnahmen finden. Der sprühendste Witz grenzt an Tollheit, die höchsten Freudenausbrüche rufen die tiefste Melancholie hervor, die entzückendsten Vergnügen werden von den grausamsten Mattheits- und Ekelgefühlen begleitet, die schmeichelhaftesten Hoffnungen machen den tiefsten Enttäuschungen Platz. Besitzt ja überhaupt keine Lebensführung eine solche Sicherheit wie die gemäßigte und einfache (denn an Glück läßt sich im Traum nicht denken), die ein möglichstes Mittelmaß und eine Art Unempfindlichkeit in allen Dingen bewahrt.

So wie wir das Gute, das Große, das Erhabene, das Entzükkende vorzüglich in den echten Prinzipien des Theismus antreffen, so dürfen wir nach der Analogie der Natur erwarten, daß das Niedere, das Absurde, das Gemeine, das Schreckenerregende sich gleichermaßen in den religiösen Fiktionen und Phantastereien finden lassen wird.

Die universale Neigung, an eine unsichtbare, intelligente Macht zu glauben, ist, wennschon nicht ein ursprünglicher Instinkt, so doch zumindest eine allgemeine Begleiterscheinung der menschlichen Natur, die als eine Art Kennzeichen oder Mal angesehen werden darf, das der göttliche Werkmeister seinem Werk eingeprägt hat; und gewiß kann nichts das Menschengeschlecht mehr ehren, als auf diese Weise von allen anderen Teilen der Schöpfung auserwählt zu sein und das Bild oder den Stempel des universalen Schöpfers zu tragen. Man betrachte jedoch einmal dieses Bild, wie es sich in den volkstümlichen Religionen der Welt zeigt. Wie wird die Gottheit in den Vorstellungen entstellt, die man sich von ihr macht! Welche Launenhaftigkeit, Vernunftwidrigkeit und Sittenlosigkeit wird ihr nicht beigelegt! Wie tief wird sie selbst unter den Charakter herabgesetzt, den wir im gewöhnlichen Leben jedem verständigen und tugendhaften Menschen ganz natürlich zuschreiben sollten!

Was für ein edles Vorrecht ist es doch für die menschliche Vernunft, die Erkenntnis des höchsten Wesens zu erlangen und von den sichtbaren Naturwerken auf ein so erhabenes Prinzip wie das ihres höchsten Schöpfers schließen zu können! Aber man betrachte einmal die Kehrseite der Medaille. Wenn man die meisten Völker und Jahrhunderte überblickt und diejenigen religiösen Prinzipien untersucht, die tatsächlich in der Welt geherrscht haben, so wird man kaum zu der Überzeugung gelangen, daß sie etwas anderes als die Träume kranker Menschen sind; es sei denn, man zöge es vor, sie eher für übermütige Grillen von Affen in Menschengestalt als für ernsthafte, bestimmte und dogmatische Überzeugungen eines sich selbst mit dem Namen »vernünftig« schmückenden Wesens zu halten.

Hört man die verbalen Beteuerungen der Leute an, so ist nichts so gewiß wie die Lehre ihrer Religion; untersucht man jedoch ihren Lebenswandel, so wird man kaum annehmen, daß sie das geringste Vertrauen in sie setzen.

Der größte und aufrichtigste Eifer gewährt uns keine Sicherheit vor der Heuchelei; die offensichtlichste Gottlosigkeit ist von geheimer Furcht und Gewissensbissen begleitet.

Es gibt keine noch so schreienden theologischen Unsinnigkeiten, die nicht bisweilen von Leuten mit größtem und gebildetstem Verstand angenommen, und keine noch so strengen religiösen Vorschriften, die nicht von den wollüstigsten und lasterhaftesten Menschen befolgt worden wären.

»Unwissenheit ist die Mutter der Frömmigkeit«: ein Satz der sprichwörtlich[b] ist und durch allgemeine Erfahrung bestätigt wird. Man halte nach einem Volk Ausschau, das ohne jede Religion ist. Wenn sich ein solches überhaupt findet, dann darf man sicher sein, daß die Menschen dort nur wenige Grade von den Tieren entfernt sind.

Was ist so rein wie manche Sittenlehren, die in einigen theologischen Systemen enthalten sind? Was ist so verderbt wie einige der Handlungen, die von diesen Systemen veranlaßt werden?

Die tröstenden Aussichten, die uns der Glaube an ein zukünftiges Leben eröffnet, sind entzückend und herrlich. Wie schnell aber vergehen sie angesichts seiner Schrecken, die fester und dauerhafter Besitz von dem menschlichen Gemüt ergreifen?

Das Ganze ist ein Rätsel, ein Änigma, ein unerklärliches Geheimnis. Zweifel, Ungewißheit und Unentschiedenheit des Urteils scheinen das einzige Ergebnis unserer sorgfältigsten Untersuchung in dieser Angelegenheit zu sein. Die Schwäche der menschlichen Vernunft ist jedoch so groß und die ansteckende Macht der Meinungen so unwiderstehlich, daß selbst dieser besonnene Zweifel kaum aufrecht erhalten werden könnte, wenn wir unseren Blickwinkel nicht erweiterten und die verschiedenen Arten des Aberglaubens durch ihre Gegenüberstellung in Streit miteinander brächten; indessen wir selbst, während sie gegeneinander wüten und toben, glücklich in das ruhige, wenn auch dunkle Gebiet der Philosophie entfliehen.

ÜBER ABERGLAUBE UND SCHWÄRMEREI

Daß die Entartung der besten Dinge die schlimmsten hervorbringt[a], ist sprichwörtlich geworden und wird gemeinhin neben anderen Beispielen durch die verderblichen Wirkungen von *Aberglaube* und *Schwärmerei*, den Entartungen der wahren Religion, bewiesen.

Diese zwei Arten unechter Religion sind, obwohl beide verderblich, doch von sehr unterschiedlicher und sogar entgegengesetzter Natur[b]. Der menschliche Geist ist gewissen unerklärlichen Ängsten und Befürchtungen ausgesetzt, die entweder von der unglücklichen Lage der privaten oder öffentlichen Angelegenheiten, von einer zerrütteten Gesundheit, einer düsteren und melancholischen Gemütsart oder dem Zusammentreffen aller dieser Umstände herrühren. In einer solchen Gemütsverfassung befürchtet der Mensch unzählige unbekannte Übel aus unbekannten Quellen; und wo keine tatsächlichen Gegenstände des Schreckens vorhanden sind, da erdichtet sich die auf ihren eigenen Schaden hinarbeitende Seele, indem sie ihre vorherrschende Neigung nährt, derartige Phantasieobjekte, deren Macht und Feindseligkeit sie keine Grenzen setzt. Da diese Feinde gänzlich unsichtbar und unbekannt sind, so sind auch die zu ihrer Besänftigung gewählten Verfahren ebenso sonderbar und bestehen in Zeremonien, Observanzen, Kasteiungen, Opfern, Geschenken oder in irgendwelchen absurden und wertlosen Praktiken, die Torheit oder Schurkerei der blinden und furchtsamen Leichtgläubigkeit empfiehlt. Schwachheit, Furcht und Schwermut, verbunden mit Unwissenheit, sind daher die wahre Quelle des Aberglaubens.

Aber der menschliche Geist ist auch einer außerordentlichen Erhebung und Vermessenheit fähig, die von glücklichen Erfolgen, einer unverwüstlichen Gesundheit, energischer Gemütsverfassung oder einer mutigen und zuversichtlichen Veranlagung herrühren. In einer solchen Gemütsverfassung schwillt die Einbildungskraft mit großartigen, aber verworrenen Vorstellungen an, denen keine irdischen Schönheiten und Freuden zu entsprechen vermögen. Alles Sterbliche und Vergängliche verschwindet als keiner Beachtung würdig, und der Phantasie wird in dieser unsichtbaren Region oder Geisterwelt ein weiter Spielraum eröffnet, wo es der Seele freisteht, sich jeder Einbildung hinzugeben, die zu ihrer gegenwärtigen Neigung und Gemütsverfassung am besten paßt. Daher kommen die Ausbrüche des Entzückens, die Taumel und die überraschenden Flüge der Phantasie. Und wenn Dreistigkeit und Vermessenheit noch zunehmen, dann werden diese ganz und gar unerklärlichen Empfindungen, die anscheinend weit jenseits des Fassungsvermögens unserer gewöhnlichen Geisteskräfte liegen, der unmittelbaren Eingebung jenes göttlichen Wesens zugeschrieben, das der Gegenstand der Verehrung ist. Innerhalb kurzer Zeit gelangt die inspirierte Person dahin, sich selbst als einen auserwählten Liebling der Gottheit anzusehen; und wenn diese Besessenheit, die den Gipfel der Schwärmerei darstellt, sich einmal der Seele bemächtigt hat, dann wird jedes Wahngebilde für heilig gehalten. Menschliche Vernunft und selbst Moralität werden als trügerische Führer verworfen, und der wahnsinnige Schwärmer überläßt sich blindlings und rückhaltlos den vermeintlichen Einflüssen des Geistes und der himmlischen Eingebung. Hoffnung, Stolz, Vermessenheit, eine lebhafte Einbildungskraft, verbunden mit Unwissenheit, sind daher die wahre Quelle der Schwärmerei[c].

Diese zwei Arten unechter Religion können Anstoß zu manchen Betrachtungen geben, jedoch werde ich mich hier auf einige Bemerkungen hinsichtlich ihres verschiedenen Einflusses auf Regierung und Gesellschaft beschränken.

Meine *erste* Bemerkung lautet, *daß der Aberglaube vorteilhaft für die Macht der Priester ist und daß ihr die Schwärmerei nicht weniger oder eher noch mehr entgegengesetzt ist als gesunde Vernunft und Philosophie.* Da der Aberglaube auf Angst, Leid und Niedergeschlagenheit gegründet ist, stellt er dem Menschen sich selbst in derart verächtlichen Farben dar, daß er in seinen eigenen Augen unwürdig erscheint, sich der Gottheit zu nähern, und natürlicherweise zu irgendeiner anderen Person Zuflucht nimmt, deren heiliges Leben oder vielleicht Unverschämtheit und Verschlagenheit dazu geführt hat, daß man von ihr glaubt, sie erfreue sich eines größeren Wohlwollens bei der Gottheit. Dieser Person vertrauen die Abergläubischen ihre Andacht an, ihrer Fürsorge empfehlen sie ihre Gebete, Bitten und Opfer und hoffen, ihre

Huldigungen auf diese Weise der erzürnten Gottheit annehmbar zu machen. Das ist der Ursprung der Priester[*], die man zu Recht als eine Erfindung[**] eines furchtsamen und verächtlichen Aberglaubens betrachten kann, der immer mißtrauisch sich selbst gegenüber ist und es nicht wagt, seine Anbetung selbst darzubringen, sondern aus Unwissenheit glaubt, sich der Gottheit durch die Vermittlung ihrer angeblichen Freunde und Diener zu empfehlen. Da nun der Aberglaube ein beträchtlicher Bestandteil fast aller, ja selbst der fanatischsten Religionen ist – wobei nichts außer der Philosophie diese seltsamen Schrecken gänzlich zu besiegen vermag[d] –, so sind denn auch in nahezu allen religiösen Sekten Priester anzutreffen. Je stärker aber die Beimischung des Aberglaubens ist, desto größer ist das Ansehen der Priesterschaft[***].

[* Die folgende Fußnote ist den Ausgaben von 1748 bis 1760 beigefügt:]

Unter *Priestern* verstehe ich hier nur diejenigen, die Anspruch auf Macht, Herrschaft und eine von Tugend und guten Sitten verschiedene höhere Heiligkeit des Charakters erheben. Sie sind von *Geistlichen* sehr unterschieden, die *durch die Gesetze* zur Pflege der heiligen Angelegenheiten und zur schicklicheren und ordentlicheren Leitung unserer öffentlichen Andacht verpflichtet sind. Es gibt keinen Stand, der mehr Achtung verdiente als der letztere.

[** In den Ausgaben von 1748 bis 1760 las man:]

... als eine der rohesten Erfindungen ...

[*** In den Ausgaben von 1748 bis 1768 stand hier die folgende Fußnote:]

Der moderne Judaismus und das Pfaffentum (besonders das letztere), die den unphilosophischsten und absurdesten Aberglauben darstellen, den die Welt bislang gesehen hat, werden von ihren Priestern am meisten geknechtet. So wie man von der Kirche von England zu Recht sagen kann, daß sie eine gewisse Mischung des papistischen Aberglaubens beibehält, so hat sie auch besonders hinsichtlich der Achtung, die sie der Stellung des Priesters gegenüber verlangt, ihrer ursprünglichen Anlage nach einen Hang zu priesterlicher Macht und Herrschaft an sich. Und obschon nach der Ansicht dieser Kirche die Gebete des Priesters von denen der Laien begleitet sein müssen, so ist er doch der Mund der Versammlung, seine Person ist geweiht, und ohne seine Anwesenheit würden nur wenige glauben, daß ihre öffentliche Andacht oder die Sakramente und andere Riten der Gottheit willkommen wären.

Auf der anderen Seite kann man bemerken, daß alle Schwärmer frei vom kirchlichen Joch gewesen sind und bei ihrer Andacht eine große Unabhängigkeit verbunden mit einer Verachtung des Formalen, der Zeremonien und Traditionen an den Tag gelegt haben. Die *Quäker*[e] sind die ungeheuerlichsten, obzwar gleichzeitig die harmlosesten Schwärmer, die man je kennengelernt hat; und sie sind vielleicht die einzige Sekte, die niemals Priester unter sich geduldet hat. Von allen englischen Sektierern kommen die *Independenten*[f] den *Quäkern* in ihrem Fanatismus und ihrer Freiheit von priesterlicher Knechtschaft am nächsten. Ihnen folgen die *Presbyterianer*[g] mit gleichem Abstand in beiden Punkten. Kurz, diese Beobachtung gründet in Erfahrung, wird zugleich aber auch in der Vernunft begründet zu sein scheinen, wenn wir bedenken, daß die Schwärmerei, weil sie aus vermessenem Stolz und Dreistigkeit entsteht, sich selbst für hinlänglich geeignet hält, um sich der Gottheit ohne irgendeinen menschlichen Vermittler zu *nähern.* Ihre leidenschaftlichen Andachten sind so inbrünstig, daß sie sogar glaubt, sich der Gottheit durch Kontemplation und innere Einkehr *tatsächlich* zu *nähern;* was dazu führt, daß sie all jene äußerlichen Zeremonien und Observanzen mißachtet, zu denen der Beistand der Priester nach der Meinung ihrer abergläubischen Anhänger so nötig erscheint. Der Schwärmer heiligt sich gleichsam selbst und verleiht sich selbst einen heiligen Charakter, der alles weit übertrifft, was Bräuche und zeremonielle Satzungen einem anderen gewähren können.

Meine *zweite* Bemerkung hinsichtlich dieser Arten unechter Religion lautet, *daß Religionen, die etwas von Schwärmerei an sich haben, anfänglich zwar wilder und heftiger sind als diejenigen, die am Aberglauben teilhaben, aber in kurzer Zeit sanfter und gemäßigter werden.* Die Heftigkeit dieser Religionsart, wenn sie mit ihrer Neuheit gereizt und durch Widerstand angefacht wird, geht aus zahllosen Beispielen hervor; der *Wiedertäufer*[h] in Deutschland, der *Kamisarden*[i] in Frankreich, der *Levellers*[j] und anderer Fanatiker in England und der *Covenanter*[k] in Schottland. Da die Schwärmerei in einer energischen Gemütsverfassung und einer vermessenen Kühnheit des Charakters gründet, so bringt sie natürlicherweise die außerordentlichsten Entschlüsse hervor; besonders wenn sie sich zu einer solchen Höhe erhoben hat, daß sie dem betrogenen Fanatiker die Meinung von göttlichen Erleuchtungen und eine Verachtung für die gewöhnlichen Regeln der Vernunft, Moralität und Klugheit einflößt.

Auf diese Weise bringt die Schwärmerei die schrecklichste Unordnung in der menschlichen Gesellschaft hervor; aber ihre Heftigkeit gleicht der von Donner und Sturm, die sich in kurzer Zeit erschöpft und den Himmel heiterer und ruhiger hinterläßt als er vorher war. Wenn das erste Feuer der Schwärmerei vorüber ist, fallen die Menschen aller fanatischen Sekten natürlicherweise in die größte Nachlässigkeit und Gleichgültigkeit heiligen Angelegenheiten gegenüber, weil es keine mit genügender Autorität ausgestattete Gruppe unter den Menschen gibt, deren Interesse es erforderte, den Geist des Religiösen wach zu halten. Es gibt keine Riten, keine Zeremonien, keine heiligen Observanzen, die in den gewöhnlichen Lebensablauf einfließen und die heiligen Regeln vor dem Vergessen bewahren könnten. Der Aberglaube hingegen schleicht sich nach und nach und unmerklich ein, macht die Menschen zahm und unterwürfig, ist der Obrigkeit angenehm und scheint dem Volk unschädlich zu sein, bis schließlich die Priester, nachdem sie ihre Macht fest begründet haben, durch ihre endlosen Streitereien, Verfolgungen und Religionskriege die Tyrannen und Zerstörer der menschlichen Gesellschaft werden. Wie sanft ging nicht die Römische Kirche bei ihrer Machterwerbung vor? Aber in welch schreckliche Erschütterungen hat sie nicht ganz Europa geworfen, um jene Macht zu erhalten! Auf der anderen Seite sind unsere Sektierer, die vormals so gefährliche Frömmler waren, jetzt sehr große Freidenker geworden; und die *Quäker* scheinen beinahe der einzigen richtigen Gemeinschaft von *Deisten* in der Welt gleichzukommen: den *Gelehrten* oder den Schülern des Konfuzius in China[1].

Meine *dritte* Bemerkung zu diesem Thema lautet, *daß der Aberglaube ein Feind und die Schwärmerei ein Freund der bürgerlichen Freiheit ist;* eine Bemerkung, die schon dadurch hinlänglich bewiesen wird, daß der Aberglaube unter der Herrschaft der Priester stöhnt, die Schwärmerei hingegen alle kirchliche Macht aufhebt; nicht zu erwähnen, daß die Schwärmerei als

[1] Die chinesischen Gelehrten haben weder Priester noch kirchliche Einrichtungen.

Krankheitsbild einer kühnen und ehrgeizigen Gemütsart natürlicherweise von einem Geist der Freiheit begleitet wird, so wie auf der anderen Seite der Aberglaube die Menschen zahm und kriecherisch macht und sie zur Sklaverei abrichtet. Aus der englischen Geschichte lernen wir, daß die *Independenten* und *Deisten* während der Bürgerkriege, obwohl sie die am meisten entgegengesetzten religiösen Grundsätze vertraten, in ihren politischen Zielsetzungen doch vereint waren und mit gleicher Leidenschaft für das Gemeinwesen eintraten. Und seit dem Ursprung der *Whigs*[l] und *Tories*[m] sind die Führer der *Whigs* in ihren Grundsätzen entweder *Deisten* oder erklärte *Latitudinarier* gewesen, d.h. Freunde der Toleranz und gleichgültig jeder besonderen Sekte des *Christentums* gegenüber; unterdessen die Sektierer, die alle einen starken Zug von Schwärmerei an sich haben, bei der Verteidigung der bürgerlichen Freiheit ausnahmslos zu dieser Partei gehalten haben. Die Ähnlichkeit in ihren abergläubischen Meinungen vereinigte die hochkirchlichen *Tories* lange Zeit mit den *Katholiken* zur Unterstützung ihrer Vorrechte und der königlichen Gewalt; obgleich die Erfahrung des duldsamen Geistes der *Whigs* die *Katholiken* mit dieser Partei neuerdings wieder versöhnt zu haben scheint.

Die *Molinisten*[n] und *Jansenisten*[o] Frankreichs führen tausende von unverständlichen Disputen, die der Erwägung eines vernünftigen Menschen nicht wert sind. Was aber diese beiden Sekten hauptsächlich unterscheidet und allein Beachtung verdient, das ist der verschiedene Geist ihrer Religion. Die von den *Jesuiten*[p] angeführten *Molinisten* sind große Freunde des Aberglaubens, strenge Beobachter äußerlicher Formen und Zeremonien sowie der Gewalt der Priester und der Tradition ergeben. Die *Jansenisten* sind Schwärmer und eifrige Förderer einer leidenschaftlichen Andacht und des inneren Lebens, die wenig durch Autorität beeinflußt und mit einem Wort nur halbe Katholiken sind. Die Folgen stimmen mit der vorhergehenden Überlegung genau überein. Die *Jesuiten* sind der Tyrann des Volkes und der Sklave des Hofes, und die *Jansenisten* halten die kleinen Funken der Freiheitsliebe lebendig, die man im französischen Volk antrifft.

ÜBER DIE UNSTERBLICHKEIT DER SEELE

Es scheint schwierig, durch das Licht der Vernunft allein die Unsterblichkeit der Seele zu beweisen. Die Argumente dafür werden gewöhnlich entweder aus *metaphysischen, moralischen* oder *physischen* Überlegungen hergeleitet. In Wirklichkeit aber ist es das Evangelium allein, das Leben und Unsterblichkeit ans Licht gebracht hat.

I. Es ist ein Gemeinplatz der Metaphysik, daß die Seele immateriell[a] und daß es für das Denken unmöglich ist, einer materiellen Substanz anzugehören.

Aber die rechte Metaphysik lehrt uns, daß der Begriff der Substanz ganz und gar verworren und unvollkommen ist[b] und daß wir keine andere Vorstellung von einer Substanz haben als die eines Aggregats bestimmter Eigenschaften, die einem unbekannten Etwas innewohnen. Materie und Geist sind daher im Grunde gleichermaßen unbekannt, und wir vermögen nicht zu bestimmen, welche Eigenschaften der einen oder dem anderen innewohnen.

Ebenso lehrt sie uns, daß über Ursache und Wirkung nichts *a priori* entschieden werden kann[c] und daß wir, da Erfahrung die einzige Quelle unserer Urteile dieser Art ist, nirgendwo anders her wissen können, ob die Materie auf Grund ihrer Struktur und Anordnung nicht die Ursache des Denkens sein kann. Abstrakte Gedankengänge können keine Frage mit Bezug auf Tatsachen oder Existenz entscheiden[d].

Räumen wir jedoch einmal ein, daß eine geistige Substanz wie etwa das ätherische Feuer der *Stoiker* im ganzen Universum verteilt sei und daß sie das einzige Substrat wäre, das das Denken trage, so haben wir Grund, nach der *Analogie* zu schließen, daß die Natur sie in der gleichen Weise gebraucht wie die andere Substanz, die Materie. Sie verwendet sie als eine Art Teig oder Ton, bildet sie in mannigfache Formen und Existenzen um, löst nach einiger Zeit jede Modifikation wieder auf und fügt den Stoff in eine neue Form. Wie dieselbe materielle Substanz nach und nach die Körper aller Lebewesen bilden kann, so kann dieselbe geistige Substanz ihre Seelen bilden. Ihr Bewußtsein oder das Gedankensystem, das sie während des Lebens bildeten, mag durch den Tod jedesmal aufgelöst werden; und nichts interessiert sie an der neuen Modifikation. Die entschiedensten Verfechter der Sterblichkeit der Seele haben niemals die Unsterblichkeit ihrer Substanz geleugnet; und daß eine immaterielle Substanz ebensogut wie eine materielle ihr Gedächtnis oder Bewußtsein verlieren kann, ergibt sich wenigstens zum Teil aus der Erfahrung, wenn denn die Seele immateriell sein sollte.

Wenn wir dem gewöhnlichen Naturablauf gemäß schließen und kein neues Eingreifen der höchsten Ursache annehmen, das in der Philosophie niemals zugelassen werden sollte, so ist das, was unvergänglich ist, auch unerzeugbar. Folglich existierte die Seele, wenn sie unsterblich ist, vor unserer Geburt. Und wenn uns diese frühere Existenz nichts anging, so wird es auch die spätere nicht tun.

Es steht außer Zweifel, daß die Tiere fühlen, denken, lieben, hassen, wollen und sogar überlegen, wenn auch in einer weniger vollkommenen Weise als die Menschen[e]. Sind ihre Seelen deshalb auch immateriell und unsterblich?

II. Wir wollen jetzt die *moralischen* Argumente erwägen, hauptsächlich jene, die aus der Gerechtigkeit Gottes hergeleitet werden, von der man annimmt, daß sie an der künftigen Bestrafung der Lasterhaften und der Belohnung der Tugendhaften interessiert sei.

Aber diese Argumente gründen auf der Annahme, daß Gott Eigenschaften außer den in dieser Welt manifestierten habe, mit denen wir allein vertraut sind[f]. Woher schließen wir auf das Dasein dieser Eigenschaften?

Wir dürfen mit großer Sicherheit behaupten, daß alles, von dem wir wissen, daß es die Gottheit wirklich getan hat, das Beste ist, aber es ist sehr gefährlich zu behaupten, daß sie immer dasjenige tun muß, was uns das Beste scheint[g]. In wie vielen Fällen würde uns dieser Schluß hinsichtlich der gegenwärtigen Welt nicht in die Irre führen.

Wenn aber irgendein Zweck der Natur klar ist, so dürfen wir behaupten, daß, soweit wir durch natürliche Vernunft urteilen können, die ganze Zielsetzung und Absicht bei der Schöpfung des Menschen auf das gegenwärtige Leben begrenzt ist. Mit welch schwacher Anteilnahme blickt er infolge der ursprünglichen, ihm angeborenen Beschaffenheit des Geistes und der Leidenschaften jemals über dieses Leben hinaus? Gibt es einen Vergleich, sei es bezüglich Festigkeit oder Wirksamkeit, zwischen einer derart schwankenden Vorstellung und der zweifelhaftesten Überzeugung von irgendeiner Tatsache, die im täglichen Leben vorkommt?

In der Tat entstehen in einigen Gemütern unerklärliche Schrecken hinsichtlich der Zukunft. Diese würden jedoch bald verschwinden, wenn sie nicht künstlich durch Lehre und Erziehung gepflegt würden. Und was ist das Motiv derjenigen, die sie pflegen? Bloß die Gewinnung eines Lebensunterhaltes und der Erwerb von Macht und Reichtum in dieser Welt[h]. Ihr eigener Eifer und Fleiß sind daher Argumente gegen sie.

Welche Grausamkeit, welche Schlechtigkeit, welche Ungerechtigkeit der Natur, unser ganzes Interesse und all unsere Kenntnisse auf das gegenwärtige Leben zu beschränken, wenn ein anderer Schauplatz von unendlich größerer Bedeutung noch auf uns wartet. Dürfte dieser barbarische Betrug einem gütigen und weisen Wesen zugeschrieben werden?

Man beobachte, mit welch genauer Angemessenheit die auszuführende Aufgabe und die ausführenden Kräfte in der ganzen Natur einander angepaßt sind. Wenn die Vernunft des Menschen ihm eine große Überlegenheit über die anderen Lebewesen verschafft, so sind seine Bedürfnisse in entsprechender Weise vermehrt. Seine ganze Zeit, seine ganze Fähigkeit, Tätigkeit, Tapferkeit und Leidenschaftlichkeit finden ausreichend Beschäftigung in der Abwehr der Leiden seines gegenwärtigen Zustandes; und oft, ja fast immer sind sie für die ihnen zugewiesene Aufgabe zu schwach.

Ein Paar Schuhe ist vielleicht noch nie bis zu dem höchsten Grad an Vollkommenheit gebracht worden, die dieser Gebrauchsgegenstand erreichen kann; und doch ist es notwendig, oder wenigstens sehr nützlich, daß es einige Staatsmänner und Sittenlehrer, ja sogar einige Geometer, Dichter und Philosophen unter den Menschen gibt.

Wenn wir allein dieses Leben in Betracht ziehen, so sind die Kräfte der Menschen ihren Bedürfnissen nicht mehr überlegen als die der Füchse und Hasen im Vergleich zu *ihren* Bedürfnissen und *ihrer* Lebensdauer. Der Schluß aus der Gleichheit des Grundes liegt daher auf der Hand.

Bei der Theorie der Sterblichkeit der Seele läßt sich die Unterlegenheit der Leistungsfähigkeit der Frauen leicht erklären: Ihr häusliches Leben verlangt weder höhere geistige noch körperliche Fähigkeiten. Bei der religiösen Theorie fällt dieser Umstand weg und wird ganz bedeutungslos: Das eine Geschlecht hat die gleiche Aufgabe zu erfüllen wie das andere. Ihre Verstandes- und Willenskräfte müßten ebenfalls gleich sein, und zwar beide unendlich größer als jetzt.

Da jede Wirkung eine Ursache voraussetzt und diese wiederum eine andere, bis wir zu der ersten Ursache von allem kommen, die die *Gottheit* ist, so ist alles, was sich ereignet, von ihr angeordnet, und nichts kann Gegenstand ihrer Strafe oder Rache sein.

Nach welcher Regel sind Strafen und Belohnungen ausgeteilt? Was ist das göttliche Maß von Verdienst und Schuld? Sollen wir annehmen, daß menschliche Empfindungen in der Gottheit stattfinden? Wie verwegen diese Annahme auch sei, wir haben keinen Begriff von irgendwelchen anderen Empfindungen.

Nach menschlichem Empfinden sind Verstand, Mut, gute Sitten, Fleiß, Klugheit, Genie usw. wesentliche Bestandteile des persönlichen Verdienstes. Sollen wir demnach ein Elysium für Dichter und Helden errichten wie das der alten Mythologie? Warum sollte man alle Belohnungen auf eine Art von Tugend beschränken?

Bestrafung ohne Zweck und Absicht ist mit *unseren* Vorstellungen von Güte und Gerechtigkeit unvereinbar; und kein Zweck kann durch sie gefördert werden, wenn das ganze Spiel vorbei ist.

Nach *unseren* Begriffen sollte die Strafe dem Vergehen angemessen sein. Warum dann ewige Strafen für die zeitlichen Vergehen eines so schwachen Geschöpfes wie des Menschen? Kann irgend jemand die Wut *Alexanders* billigen, der beabsichtigte, ein ganzes Volk auszulöschen, weil man ihm sein Lieblingspferd Bucephalus[1] geraubt hatte?

[1] Quintus Curtius Rufus: *Historiae Alexandri Magni Macedonis.* Buch VI, Kap. 5, § 19.

Himmel und Hölle setzen zwei verschiedene Arten von Menschen voraus, die guten und die bösen. Aber der größte Teil der Menschheit schwankt zwischen Laster und Tugend.

Wenn jemand in der Absicht die Welt durchwandern wollte, den Rechtschaffenen eine gute Mahlzeit und den Bösen eine ordentliche Tracht Prügel zu geben, so würde ihm die Wahl häufig schwerfallen und er würde feststellen, daß Verdienst und Schuld der meisten Männer und Frauen kaum groß genug sind, um weder das eine noch das andere zu rechtfertigen.

Einen anderen als den menschlichen Maßstab von Billigung und Tadel vorauszusetzen, bringt alles durcheinander. Woher, wenn nicht aus unseren eigenen Empfindungen, lernen wir, daß es so etwas wie moralische Unterscheidungen gibt?

Wer könnte, wenn er keine persönliche Beleidigung erfahren hat (und welcher gutartige Mensch könnte es selbst dann), allein aus dem Gefühl der Mißbilligung heraus für Verbrechen auch nur die gewöhnlichen, leichten Strafen des Gesetzes verhängen? Und stählt irgend etwas die Brust unserer Richter und Geschworenen gegen die Empfindungen der Menschlichkeit außer der Rücksicht auf Notwendigkeit und öffentliches Interesse?

Nach römischem Gesetz wurden diejenigen, die sich des Vatermordes schuldig gemacht und ihr Verbrechen eingestanden hatten, zusammen mit einem Affen, einem Hund und einer Schlange in einen Sack gesteckt und in den Fluß geworfen. Der Tod allein war die Strafe derer, die ihre Schuld leugneten, wenn sie auch noch so erwiesen war. Ein Verbrecher wurde von *Augustus* verhört und nach vollständiger Überführung verurteilt; der letzten Frage aber gab der menschenfreundliche Herrscher eine solche Wendung, daß sie den armen Teufel zur Leugnung seiner Schuld brachte. »Nicht wahr«, sagte der Herrscher, »du hast deinen Vater nicht umgebracht?«[2] Diese Milde selbst dem schwersten aller Verbrechen gegenüber und selbst wenn sie ein noch so geringfügiges Leid verhindert, entspricht unseren natürlichen Vorstellungen von Recht. Ja auch der bigotteste Priester würde sie, wenn er Überlegungen ausschaltete und seinem natürlichen Gefühl folgte, billigen; vorausgesetzt, daß es sich bei dem

[2] Sueton: *Divus Augustus.* Kap. 33, § 1.

Verbrechen nicht um Ketzerei oder Ungläubigkeit handelt. Denn da diese Verbrechen ihn selbst in seinen *zeitlichen* Interessen und Vorteilen schädigen, möchte er ihnen gegenüber vielleicht ganz und gar nicht so nachsichtig sein.

Die Hauptquelle moralischer Vorstellungen ist die Erwägung der Interessen der menschlichen Gesellschaft. Verdienen diese so kurzen, so geringfügigen Interessen durch ewige und unendliche Strafen geschützt zu werden? Die Verdammnis eines einzigen Menschen ist ein unendlich größeres Übel in der Welt als der Umsturz von tausend Millionen Königreichen.

Die Natur hat das frühe Kindesalter des Menschen besonders schwach und für den Tod anfällig gemacht, als wollte sie die Vorstellung einer Bewährungszeit widerlegen. Die Hälfte der Menschen stirbt, bevor sie vernünftige Lebewesen sind.

III. Die *physischen* Argumente aus der Analogie der Natur sprechen deutlich für die Sterblichkeit der Seele, und sie sind wirklich die einzigen philosophischen Argumente, die bei dieser Frage oder überhaupt einer Tatsachenfrage zugelassen werden sollten.

Wo immer zwei Gegenstände so eng verknüpft sind, daß alle Veränderungen, die wir jemals bei dem einen gesehen haben, von entsprechenden Veränderungen bei dem anderen begleitet werden, da sollten wir nach allen Regeln der Analogie schließen, daß, wenn noch größere Veränderungen in dem ersteren herbeigeführt werden und er vollständig vernichtet wird, eine vollständige Vernichtung des letzteren daraus folgt.

Der Schlaf, eine sehr geringfügige Einwirkung auf den Körper, wird von einem zeitweiligen Erlöschen, wenigstens einer großen Verwirrung in der Seele begleitet.

Die Schwachheit des Körpers und des Geistes sind in der Kindheit einander genau angepaßt; ihre Stärke im Mannesalter, ihre sympathetische Störung bei Krankheit, ihr gemeinsamer allmählicher Verfall im Alter. Der weitere Schritt scheint unvermeidlich: ihre gemeinsame Auflösung im Tod.

Die letzten Symptome, in denen der Geist sich äußert, sind Störung, Schwäche, Empfindungslosigkeit und Stumpfsinn, die Vorläufer seiner Vernichtung. Das weitere Fortschreiten derselben Ursachen löscht ihn, indem es dieselben Wirkungen steigert, vollständig aus.

Wenn wir nach der gewöhnlichen Analogie der Natur urteilen, so kann keine Art fortbestehen, wenn sie in Lebensbedingungen versetzt wird, die von ihren ursprünglichen sehr verschieden sind. Bäume gehen im Wasser zugrunde, Fische in der Luft, Tiere in der Erde. Selbst ein so geringfügiger Unterschied wie der des Klimas wirkt sich oft tödlich aus. Welchen Grund gibt es folglich sich einzubilden, daß eine so ungeheuere Veränderung, wie sie die Seele durch die Auflösung des Körpers und all seiner Denk- und Empfindungsorgane erfährt, ohne die Auflösung des Ganzen vor sich gehen könnte?

Alles ist gemeinsam zwischen Seele und Körper. Die Organe der einen sind alle zugleich Organe des anderen. Folglich muß auch die Existenz der einen von der des anderen abhängig sein.

Die Seelen der Tiere sind anerkanntermaßen sterblich, und diese sind den Seelen der Menschen so ähnlich, daß die Analogie zwischen ihnen ein sehr starkes Argument darstellt. Ihre Körper sind den unsrigen nicht ähnlicher; dennoch verwirft niemand das Argument aus der vergleichenden Anatomie. Die *Metempsychose*[i] ist daher das einzige System dieser Art, dem die Philosophie Beachtung schenken darf.

Nichts ist ewig in dieser Welt. Alles, wie beständig es auch scheinen mag, ist in beständigem Fluß und Wechsel. Die Welt selbst zeigt Symptome von Schwäche und Auflösung. Wie entgegen aller Analogie ist es daher, sich einzubilden, daß eine einzige Art, die anscheinend schwächste von allen und den größten Störungen unterworfene, unsterblich und unauflöslich sei? Was für eine verwegene Theorie ist das! Wie unbesonnen, um nicht zu sagen wie überstürzt aufgestellt!

Auch die Frage, wie man mit der unendlichen Zahl posthumer Existenzen fertig wird, muß der religiösen Theorie Schwierigkeiten bereiten. Es steht uns frei, uns jeden Planeten in jedem Sonnensystem als von intelligenten, sterblichen Wesen bewohnt vorzustellen; zumindest läßt sich das Gegenteil nicht beweisen. Für diese muß folglich bei jeder Generation ein neues Universum jenseits der Grenzen des gegenwärtigen erschaffen werden, oder es müßte am Anfang ein so ungeheuer weites Universum erschaffen worden sein, daß es diesen unaufhörlichen Zustrom fassen könnte. Darf eine Philosophie so kühne Voraussetzungen annehmen, und das lediglich unter dem Schein einer bloßen Möglichkeit?

Wenn gefragt wird, ob *Agamemnon, Thersites, Hannibal, Nero* und jeder dumme Bursche, der jemals in *Italien, Skythien, Baktrien* oder *Guinea* gelebt hat, jetzt am Leben ist, kann da jemand meinen, daß eine Durchforschung der Natur Beweismittel liefern würde, die stark genug wären, eine so seltsame Frage bejahend zu beantworten? Der Mangel an Beweisen – von der Offenbarung abgesehen – begründet hinlänglich die Verneinung.

»Quanto facilius«, sagt Plinius[3], »certiusque sibi quemque credere, ac specimen securitatis antegenitali sumere experimento«[j]. Unsere Empfindungslosigkeit vor der Bildung des Körpers scheint der natürlichen Vernunft einen gleichen Zustand nach der Auflösung desselben zu beweisen.

Wäre unsere Furcht vor der Vernichtung eine ursprüngliche Gemütsbewegung und nicht die Wirkung unseres allgemeinen Verlangens nach Glück, so würde sie eher die Sterblichkeit der Seele beweisen. Denn da die Natur nichts umsonst tut, würde sie uns niemals Furcht vor einem unmöglichen Ereignis eingeben. Sie kann uns Furcht vor einem unvermeidlichen Ereignis eingeben, vorausgesetzt, daß unsere Bemühungen es wie in dem vorliegenden Fall oft auf einige Entfernung hinausschieben können. Der Tod ist letzten Endes unvermeidlich, aber das menschliche Geschlecht könnte sich nicht erhalten, wenn uns die Natur nicht einen Widerwillen gegen ihn eingepflanzt hätte.

Alle Lehren, die von unseren Neigungen begünstigt werden, sind verdächtig, und die Hoffnungen und Ängste, die diese Lehren verursachen, liegen offen auf der Hand.

Es ist bei jeder Kontroverse ein unendlicher Vorteil, die negative Seite zu verteidigen. Wenn die Frage außerhalb des gewöhnlichen erfahrungsmäßigen Naturablaufs liegt, ist dieser Umstand fast ganz, wenn nicht völlig entscheidend. Mit welchen Argumenten oder Analogien können wir einen Existenzzustand beweisen, den niemand jemals sah und der in keiner Weise einem gleicht, der jemals gesehen wurde? Wer wird soviel Vertrauen in irgendeine vorgebliche Philosophie setzen, um auf ihr Zeugnis hin die Wirklichkeit einer so wunderbaren Szenerie anzuerkennen? Eine neue Art Logik ist zu diesem Zweck erforderlich und

[3] *Naturalis historia.* Buch VII, Kap. 56, § 190.

einige neue Verstandesvermögen, die uns befähigen, diese Logik zu verstehen.

Nichts kann die unendliche Verpflichtung in ein helleres Licht setzen, die die Menschheit der göttlichen Offenbarung gegenüber hat, denn wir finden, daß kein anderes Mittel diese große und wichtige Wahrheit feststellen kann.

ÜBER SELBSTMORD

Ein beträchtlicher Nutzen, den die Philosophie bietet, besteht in dem unübertrefflichen Gegengift, das sie gegen Aberglauben und falsche Religion gewährt[a]. Alle anderen Heilmittel gegen diese verderbliche Krankheit sind vergeblich oder zumindest ungewiß. Schlichter gesunder Verstand und Weltkenntnis, die allein für die meisten Vorfälle des Lebens ausreichen, erweisen sich hier als unwirksam. Geschichte wie auch tägliche Erfahrung liefern Beispiele von Männern, die mit den größten Fähigkeiten für Geschäfte und sonstige Angelegenheiten versehen ihr ganzes Leben lang dem gröbsten Aberglauben sklavisch ergeben geblieben sind. Selbst Fröhlichkeit und ein sanftes Temperament, die Balsam in jede andere Wunde träufeln, liefern kein Heilmittel gegen ein derart bösartiges Gift; wie wir besonders daraus entnehmen können, daß das schöne Geschlecht, obwohl es gewöhnlich mit diesen kostbaren Gaben der Natur versehen ist, viele seiner Freuden durch diesen lästigen Eindringling vereitelt sieht[b]. Hat aber die gesunde Philosophie erst einmal die Herrschaft über den Verstand erlangt, dann ist der Aberglaube wirksam verbannt, und man kann rechtmäßigerweise behaupten, daß ihr Sieg über diesen Feind vollständiger ist als über die meisten Laster und Unvollkommenheiten, denen die menschliche Natur unterworfen ist. Liebe oder Zorn, Ehrgeiz oder Habsucht haben ihre Wurzel im Temperament und den Affekten, die die gesundeste Vernunft kaum jemals imstande ist, völlig zu berichtigen; aber der Aberglaube muß, da er auf falscher Meinung beruht, sofort verschwinden, sobald die wahre Philosophie richtigere Ansichten über die höheren Mächte hervorgebracht hat. Der Kampf zwischen Krankheit und Heilmittel ist hier ausgeglichener, und nichts kann das letztere daran hindern, sich als wirksam zu erweisen, als seine Unwahrheit und Falschheit.

Es wird hier überflüssig sein, die Verdienste der Philosophie durch Ausbreitung des verderblichen Einflusses desjenigen Lasters zu verherrlichen, von dem sie den menschlichen Geist heilt. Der abergläubische Mensch, sagt Cicero[1], ist in jeder Lage, in je-

[1] *De divinatione.* Buch II, Kap. 72, § 150[c].

dem Lebensereignis erbärmlich; selbst der Schlaf, der den unglücklichen Sterblichen alle anderen Sorgen vertreibt, bietet ihm Anlaß zu neuer Furcht, wenn er seine Träume untersucht und in den nächtlichen Phantasiebildern künftiges Unglück vorbedeutet findet. Ich möchte hinzufügen, daß er, obwohl allein der Tod seinem Elend ein Ende setzen kann, es nicht wagt, zu dieser Zufluchtsstätte zu fliehen, sondern immer noch ein elendes Dasein aus der leeren Furcht heraus verlängert, daß er seinen Schöpfer durch den Gebrauch einer Macht beleidige, die dieses wohltätige Wesen ihm verliehen hat. Die Gaben Gottes und der Natur werden uns von diesem grausamen Feind fortgerafft, und obgleich uns ein einziger Schritt aus dem Reich des Schmerzes und der Sorge herausführen würde, ketten uns seine Drohungen an ein verhaßtes Dasein, zu dem er selbst in erster Linie beiträgt, es so erbärmlich zu machen.

Es ist bemerkt worden, daß diejenigen, die sich durch die Unglücksfälle des Lebens genötigt sahen, dieses todbringende Heilmittel anzuwenden und durch die unzeitige Fürsorge ihrer Freunde der erwählten Todesart beraubt wurden, selten eine andere wagen oder ein zweites Mal soviel Entschlossenheit aufbieten, um ihr Vorhaben auszuführen. So groß ist unser Grauen vor dem Tod, daß er, wenn er sich in irgendeiner anderen Gestalt als derjenigen präsentiert, mit der man sich bemüht hat, seine Einbildungskraft zu versöhnen, neue Schrecken erhält und den schwachen Mut des Menschen überwältigt: Kommen aber die Drohungen des Aberglaubens zu dieser natürlichen Ängstlichkeit hinzu, so verwundert es nicht, daß sie die Menschen aller Gewalt über ihr Leben beraubt, da uns ja selbst viele Vergnügungen und Freuden, zu denen wir durch einen starken Hang getrieben werden, durch diesen grausamen Tyrannen entrissen werden. Wir wollen uns hier bemühen, den Menschen in seine angeborene Freiheit wieder einzusetzen, indem wir all die üblichen Argumente gegen den Selbstmord prüfen und zeigen, daß diese Handlung frei von jedem Vorwurf der Schuld oder des Tadels sein mag, wie dies auch die Auffassung aller alten Philosophen ist.

Wenn Selbstmord ein Verbrechen ist, dann muß er entweder eine Übertretung unserer Pflicht gegenüber Gott, unserem Nächsten oder uns selbst sein.

Um zu beweisen, daß der Selbstmord keine Übertretung unserer Pflicht gegenüber Gott ist, mögen die folgenden Erwägungen vielleicht genügen. Der allmächtige Schöpfer hat zur Lenkung der materiellen Welt allgemeine und unveränderliche Gesetze errichtet, durch die alle Körper vom größten Planeten bis zum kleinsten Teil der Materie in der ihnen zugewiesenen Bahn und Funktion erhalten werden. Zur Lenkung der belebten Welt hat er alle Lebewesen mit körperlichen und geistigen Kräften ausgestattet; mit Sinnen, Leidenschaften, Begierden, Gedächtnis und Urteilskraft, durch die sie in dem ihnen bestimmten Lebenslauf angetrieben und geleitet werden. Diese beiden verschiedenen Prinzipien der materiellen und belebten Welt beeinträchtigen einander beständig und hemmen oder fördern gegenseitig ihre Wirksamkeit. Die Kräfte des Menschen und aller anderen Lebewesen werden durch die Natur und die Eigenschaften der umgebenden Körper eingeschränkt und geleitet; und die Modifikationen und Bewegungen dieser Körper werden unaufhörlich durch die Tätigkeit aller Lebewesen verändert. Bei seinem Gang über die Oberfläche der Erde wird der Mensch durch Flüsse aufgehalten; und Flüsse leihen, wenn sie richtig geleitet werden, ihre Kraft zum Antrieb von Maschinen, die dem Menschen dienen. Aber obwohl die Bereiche der materiellen und lebendigen Kräfte nicht ganz getrennt sind, entsteht daraus doch keine Uneinigkeit oder Unordnung in der Schöpfung; im Gegenteil, aus der Vermischung, Vereinigung und Gegensätzlichkeit all der verschiedenen Kräfte der leblosen Körper und der Lebewesen entspringt jene erstaunliche Harmonie und Angemessenheit, die das sicherste Argument für eine höchste Weisheit liefert.

Die Vorsehung der Gottheit erscheint nicht unmittelbar in irgendeiner Handlung, sondern sie leitet alles durch jene allgemeinen und unveränderlichen Gesetze, die vom Anfang der Zeit an errichtet sind. Alle Ereignisse können in einem gewissen Sinn als Handlung des Allmächtigen bezeichnet werden; sie entspringen alle jenen Kräften, mit denen er seine Geschöpfe ausgestattet hat. Ein Haus, das durch sein eigenes Gewicht zusammenstürzt, ist nicht mehr durch seine Vorsehung vernichtet worden als ein durch Menschenhand zerstörtes; noch sind die menschlichen Fähigkeiten weniger sein Werk als die Gesetze der Bewegung und

Gravitation. Wenn die Leidenschaften entflammen, wenn die Urteilskraft etwas gebietet, wenn die Gliedmaßen gehorchen, dann ist das alles die Handlung Gottes, und sowohl auf diesen belebten als auch auf den unbelebten Prinzipien hat er die Lenkung der Welt errichtet.

Jedes Ereignis ist in den Augen dieses unendlichen Wesens, das in einem Augenblick die entlegensten Orte des Raumes und die entferntesten Zeiträume überblickt, gleichermaßen wichtig. Es gibt kein Ereignis, wie wichtig es für uns auch sein mag, das er von den allgemeinen Gesetzen, die das Universum lenken, ausgenommen oder das er seiner eigenen unmittelbaren Tätigkeit und Handlung besonders vorbehalten hätte. Der Umsturz von Staaten und Reichen hängt von der kleinsten Laune oder Gemütsbewegung einzelner Menschen ab, und das Leben der Menschen wird durch die geringste Veränderung der Luft, der Nahrung, Sonnenschein oder Unwetter verkürzt oder verlängert. Die Natur hält ihren Lauf und ihre Wirkungsweise stets ein, und wenn die allgemeinen Gesetze jemals durch besondere Willensakte der Gottheit durchbrochen werden, so geschieht das auf eine Weise, die der menschlichen Beobachtung vollständig entgeht. Wie auf der einen Seite die Elemente und die anderen unbelebten Teile der Schöpfung ohne Rücksicht auf das besondere Interesse und die Lage der Menschen weiterhin wirken, so sind die Menschen bei den vielfältigen Zusammenstößen der Materie auf eigenes Urteil und eigene Klugheit angewiesen und mögen jede Fähigkeit, die ihnen verliehen ist, anwenden, um für ihr Wohlergehen, Glück und ihre Erhaltung Sorge zu tragen.

Was bedeutet nun jener Grundsatz, daß ein Mensch, der des Lebens müde ist und von Schmerz und Elend gejagt wird, alle natürlichen Schrecken vor dem Tod tapfer überwindet und diesem grausamen Schauplatz entflieht; daß solch ein Mann, sage ich, sich den Unwillen seines Schöpfers zugezogen habe, indem er in das Geschäft der göttlichen Vorsehung eingegriffen und die Weltordnung durcheinander gebracht haben soll? Sollen wir behaupten, daß sich der Allmächtige auf irgendeine besondere Weise die Verfügungsgewalt über das Leben der Menschen vorbehalten und dieses Ereignis nicht wie alle anderen den allgemeinen Gesetzen unterstellt hat, durch die das Universum gelenkt wird? Das ist offenbar falsch. Das Leben der Menschen hängt von denselben Gesetzen ab wie das Leben aller anderen Lebewesen, und diese sind den allgemeinen Gesetzen der Materie und Bewegung unterworfen. Der Einsturz eines Turmes oder die Einflößung eines Giftes zerstört einen Menschen ebenso wie das niederste Geschöpf; eine Überschwemmung reißt unterschiedslos alles mit sich fort, was in die Reichweite ihrer Wut kommt. Wenn folglich das Leben der Menschen für immer von den allgemeinen Gesetzen der Materie und Bewegung abhängig ist, ist dann die Verfügung eines Menschen über sein Leben deshalb verbrecherisch, weil es in jedem Fall verbrecherisch ist, Eingriffe in diese Gesetze vorzunehmen oder ihre Wirkung zu durchkreuzen? Aber das erscheint absurd; alle Lebewesen sind hinsichtlich ihrer Lebensführung der eigenen Klugheit und Geschicklichkeit anvertraut und haben volle Befugnis, soweit ihre Kraft reicht, alle Wirkungen der Natur abzuändern. Ohne die Ausübung dieser Befugnis könnten sie keinen Augenblick leben; jede Handlung, jede Bewegung eines Menschen verändert die Ordnung einiger Teile der Materie und lenkt die allgemeinen Gesetze der Bewegung von ihrem gewöhnlichen Lauf ab. Fassen wir diese Folgerungen zusammen, so stellen wir fest, daß das menschliche Leben von den allgemeinen Gesetzen der Materie und Bewegung abhängt und daß es keinen Eingriff in das Geschäft der Vorsehung bedeutet, diese allgemeinen Gesetze zu durchkreuzen oder abzuändern. Hat folglich nicht jeder die freie Verfügungsgewalt über sein eigenes Leben? Und darf er von dieser Macht, die ihm die Natur verliehen hat, nicht mit Recht Gebrauch machen?

Um die Augenscheinlichkeit dieses Schlusses zu vernichten, müßten wir einen Grund aufzeigen, warum dieser besondere Fall eine Ausnahme darstellt. Ist es deshalb, weil das menschliche Leben von so großer Wichtigkeit ist, daß es für menschliche Einsicht anmaßend ist, darüber zu verfügen? Aber das Leben eines Menschen hat für das Universum keine größere Bedeutung als das einer Auster; und wäre es von noch so großer Bedeutung, so hat die Ordnung der Natur es tatsächlich doch der menschlichen Einsicht unterstellt und uns gezwungen, jeden Augenblick darüber Entscheidungen zu treffen.

Wäre die Verfügung über menschliches Leben dem Allmächtigen derart als besonderer Bereich vorbehalten, daß es einen Eingriff in sein Recht darstellte, wenn die Menschen über ihr eigenes Leben verfügen, dann würde es gleichermaßen verbrecherisch sein, für die Erhaltung wie für die Zerstörung des Lebens tätig zu sein. Wenn ich einen Stein abwehre, der auf meinen Kopf fallen will, durchkreuze ich den Naturablauf und greife in den besonderen Bereich des Allmächtigen ein, indem ich mein Leben über die Zeitspanne hinaus verlängere, die er ihm durch die allgemeinen Gesetze der Materie und Bewegung bestimmt hatte.

Ein Haar, eine Fliege, ein Insekt ist in der Lage, dieses mächtige Wesen, dessen Leben von solcher Bedeutung ist, zu zerstören. Ist es absurd anzunehmen, daß menschliche Einsicht legitimerweise über das verfügen darf, was von so nichtigen Ursachen abhängt?

Es wäre kein Verbrechen, den *Nil* oder die *Donau* von ihrem Lauf abzulenken, wenn ich es vermöchte. Worin besteht dann das Verbrechen, einige wenige Unzen Blut aus ihrer natürlichen Bahn abzulenken?

Meint ihr, daß ich über die Vorsehung klage oder meine Erschaffung verwünsche, weil ich aus dem Leben gehe und einem Dasein ein Ende setze, das mich elend machen würde, wenn ich es fortführte? Eine solche Meinung sei fern von mir! Ich bin lediglich von einer Tatsache überzeugt, die ihr selbst als möglich anerkennt, daß nämlich das menschliche Leben unglücklich sein kann und daß mein Dasein, wenn es weiter ausgedehnt würde, nicht wünschenswert wäre; aber ich danke der Vorsehung sowohl für das Gute, das ich schon genossen habe, wie für die mir verliehene Macht, dem Übel zu entfliehen, das mich bedrängt[2]. Euch kommt es zu, über die Vorsehung zu klagen, die ihr törichterweise glaubt, eine derartige Macht nicht zu haben und die ihr ein verhaßtes Leben noch fortführen müßt, obwohl es mit Schmerz und Krankheit, mit Schande und Armut beladen ist.

Lehrt ihr nicht, daß ich mich, wenn mir irgendein Übel zustößt, und sei es auch durch die Böswilligkeit meiner Feinde, in die Vorsehung schicken müsse und daß die Tätigkeiten der Menschen genauso Handlungen des Allmächtigen sind wie die Tätigkeiten unbelebter Wesen? Wenn ich mich daher in mein eigenes Schwert stürze, so empfange ich meinen Tod ebenso aus den

[2] »Agamus Deo gratias, quod nemo in vita teneri potest«[d]. Seneca: *Ad Lucilium epistulae morales.* Brief 12, § 10.

Händen der Gottheit als wenn er von einem Löwen, einem Abgrund oder einem Fieber herrührte. Die Unterwerfung unter den Willen der Vorsehung, die ihr bei jedem Unglück verlangt, das mir zustößt, schließt menschliche Geschicklichkeit und Anstrengung nicht aus, wenn ich dadurch möglicherweise das Unglück vermeiden oder ihm entgehen kann. Und warum sollte ich nicht ein Mittel so gut wie das andere verwenden?

Wäre mein Leben nicht mein Eigentum, dann wäre es ebensowohl verbrecherisch, es in Gefahr zu bringen, wie darüber zu verfügen; und es könnte auch niemand die Bezeichnung Held verdienen, den Ruhmsucht oder Freundschaft in die größten Gefahren treibt, wenn ein anderer, der seinem Leben aus denselben oder ähnlichen Beweggründen heraus ein Ende macht, den Vorwurf verdiente, ein *Schuft* oder *schlechter Mensch zu sein.*

Es gibt kein Wesen, das irgendeine Macht oder Fähigkeit besäße, die es nicht von seinem Schöpfer empfangen hätte, noch gibt es eines, das durch eine noch so sehr von der Regel abweichende Handlung in den Plan seiner Vorsehung eingreifen oder das Universum in Unordnung bringen könnte. Seine Handlungen sind ebenso die Werke des Schöpfers wie die Kette von Ereignissen, in die sie eingreifen; und welches Prinzip auch immer vorherrscht, so dürfen wir eben daraus schließen, daß es von ihm am meisten begünstigt wird. Sei es belebt oder unbelebt, vernunftbegabt oder vernunftlos; es ist alles dasselbe. Seine Macht ist immer noch von dem höchsten Schöpfer abgeleitet und gleichermaßen in der Ordnung seiner Vorsehung inbegriffen. Wenn die Furcht vor Schmerz die Oberhand über die Liebe zum Leben gewinnt, wenn eine absichtliche Handlung die Wirkungen blinder Ursachen vorwegnimmt, so geschieht das nur infolge jener Mächte und Prinzipien, die er seinen Geschöpfen eingepflanzt hat. Die göttliche Vorsehung bleibt stets unverletzt und liegt weit jenseits des Bereichs menschlicher Zugriffe[3].

Es ist gottlos, sagt der alte römische Aberglaube, Flüsse von ihrem Lauf abzulenken und in die Vorrechte der Natur einzugreifen. Es ist gottlos, sagt der französische Aberglaube, gegen die Pocken zu impfen und sich durch absichtliches Herbeiführen von Unpäßlichkeiten und Krankheiten das Geschäft der Vorse-

[3] Tacitus: *Annales.* Buch I, Kap. 79[e].

hung anzumaßen. Es ist gottlos, sagt der moderne *europäische* Aberglaube, unserem eigenen Leben ein Ende zu machen und uns dadurch gegen unseren Schöpfer aufzulehnen. Und warum ist es nicht gottlos, frage ich, Häuser zu bauen, den Boden zu bestellen oder den Ozean zu befahren? Bei all diesen Handlungen gebrauchen wir unsere geistigen und körperlichen Kräfte, um eine Neuerung in dem Naturablauf hervorzubringen; und bei keiner tun wir irgend etwas anderes. Folglich sind sie alle gleich unschuldig oder gleich verbrecherisch.

»Aber du bist durch die Vorsehung wie ein Wächter auf diesen besonderen Posten gestellt worden, und wenn du ihn verläßt, ohne abgerufen worden zu sein, so bist du der Auflehnung gegen deinen allmächtigen Herrn schuldig und hast dir sein Mißfallen zugezogen.«[f] – Ich frage, woraus schließt ihr, daß mich die Vorsehung auf diesen Posten gestellt hat? Ich für meinen Teil finde, daß ich meine Geburt einer langen Kette von Ursachen verdanke, von denen viele auf den absichtlichen Handlungen von Menschen beruhten. »Aber die Vorsehung hat alle diese Ursachen geleitet, und es geschieht nichts in der Welt ohne ihre Zustimmung und Mitwirkung.« Wenn dem so ist, dann erfolgt auch mein Tod, wie absichtlich er auch herbeigeführt sein mag, nicht ohne ihre Zustimmung; und wann immer Schmerz oder Sorge meine Geduld so weit überwältigen, daß sie mich lebensmüde machen, so darf ich schließen, daß ich in den klarsten und ausdrücklichsten Worten von meinem Posten abgerufen werde.

Es ist zweifellos die Vorsehung, die mich in diesem Augenblick in dieses Zimmer gestellt hat; aber darf ich es nicht verlassen, wenn ich es für angebracht halte, ohne dem Vorwurf ausgesetzt zu sein, daß ich meinen Platz oder Posten verlassen habe? Wenn ich tot sein werde, werden die Grundbestandteile, aus denen ich zusammengesetzt bin, ihre Rolle im Universum weiterspielen und in dem großartigen Bau gleichermaßen nützlich sein wie zu der Zeit, als sie dieses individuelle Geschöpf bildeten. Für das Ganze wird der Unterschied nicht größer sein als zwischen meinem Aufenthalt im Zimmer und im Freien. Für mich ist der eine Wechsel von größerer Bedeutung als der andere, aber nicht für das Weltall.

Es ist eine Art Gotteslästerung zu glauben, daß irgendein erschaffenes Wesen die Weltordnung stören oder in das Geschäft der Vorsehung eingreifen könnte. Das setzt voraus, daß jenes Wesen Kräfte und Fähigkeiten besitzt, die es nicht von seinem Schöpfer erhalten hat und die nicht seiner Herrschaft und Gewalt unterstellt sind. Ein Mensch kann zweifellos die Gesellschaft stören und sich dadurch das Mißfallen des Allmächtigen zuziehen; aber die Lenkung der Welt liegt weit jenseits seiner Reichweite und seiner Gewalt. Und woraus ergibt sich, daß der Allmächtige über die Handlungen ungehalten ist, die die Gesellschaft stören? Aus den Prinzipien, die er der menschlichen Natur eingepflanzt hat und die uns mit einem Gefühl der Reue erfüllen, wenn wir uns selbst solcher Handlungen schuldig gemacht haben, und mit einem Gefühl des Tadels und der Mißbilligung, wenn wir sie bei anderen beobachten. – Wir wollen jetzt dem geplanten Verfahren entsprechend untersuchen, ob der Selbstmord zu dieser Art von Handlungen gehört und ein Bruch unserer Pflicht gegenüber unserem *Nächsten* und der *Gesellschaft* ist.

Ein Mensch, der aus dem Leben tritt, fügt der Gesellschaft keinen Schaden zu. Er hört lediglich auf, Gutes zu tun; was, wenn es ein Unrecht ist, ein solches der geringsten Art darstellt.

Alle unsere Verpflichtungen, der Gesellschaft Gutes zu erweisen, scheinen eine Art Gegenseitigkeit einzuschließen. Ich empfange die Wohltaten der Gesellschaft und sollte daher ihre Interessen fördern; aber wenn ich mich ganz und gar aus der Gesellschaft zurückziehe, kann ich dann noch länger dazu verpflichtet sein? Aber angenommen, unsere Verpflichtung, Gutes zu tun, bestünde fortwährend, so hat sie doch sicherlich Grenzen. Ich bin nicht verpflichtet, der Gesellschaft ein geringfügiges Gutes auf Kosten eines großen Übels für mich zu erweisen. Weshalb sollte ich dann ein elendes Dasein eines geringfügigen Vorteils wegen verlängern, den die Öffentlichkeit vielleicht durch mich erhält? Wenn ich aus Alters- und Krankheitsgründen jedes Amt rechtmäßig niederlegen und meine ganze Zeit darauf verwenden darf, mich gegen diese unglücklichen Umstände zu schützen und mir das Elend des weiteren Lebens so weit wie möglich zu erleichtern: Warum darf ich dieses Elend nicht mit einem Schlag durch eine Handlung beenden, die für die Gesellschaft von nicht größerem Nachteil ist?

Aber angenommen, daß es nicht länger in meiner Macht steht, das Interesse der Gesellschaft zu fördern, daß ich eine Last für sie bin, daß mein Leben einige Personen daran hindert, der Gesellschaft viel nützlicher zu sein: In solchen Fällen muß mein Abschied vom Leben nicht nur schuldlos, sondern lobenswert sein. Und die meisten Menschen, die in die Versuchung kommen, ihr Dasein aufzugeben, sind in einer solchen Lage; diejenigen, die sich der Gesundheit, Kraft und eines Ansehens erfreuen, neigen für gewöhnlich zur Zufriedenheit mit der Welt.

Jemand ist an einer Verschwörung für das öffentliche Wohl beteiligt, wird auf Verdacht festgenommen, mit der Folter bedroht; er kennt seine Schwachheit und weiß, daß man das Geheimnis aus ihm herauspressen wird: Könnte ein solcher Mensch für das öffentliche Wohl besser sorgen als durch rasches Beenden eines erbärmlichen Lebens? Das war der Fall bei dem berühmten und tapferen *Strozzi*[g] von *Florenz*.

Oder man nehme wiederum an, daß ein Übeltäter gerechterweise zu einem schmachvollen Tod verurteilt ist. Läßt sich ein Grund denken, warum er seiner Bestrafung nicht zuvorkommen und sich all der Qualen der Vorstellung ihres furchtbaren Nahens entziehen sollte? Er greift in das Geschäft der Vorsehung nicht mehr ein als der Magistrat, der seine Hinrichtung befahl; und sein freiwilliger Tod ist für die Gesellschaft durch die Befreiung von einem schädlichen Mitglied gleich nützlich.

Daß Selbstmord oft mit dem Interesse und mit der Pflicht gegen uns selber vereinbar ist, kann niemand bezweifeln, der zugibt, daß Alter, Krankheit oder Unglück das Leben zu einer Last und es sogar schlimmer als seine Vernichtung machen können. Ich glaube, daß noch niemand das Leben weggeworfen hat als es noch lebenswert war. Denn unsere natürliche Angst vor dem Tod ist so groß, daß geringfügige Beweggründe niemals in der Lage sein werden, uns mit ihm anzufreunden; und obschon vielleicht jemandes Gesundheits- und Glücksumstände dieses Mittel nicht zu erfordern schienen, dürfen wir doch wenigstens gewiß sein, daß jedermann, der ohne ersichtlichen Grund dazu griff, von einer derart unheilbaren Verkehrtheit oder Düsterkeit des Gemüts gequält wurde, daß sie alle Freuden vergiftete und ihn ebenso elend machte, als wenn er mit dem schwersten Mißgeschick beladen gewesen wäre.

Wenn Selbstmord ein Verbrechen ist, dann kann uns nur Feigheit dazu treiben. Wenn er kein Verbrechen ist, dann sollten uns sowohl Einsicht wie Mut dazu anhalten, uns von unserem Dasein mit einem Schlag zu befreien, wenn es eine Last wird. Das ist dann der einzige Weg, wie wir der Gesellschaft nützlich sein können, indem wir ein Beispiel setzen, dessen Nachahmung jedermann seine Chance für ein glückliches Leben erhalten und ihn wirksam von jeder Gefahr und allem Elend befreien würde[4].

[4] Es wäre leicht zu beweisen, daß Selbstmord für Christen ebenso legal ist wie er es für die Heiden war. Keine einzige Stelle gibt es in der Schrift, die ihn verbietet. Diese große und unfehlbare Richtschnur des Glaubens und des Lebens, an der alle Philosophie und menschliches Denken zu überprüfen ist, hat uns in dieser besonderen Angelegenheit unsere natürliche Freiheit gelassen. Die Schrift empfiehlt in der Tat Ergebung in die Vorsehung; aber das schließt nur Unterwerfung unter unvermeidliche Übel ein, nicht aber solchen gegenüber, die durch Klugheit und Mut behoben werden können. »Du sollst nicht töten« hat offenbar den Sinn, das Töten anderer auszuschließen, über deren Leben uns keine Verfügungsgewalt zusteht. Daß dieses Gebot wie die meisten Lehren der Schrift durch Vernunft und gesunden Menschenverstand modifiziert werden muß, geht aus dem Verfahren der Obrigkeiten klar hervor, die Verbrecher ungeachtet des Buchstabens des Gesetzes mit dem Tode bestrafen. Aber wenn sich dieses Gebot auch noch so ausdrücklich gegen den Selbstmord richtete, so würde es jetzt doch keine Geltung mehr haben, denn das ganze Gesetz *Moses'* ist abgeschafft, soweit es nicht durch das Naturrecht aufrecht erhalten wird. Und wir haben schon zu beweisen versucht, daß der Selbstmord durch dieses Gesetz nicht verboten wird. In allen Fällen stehen Christen und Heiden genau auf ein und derselben Grundlage. *Cato*[h] und *Brutus*[i], *Arria*[j] und *Porkia*[k] handelten heldenhaft; diejenigen, die heute ihr Beispiel nachahmen, sollten von der Nachwelt das gleiche Lob erhalten. Die Macht, Selbstmord zu begehen, sieht *Plinius* als einen Vorteil an, den die Menschen selbst der Gottheit voraus haben. »Deus non sibi potest mortem consciscere si velit, quod homini dedit optimum in tantis vitae poenis«[l]. *Naturalis historia.* Buch II, Kap. 5, § 27.

ANMERKUNGEN DES HERAUSGEBERS

Die Naturgeschichte der Religion

Einleitung

[a] Dieser Frage geht Hume in den *Dialogues Concerning Natural Religion* nach, deren erste Konzeption wie die Arbeit an der *Natural History of Religion* in den Anfang der fünfziger Jahre fällt, die jedoch erst posthum 1779 erschienen.

[b] Noch zuversichtlicher hatte sich Hume im *Treatise of Human Nature* von 1739/40 zur Durchschlagskraft des physikotheologischen Gottesbeweises geäußert: »Die Ordnung des Weltalls beweist *(proves)* das Dasein eines allmächtigen Geistes; d. h. eines Geistes, dessen Wille mit dem Gehorsam aller Geschöpfe und Wesen in konstanter Weise verbunden ist. Mehr ist nicht erforderlich, um allen Artikeln der Religion eine Grundlage zu geben« (*A Treatise of Human Nature*. Edited, with an analytical index, by L. A. Selby-Bigge. 2nd edition with text revised and variant readings by P. H. Nidditch. Oxford 1978, S. 633 n). In den *Philosophical Essays Concerning Human Understanding* von 1748, die seit 1758 den Titel *An Enquiry Concerning Human Understanding* tragen, scheint ihm die Physikotheologie keine zuverlässige Basis für einen derartigen Schluß mehr zu bieten, wie besonders der Abschnitt XI zeigt. Damit war ausgesprochen, was sich zu einer der zentralen Thesen der *Dialogues* weiterentwickeln sollte: Daß der sich auf Isaak Newton berufende wissenschaftliche Theismus der Zeit, der glaubte, nicht nur die Existenz, sondern auch die moralischen Eigenschaften Gottes wie Güte und Intelligenz aus dem zweckmäßigen Bau der Welt beweisen zu können, dem Menschen zwar naheliegt, einer gründlichen Analyse jedoch nicht standhält, sondern sich als ein einziger Anthropomorphismus erweist (vgl. *Dialogues Concerning Natural Religion.* Edited, with an introduction, by Norman Kemp Smith. Oxford 1935. 2nd edition London 1947. 12th printing Indianapolis 1977, Teil II–V). In der vorliegenden Schrift äußert Hume sich jedoch an mehreren Stellen erstaunlich positiv zum physikotheologischen Gottesbeweis. Vgl. S. 5, 6–7, 12, 22, 69, 70–71.

[c] Solche Berichte waren Hume spätestens seit seiner Lektüre von John Lockes *Essay Concerning Human Understanding* (1690) bekannt, der mehrere von ihnen anführte und sie für die Frage auswertete, ob die Gottesvorstellung eine angeborene sei (John Locke: *An Essay Concerning Human Understanding*. Edited with an introduction, critical apparatus, and glossary by Peter H. Nidditch. First published 1975, reprinted [with corrections] Oxford 1979; I, 4, § 8).

[d] Vgl. S. 69. In diesem Sinne äußert sich auch Philo im zwölften Teil der *Dialogues:* »Die natürliche Neigung eines Menschen wirkt unablässig auf ihn ein, sie ist seinem Geist stets gegenwärtig und mischt sich in jede Betrachtung und Überlegung. Hingegen wirken religiöse Motive – wenn sie überhaupt zum Tragen kommen – nur punktuell, jetzt und hier, und es ist kaum möglich, daß sie dem Geist zur festen Gewohnheit werden« (*DNR*, S. 221).

Erster Abschnitt

[a] Dieses fiktiven Bildes bedient sich Hume auch in seinen erkenntnistheoretischen Schriften. Dort versucht er mit ihm zu zeigen, daß selbst ein Mensch, der mit allen Geistesgaben ausgestattet plötzlich in diese Welt gesetzt würde, niemals ohne vorherige Erfahrung von einem Ereignis auf ein anderes schließen könnte und daß es folglich keinen a priori einsehbaren Zusammenhang zwischen Ursache und Wirkung gibt. Vgl. *THN*, S. 293; *An Abstract of a Book, lately published; Entituled, A Treatise of Human Nature, etc. wherein the chief argument of that book is farther illustrated and explained.* In: David Hume: *A Treatise of Human Nature.* Edited, with an analytical index, by L. A. Selby-Bigge. 2nd edition with text revised and variant readings by P. H. Nidditch. Oxford 1978, S. 641–662, hier: S. 650 f.; *An Enquiry Concerning Human Understanding.* In: David Hume: *Enquiries Concerning Human Understanding and Concerning the Principles of Morals.* Reprinted from the posthumous edition of 1777 and edited with introduction, comparative table of contents, and analytical index by L. A. Selby-Bigge. 3rd edition with text revised and notes by P. H. Nidditch. Oxford 1975, S. 42 und auch *Dialogues,* S. 145 f.

[b] *Paradise Lost.* Buch VIII, Vers 250–282 in der zweiten Aufl. von 1674.

[c] Auch Fontenelle betont in seiner kleinen Abhandlung *De l'origine des fables,* daß sich die Neugier der noch unkultivierten Menschen nicht sehr weit erstreckt haben könne: »›Woher mag der Fluß kommen, der ununterbrochen fließt?‹, so mag ein Grübler jener Zeiten etwa gefragt haben. (...) Nach langem Nachdenken hat er zu allem Glück herausgefunden, daß es jemanden gebe, der allzeit damit beschäftigt sei, dieses Wasser aus einem Krug zu gießen. Aber wo nahm er dieses Wasser immer her? So weit ging dieser Grübler nicht« (*De l'origine des fables* [*1724*]. Édition critique avec une introduction, des notes, et un commentaire par J.-R. Carré. Paris 1932, S. 15).

[d] Dieses Argument trägt auch Locke vor (*Essay* I, 4, § 10).

[e] Dieser Satz erinnert an Leibniz' Unterscheidung von Vernunftwahrheiten und Tatsachenwahrheiten (vérités de raisonnement et vérités de fait

[*Monadologia* § 33. In: *Die philosophischen Schriften.* Hg. von C. I. Gerhardt. Bd. VI. Reprint der Ausgabe Berlin 1885, Hildesheim, New York 1978, S. 612]) und die damit zusammenhängende Humesche Einteilung der Erkenntnisinhalte in Vorstellungsbeziehungen und Tatsachenfragen (relations of ideas and matters of fact [*Enquiry*, S. 25]). Die religionsphilosophische Relevanz dieser Leibnizschen Dichotomie wird jedoch erst durch Lessing in ihrer ganzen Schärfe herausgestellt, wenn er die von der Orthodoxie angeführten Wundertaten Jesu als Beweise für die Wahrheit der christlichen Religion nicht gelten lassen will, sondern feststellt: »Zufällige Geschichtswahrheiten können der Beweis von notwendigen Vernunftwahrheiten nie werden« (*Über den Beweis des Geistes und der Kraft.* In: *Sämtliche Schriften.* Hg. von Karl Lachmann. 3., auf's neue durchgesehene und vermehrte Auflage, besorgt von Franz Muncker. Bd. XIII. Reprint der Ausgabe Leipzig 1897, Berlin 1968, S. 5).

[f] So bereits der Skeptiker in Humes gleichnamigem Essay von 1742: »Ein abstrakter, unsichtbarer Gegenstand, wie ihn uns die *natürliche* Religion allein bietet, vermag den Geist nicht lange zu beschäftigen oder unser Leben zu beeinflussen. Um dieser Leidenschaft Dauer zu verleihen, müssen wir nach Mitteln suchen, um auf Sinne und Einbildungskraft einzuwirken, und wir müssen neben der *philosophischen* auch eine *historische* Kenntnis von Gott haben. Dazu hat man sogar den gewöhnlichen Aberglauben und die Observanzen als nützlich erkannt« (*The Philosophical Works of David Hume.* Edited by Thomas Hill Green and Thomas Hodge Grose. Reprint of the new edition London 1882–1886. Aalen 1964. Bd. III, S. 220).

Zweiter Abschnitt

[a] Dieses ist eins von insgesamt vier Argumenten, mit denen Hume Philo im fünften Teil der *Dialogues* den wissenschaftlichen Theismus des Cleanthes kritisieren läßt und das Hume in unserer Schrift gleich in auffälliger Weise abwerten wird. Mit ihm zeigt Philo, daß es bei dem der Physikotheologie zugrundeliegendem Prinzip, gleiche Wirkungen bewiesen gleiche Ursachen, nicht gerechtfertigt ist, die Einheit Gottes anzunehmen. Denn, so argumentiert Philo, wenn sich viele Menschen zum Bau eines Hauses zusammentun, warum sollten sich nach der Analogie nicht auch mehrere Götter zur Bildung einer Welt vereinigt haben« (*DNR*, S. 167)? Am Ende unserer Schrift kommt Hume in der »Allgemeinen Schlußbetrachtung« noch einmal auf das physikotheologische Argument zu sprechen und schränkt dabei seine Beweiskraft hinsichtlich der in Frage stehenden Einheit Gottes ein, wenn er sagt, daß es, »wennschon nicht notwendigerweise, so doch auf natürlichem Wege« dazu führt, »daß wir uns diese Intelligenz als eine einzige und ungeteilte vor-

stellen« (S. 69). Dies ist ein Indiz dafür, daß Hume trotz seiner durchweg positiven Einschätzung des physikotheologischen Arguments in der *Naturgeschichte der Religion* sein abschließendes Urteil über dessen Leistungsfähigkeit und Evidenz noch nicht gefunden hat.

[b] Plinius d. Ä.: *Naturalis historia.* Buch XXXVI, Kap. 4, § 37.

[c] Nach der antiken Überlieferung ist die Statuengruppe ein Werk der drei rhodischen Bildhauer Hagesandros, Athanadoros und Polydoros.

[d] D. E. Eichholz, der Herausgeber der Loeb-Ausgabe der *Naturalis historia,* merkt an, die Statuengruppe sei tatsächlich aus fünf Blöcken zusammengesetzt.

[e] In diesem Sinne hatte sich Hume bereits in Abschnitt XI der ersten *Enquiry* im Zusammenhang mit der Theodizeeproblematik geäußert (vgl. *EHU,* S. 138 f.). Durch die Verwendung des Ausdrucks »besondere Vorsehung« erinnert er an diesen Abschnitt, der seit der zweiten Auflage von 1750 die Überschrift »Über eine besondere Vorsehung und ein zukünftiges Leben« trägt.

[f] »Ihrer Schwäche bewußt, haben die gebrechlichen und geplagten Sterblichen die Gottheit in Teile zerlegt, damit ein jeder in seinem Anteil das verehre, dessen er am meisten bedürfe.«

[g] Hesiod lebte um 700 v. Chr.

[h] »Dreimal zehntausend gibt es nämlich auf der nährenden Erde; Ewige, Wächter des Zeus für die sterblichen Menschen. Die überwachen die Werke des Rechts und die schmählichen Taten; dicht in Nebel gehüllt durchwandeln sie die Weiten der Erde.« Diese Angabe Hesiods über die Anzahl der Götter zitiert Hume auch in den *Dialogues,* S. 175.

[i] »Warum halten wir das Niesen für göttlichen Ursprungs, Husten und Schnupfen aber nicht?« (962 a 21–22).

[j] Hume teilt die in der Neuzeit u. a. auch von Thomas Hobbes (*Leviathan.* Kap. 12) vertretene und schon von Lukrez (*De rerum natura.* Buch V, Vers 1161–1240) vorgebrachte Auffassung, daß die Götter ursprünglich von der Furcht der Menschen geschaffen worden seien. In der prägnanten, bei Statius (*Thebais.* Buch III, Vers 661) und Petronius (Frgm. XXVII, Vers 1) zu findenden Formulierung *Primos in orbe deos fecit timor* fand dieser Gedanke weite Verbreitung in der gesamten aufklärerischen Literatur. Vgl. S. 28, 58 dieser Schrift, ferner *Über die Unsterblichkeit der Seele,* S. 81 und auch *Dialogues,* S. 225 f.: »Da der Schrecken das Grundprinzip der Religion ist, ist er derjenige Affekt, der stets in ihr vorherrscht und nur kurze Zwischenzeiten des Wohlbefindens aufkommen läßt.«

Dritter Abschnitt

[a] Ein Vergleich, der sich seit der Antike in der philosophischen wie nichtphilosophischen Literatur großer Beliebtheit erfreut. Vgl. etwa Shakespeares *Merchant of Venice*. Akt I, Szene 1, Vers 77–78. Hume wird auch in Epiktets *Enchiridion* (§ 17) auf ihn gestoßen sein, denn aus dessen § 18 zitiert er in Abschnitt XII, S. 54, Anm. 17.

[b] Vgl. Thomas Hobbes: *Leviathan*. Kap. 12: »und kann er sich über die wahren Ursachen der Dinge keine Klarheit verschaffen (denn die Ursachen von Glück und Unglück sind meistens unsichtbar), dann nimmt er Ursachen dafür an, die (...) seiner eigenen Phantasie entspringen« (*The English Works of Thomas Hobbes*. Now first collected and edited by William Molesworth. Reprint der Ausgabe 1839, Aalen 1962, S. 94). Auch John Trenchard sieht in seiner *Natural History of Superstition*. Oxford 1709, in der Unkenntnis der Ursachen die Quelle einer abergläubischen Weltsicht: »Ich glaube, daß (der Aberglaube) gänzlich von unserer Unkenntnis der Ursachen herrührt« (S. 8, vgl. auch S. 48).

[c] Diese anthropomorphen Mechanismen, auf die Hume in unserer Schrift mehrfach zu sprechen kommt, waren u. a. schon von Hobbes ausführlich beschrieben worden. Vgl. *Leviathan*. Kap. 12; a. a. O., S. 96 ff.

[d] Terminus der Rhetorik, bezeichnet die Personifizierung lebloser Dinge.

[e] »Scheu vor der Leere.« Eine auf Aristoteles (*Physica*. Buch IV, Kap. 6–9) zurückgehende Bezeichnung, wonach die Natur eine Scheu vor dem leeren Raum hat und alles mit Materie erfüllt. Die Diskussion über Möglichkeit und Unmöglichkeit eines Vakuums mit ihren religionsphilosophischen Implikationen durchzieht die gesamte neuzeitliche Philosophie. Hume greift sie im *Treatise* (I, 2, 4–5) auf und kommt wie Aristoteles zu dem Ergebnis, daß es einen absolut leeren Raum nicht geben könne.

[f] Der Anfang von Humes Übersetzung enthält neben einer – semantisch allerdings kaum relevanten – Lücke auch eine Ambiguität, die das Griechische nicht aufweist: »Es gibt nichts Sicheres in der Welt, *weder* Ruhm *noch* Glück, *das nicht vor Unglück schützt.*« Ferner müßte es in Zeile 958 heißen: »Die Götter *selbst* stürzen ...«. Anzumerken wäre auch, daß Hume das griechische ἀγνωσία durch die beiden Ausdrücke *ignorance* und *uncertainty* wiedergibt und Euripides betonen läßt, wie die aus Unkenntnis entstehende Ungewißheit oder Unsicherheit Anlaß zur Götterverehrung wird.

[g] Hume verallgemeinert diese Aussage des Diodorus Siculus, der sie nur auf die Sabäer bezieht und im folgenden auch konkret die Übel an-

spricht, mit denen dieses Volk geplagt ist: Eine Unzahl kleiner Giftschlangen mit tödlichem Biß und eine geheimnisvolle, zehrende Krankheit.

[h] Hume zitiert sehr frei und leicht gekürzt.

[i] Zu den Geten vgl. (S. 112) Anm. c zu Abschnitt VII.

[j] Strabo lebte von etwa 63 v. Chr. bis 19 n. Chr.

Vierter Abschnitt

[a] D. h. vor Humanismus und Renaissance.

[b] »Es ist wahr, daß man diesen Göttern nicht immer die ganze Achtung erweist, die sie ihrem Wesen nach zu verdienen scheinen. Denn es geschieht oft genug, daß die Leute, wenn sie nach gehöriger Verehrung der Götter nicht dasjenige von ihnen erhalten, was sie erbeten hatten, es schließlich aufgeben und sie als machtlose Gottheiten im Stich lassen; andere behandeln sie mit der größten Verachtung: die einen überhäufen sie mit Beleidigungen, die anderen mit Schlägen« (Louis Le Comte: *Nouveaux mémoires sur l'état présent de la Chine*. Bd. II, 2. Aufl. Paris 1696, S. 157).

[c] In seinem Bericht über die Religion der Lappländer schreibt Regnard: »Erstens vermischen sie unterschiedslos Jesus Christus mit ihren falschen Göttern und machen ein einziges Wesen aus Gott und dem Teufel, von dem sie dann glauben, es nach ihrem Gutdünken verehren zu dürfen. (...) Sie haben drei Hauptgötter; der erste heißt Thor oder Gott des Donners, der zweite Storiunchar und der dritte Parjutte, das heißt die Sonne.

Diese drei Götter werden allein von den Lappländern von Lula und Pitha verehrt, denn diejenigen von Kimiet und Torno, unter denen ich gelebt habe, kennen nur einen Gott, den sie Scyta nennen und der bei ihnen derselbe ist wie Storiunchar bei den anderen. Diese Götter sind aus langen Steinen gebildet, die nur die Gestalt haben, die die Natur ihnen verlieh und wie sie sie an den Ufern der Seen finden – so daß jeder merkwürdig gestaltete, von Löchern und Vertiefungen völlig unebene Stein für sie ein Gott ist. Und je außergewöhnlicher er ist, desto mehr verehren sie ihn« (*Œuvres de M. Regnard.* Nouvelle édition. Bd. I. Paris 1750, S. 129–130).

[d] Dies ist nur einer von insgesamt drei Gründen, die Diodorus Siculus anführt, um die Tierverehrung der Ägypter zu erklären, und von dem er selbst sagt, er gehöre gänzlich ins Reich der Fabel und entspreche der Einfalt der Menschen in jenen frühen Zeiten. Auch Plutarch kommt auf diese Geschichten zu sprechen, stuft sie jedoch wie Diodorus Siculus als bloße Märchen ein: *De Iside et Osiride.* Kap. 72, woraus Hume in ähnlichem Zusammenhang im neunten Abschnitt zitiert.

[e] In dem Bericht Lukians fliehen die Götter allerdings nicht vor den Menschen, sondern vor den revoltierenden Giganten.

[f] Ebenso Buch IV, Vers 579–581.

[g] Hume zitiert die Gestalten der griechischen Mythologie durchgängig unter ihren lateinischen Namen.

[h] Humes Wiedergabe dieser zwei Zeilen aus der *Ilias* insinuiert einen kausalen Zusammenhang zwischen den Leiden der Menschen und denen der Götter, der so von Dione nicht gemeint ist, denn Homer läßt sie sagen, daß den Göttern von den Menschen bereits viele Übel zugefügt worden seien, indem Götter und Menschen *einander* gekränkt hätten.

[i] »Aber wie kann man sich vorstellen, daß Aristophanes ungestraft den Atheismus öffentlich vortrug, wenn man nicht gleichzeitig annimmt, daß die athenischen Zuschauer und die staatlich beauftragten Juroren zur Beurteilung des Wertes der Stücke genauso Atheisten waren wie der Dichter einer war; und wie kann man sich vorstellen, daß sie welche waren, sie, die sich rühmten, das frömmste Volk Griechenlands zu sein und tatsächlich das abergläubischste waren? Wie wären sie Atheisten gewesen, sie, die einen Diagoras, einen Sokrates, einen Alkibiades als Gottlose verurteilten? Das paßt nicht zusammen« (Bd. III, Paris 1730, S. 306).

[j] »Es ist nicht ganz leicht zu sagen, welche Einstellung die heidnischen Völker zu ihrer Religion hatten. Wir haben oben gesagt, daß sie damit zufrieden waren, wenn die Philosophen an den Zeremonien teilnahmen, doch das stimmt nicht ganz. Ich bin nicht sicher, daß Sokrates es ablehnte, den Göttern Weihrauch zu opfern und seine Rolle wie die anderen auch bei den öffentlichen Festen zu spielen; das Volk jedoch machte ihm den Prozeß wegen der eigenartigen Meinungen in Religionssachen, die man ihm anlastete und die es fast erraten mußte, weil er sich darüber niemals öffentlich geäußert hatte. Das Volk wußte gut genug, was in den Philosophenschulen behandelt wurde; und wie sollte es dulden, daß dort klar und unmißverständlich so viele Meinungen vertreten wurden, die dem etablierten Kult und oft sogar der Existenz der Götter zuwider liefen? Zumindest kannte es genau, was in den Theatern gespielt wurde. Diese Schauspiele wurden ja für das Volk veranstaltet, und es ist sicher, daß die Götter niemals mit weniger Achtung behandelt worden sind als in den Komödien des Aristophanes. (...) Und dennoch war es eben dieser Aristophanes, der begann, die Leute gegen die angebliche Gottlosigkeit des Sokrates aufzustacheln. Hier liegt ein gewisses unbegreifliches Etwas vor, auf das man so oft in den Angelegenheiten dieser Welt stößt« (*Œuvres diverses de M. de Fontenelle.* Nouvelle édition augmentée. Bd. IV. Paris 1715, S. 103–105).

[k] Eine Komödie von Plautus, in der sich Jupiter Gestalt und Aussehen des Feldherrn Amphitryon zulegt, um während dessen Abwesenheit seine Frau Alkmene zu verführen.

[l] Diese Aussage wird durch Arnobius kaum gedeckt, der an dieser Stelle lediglich die Frage stellt: »Legt Jupiter seine Leidenschaften ab, wenn der *Amphitruo* des Plautus aufgeführt oder deklamiert wird? Oder wenn Europa, Leda, Ganymedes oder Danae tanzend dargestellt werden, bezähmt er dann seinen Zorn?«

[m] Nach dem Bericht des Quintus Curtius Rufus fesselten die Tyrier die Statue Apollons mit einer goldenen Kette und befestigten sie am Altar des Herkules, weil sie annahmen, daß Herkules, dem sie ihre Stadt geweiht hatten, den Gott Apollon zurückhalten werde.

[n] In der Schilderung des Diodorus Siculus banden die Tyrier »die Bildsäule des Apollon mit goldenen Ketten an den Sockel an, um, wie sie meinten, den Gott daran zu hindern, die Stadt zu verlassen.«

[o] »An dem Tag als er starb, warf man Steine gegen die Tempel und stürzte die Altäre der Götter um. Einige Leute warfen ihre Hausgötter auf die Straße.«

[p] In *De luctu* bestätigt Lukian die Autorität Homers, Hesiods und der anderen Mythendichter für »den großen Haufen der Menschen, die von den Philosophen ›Laien‹ genannt werden« (§ 2). Wie wenig stimmig und miteinander verträglich die Aussagen des Homer und Hesiod über Erschaffung, Abstammung und Eigenschaften der Götter tatsächlich sind, weist Lukian in allen drei der von Hume zitierten Dialoge unter jeweils anderem Gesichtspunkt mit viel Spott und großem Scharfsinn nach.

[q] »daß die Götter und die sterblichen Menschen von gleicher Abstammung sind.«

[r] Ovid lebte von 43 v. Chr. bis 17 n. Chr.

[s] In der Liste, in die Hume Exzerpte aus der gelesenen Literatur niederschrieb, findet sich eine nahezu gleichlautende Notiz, deren Abfassung Ernest Campbell Mossner, der jene Blätter unter dem Titel *Hume's Early Memoranda, 1729–1740: The complete text* im Journal of the History of Ideas 9 (1948), S. 492–518 publiziert hat, auf den Zeitraum zwischen 1737 und 1740 datiert (a. a. O., S. 495). Vgl. dort Abschnitt III, § 203. Diese Exzerpte zeigen, daß sich das Interesse schon des frühen Hume hinsichtlich der Religion durchaus nicht in rationaltheologischen Problemen erschöpfte, sondern die historischen Erscheinungsformen der verschiedensten Religionen mit einbezog.

[t] Diodorus Siculus behauptet dies nur von einem Stamm der Ichthyophagen.

[u] »Über diese Ereignisse (sc. Erdbeben, Überschwemmungen u. ä.) ist übrigens ein großer Streit entbrannt. Die Naturforscher versuchen, die Gründe so schwerer Unglücksfälle nicht der göttlichen Fügung, sondern gewissen natürlichen, sich mit Notwendigkeit ergebenden Umständen zuzuschreiben; diejenigen hingegen, die der Gottheit fromm ergeben

sind, führen als überzeugende Gründe für die Begebenheiten an, daß das Unglück durch den Zorn der Götter über diejenigen entstanden sei, die Freveltaten begangen hatten.« Einen noch eindeutigeren Beleg für sein Urteil hätte Hume in Buch XVI, Kap. 61–64 finden können, wo Diodorus Siculus das hier nur andiskutierte Problem ausführlicher behandelt und sich dabei entschieden die Sichtweise der Gottesfürchtigen zu eigen macht.

[v] Anders als bei den übrigen Zitaten aus Diodorus Siculus belegt Hume diese Stelle nicht nur durch Angabe von Buch- und Kapitelnummer, sondern führt auch die Seitenzahl der Ausgabe von Laurentius Rhodoman an: *Diod. Siculi Bibliothecae historicae libri XV de XL.* (...) Studio et labore Laurentii Rhodomani. 2 Bde. Hanau 1604. Rhodoman druckte den griechischen Text von Henricus Stephanus nach und fügte eine lateinische Übersetzung hinzu. Es scheint jedoch fraglich, ob Hume nur diese Ausgabe benutzt hat, denn sie enthält keine Kapitelzählung, die Hume für seine Anmerkungen folglich einer anderen Ausgabe entnommen haben muß. Die oben zitierte Stelle steht in Rhodomans Ausgabe in Bd. II, S. 364, der die Bücher XI–XX enthält (Bd. I: Buch I–V). Wie mir Herr Dr. Brian Hillyard von der National Library of Scotland in seinem Brief vom 8. Juni 1983 freundlicherweise mitteilte, besaß die Advocates' Library diese Ausgabe schon zu Humes Zeiten.

[w] Diese Aussage stellt eine Folgerung Humes dar, die sich aus der genannten Stelle zusammen mit *Apologia* 26 d ergibt.

[x] Die fünf Bücher *Adversus dogmaticos* werden gelegentlich – wie auch hier von Hume – als Buch VII bis IX von *Adversus mathematicos* gezählt. Bei dieser Zählweise findet man den Bericht an der von Hume genannten Stelle Buch X, Kap. 480.

[y] Nach Diogenes Laertius im Alter von 14 Jahren. *Vitae philosophorum.* Buch X, § 2.

[z] *Theogonia.* Vers 116–117.

Fünfter Abschnitt

[a] *De rerum natura.* Buch I, Vers 1–40.

[b] »Ein von Menschenhand angefertigtes Abbild des Gottes wie bei den Griechen und Römern stand zwar nicht in dem Tempel, wohl aber ein riesiger Stein, von unten her rund und spitz auslaufend, von konischer Gestalt und schwarzer Farbe. Der fromme Glaube sagt, er sei vom Himmel gefallen. Sie zeigen einige kleine Erhöhungen und Eindrücke an ihm auf und wollen in ihm ein nicht von Menschenhand gemachtes Bild des Helios erkannt wissen, das sie selbst darin sehen.«

[c] »Was als Gott verehrt wird, hat nicht die gleiche Gestalt, die die

Künstler den Gottheiten gewöhnlich beigelegt haben; am ähnlichsten sieht es einem Kegel, der aus Smaragd und Edelsteinen zusammengesetzt ist.«

[d] Eine Stadt im Grenzland von Phrygien und Galatien, die sich auf der finanziellen Grundlage eines blühenden Handels insbesondere mit Textilien sehr früh zum Zentrum eines mächtigen Priesterstaates entwickelte und ihre kulturelle Eigenständigkeit selbst gegen den wachsenden Einfluß des Christentums im 4. Jh. lange bewahren konnte.

[e] »Du lachst darüber, daß die Perser in den alten Zeiten Flüsse verehrten (...), die Araber einen ungestalteten Stein, die skythischen Völker einen Säbel, die Thespier einen Zweig als Cinxia, die Ikarier einen unbehauenen Klotz als Diana, die Einwohner von Pessinus einen Kieselstein als die Mutter der Götter.«

[f] »Unter den Göttern verehren sie Merkur am meisten. (...) Ihm folgen Apollon, Mars, Jupiter und Minerva. Von diesen Gottheiten haben sie ungefähr dieselben Vorstellungen wie alle anderen Völker auch: Apollon vertreibt Krankheiten, Minerva lehrt die Anfangsgründe des Handwerks und der Künste, Jupiter hat die Herrschaft über den Himmel inne, Mars lenkt die Kriege.«

[g] »und es ist nichts Bemerkenswertes an den einzelnen Stämmen, außer daß sie allesamt Nerthus, das ist die Mutter Erde, verehren und glauben, daß sie an den menschlichen Dingen anteilnimmt, daß sie zu den Völkern gefahren kommt.«

Sechster Abschnitt

[a] Vgl. Fontenelle: *De l'origine des fables:* »Übrigens zogen die Menschen den ersten Begriff von einem höheren Wesen aus außerordentlichen Begebenheiten und keineswegs aus der regelmäßigen Anordnung des Universums, die sie weder zu erkennen noch zu bewundern vermochten« (a. a. O., S. 18).

[b] Vgl. *EHU,* S. 71: »Es zeugt von größerer Weisheit, das ganze Weltgebäude von Anfang an mit so vollendeter Voraussicht einzurichten, daß es von selbst und durch eigene Wirksamkeit allen Zwecken der Vorsehung dienen kann, als wenn sich der große Schöpfer jeden Augenblick genötigt sähe, die Teile zu ordnen und durch seinen Atem alle Räder jener gewaltigen Maschine zu beleben.« Eine ausführliche Diskussion dieser Position bietet Abschnitt XI der *Enquiry.*

[c] *Of Atheisme.* In der Ausgabe der *Essayes or Counsels, Civill and Morall.* London 1625, lautet das Zitat: »It is true, that a little Philosophy inclineth Mans Minde to *Atheisme;* But depth in Philosophy bringeth Mens Mindes about to *Religion*« (Essay XVI, S. 90). Dieses Zitat aus Bacon setzt Hume auch in den *Dialogues* ein (*DNR,* S. 139).

[d] Dieses Phänomen hat Hume in dem Essay *Über Aberglaube und Schwärmerei* näher untersucht. Vgl. bes. S. 74.

[e] Sc. Zeus.

[f] Bezeichnung für die Dominikaner in Frankreich nach dem Kloster St. Jakob in Paris, das König Philipp II. dem Orden 1218 geschenkt hatte. Die Dominikaner sind ein Bettelorden, der zu Beginn des 13. Jahrhunderts vom hl. Dominikus zur Verbreitung und Verteidigung des Glaubens durch Predigt und Unterweisung gegründet worden ist.

[g] Von Franz von Assisi (1181–1226) gestifteter Bettelorden mit den Aufgaben der Selbstheiligung, Seelsorge und Preisgabe jeglichen privaten Besitzes.

[h] Humes Beleg für dieses Zitat: »Histoire abregée, p. 499« weist auf den *Abrégé de l'histoire universelle ou abrégé d'histoire générale* hin, der jedoch nicht publiziert wurde, aber in mehreren Abschriften in verschiedenen französischen Bibliotheken vorhanden ist (vgl. R. Simon: *A la recherche d'un homme et d'un auteur. Essai de bibliographie des ouvrages du Comte de Boulainviller* (sic). Diss. Lille 1940, S. 35). Nach brieflicher Mitteilung von Monsieur J.-C. Garreta von der Bibliothèque de l'Arsenal in Paris (9. November 1983), findet sich die Passage, auf die Hume sich bezieht, jedoch nicht in jenem unveröffentlichten Werk, sondern an der angegebenen Stelle: »Der Streit zwischen den Jakobinern und Franziskanern hörte nie auf. Einer der letzteren predigte in Brescia in Italien, daß die Vereinigung der göttlichen und menschlichen Natur in Jesus Christus aufgehoben gewesen sei, als er sein Blut während seiner Leidenszeit vergoß, so daß er während der drei Tage seines Todes weder göttlich noch anbetungswürdig war.« Monsieur Pierre Gasnault von der Bibliothèque Mazarine wies mich in seinem Brief vom 11. Oktober 1983 darauf hin, daß diese Passage in Boulainvilliers *Abrégé chronologique de France.* Bd. III. Paris 1733, S. 324 wortwörtlich wiederkehrt.

[i] *Ilias.* XIV. Gesang, Vers 201 und – in wörtlicher Wiederholung – Vers 302.

[j] Z.B. *Ilias.* I. Gesang, Vers 544.

[k] *Theogonia.* Vers 47 und 543 bezeichnet Hesiod Zeus als »den Vater der Götter und der Menschen«, dann aber heißt es (Vers 175 ff.), der aus dem Geschlecht der Titanen stammende Gott Kronos habe auf Anstiftung seiner Mutter Gaia hin seinen Vater Uranos kastriert, noch bevor dieser mit seiner Gemahlin Rhea seinen Sohn Zeus gezeugt hatte.

[l] *Theogonia.* Vers 108–115 bittet Hesiod die Musen, ihm über die Entstehung der Erde und der Götter Auskunft zu geben.

[m] Genesis 32, Vers 24–29.

[n] Genesis 3, Vers 8.

[o] Exodus 33, Vers 22–23.

[p] Exodus 33, Vers 9–11.

Siebenter Abschnitt

[a] Thomas Hyde hatte seiner *Historia religionis veterum Persarum eorumque magorum*. Oxford 1700, eine lateinische Übersetzung des Sadders beigegeben, in dessen Kapitel XLVIII es heißt: »Dem frommen Menschen ist geboten, die Erde nicht barfuß zu betreten, weil es ein Unheil bedeutet, den nackten Fuß auf die Erde zu setzen.« Zum Sadder vgl. Abschnitt XIV, S. 64 und (S. 123) die dortige Anm. a.

[b] »Die Perser halten ihr Feuer für so heilig, daß sie ihm nichts Unangenehmes zufügen wollen. Deshalb spucken sie niemals weder in ein heiliges noch in irgendein anderes Feuer oder werfen Unrat hinein; und viel weniger noch löschen sie es mit Wasser. Sie blasen weder eine Kerze aus, sondern lassen sie von selbst ausgehen, wie es auch die Römer taten, noch verhindern sie auf andere Weise, daß ihre Häuser in Brand geraten, als dadurch, daß sie Erde ins Feuer werfen oder es auf anderem Wege ersticken.«

Den Hinweis auf diese Stelle verdanke ich einer freundlichen Mitteilung von Herrn Professor Dr. Günter Gawlick, der dieses Zitat identifiziert hat.

[c] Die Geten bildeten die nördlichste Gruppe des thrakischen Volkes. Sie waren im nordöstlichen Teil des heutigen Bulgariens und in der rumänischen Dobrudža ansässig und galten als besonders tapfer und kriegerisch. Sprichwörtlich war ihre Todesverachtung, die von den meisten Autoren mit ihrem Unsterblichkeitsglauben erklärt wird.

[d] In der Kirchengeschichte Sammelbezeichnung für diejenigen Christen, die das Trinitätsdogma ablehnen und einen strengen Monotheismus vertreten, so daß häufig auch die Gottheit Jesu verworfen wird. Durch die Anwendung dieses Begriffes auf die Geten unterstreicht Hume den konsequent monotheistischen Charakter ihrer Religion.

[e] Herodot schreibt »Salmoxis«.

[f] Die Nachrichten, die Herodot von den Geten übermittelt, fanden schon früh Humes Interesse. Vgl. *EM* III, § 255: »Die unsterblichen Geten Theisten und Unitarier. (...) Hatten jedoch so irrige Begriffe von Zamolxis, daß sie alle fünf Jahre einen Menschen töteten, den sie als Boten zu ihm sandten.« Nach Mossners Datierung dürfte die Niederschrift dieses Exzerptes nach Humes Aufenthalt in Frankreich etwa zwischen 1737 und 1740 erfolgt sein (a. a. O., S. 495).

Achter Abschnitt

[a] In den *Dialogues* trägt Cleanthes eine Überlegung vor, die den beständigen Wechsel zwischen Poly- und Monotheismus als Sonderfall eines universalen Strukturprinzips der menschlichen Gesellschaft erschei-

nen läßt: »Diese ist in beständiger Umwälzung zwischen Unwissenheit und Kenntnis, Freiheit und Sklaverei, Reichtum und Armut, so daß es uns auf der Grundlage unserer beschränkten Erfahrung unmöglich ist, mit Sicherheit vorauszusagen, welche Ereignisse zu erwarten sind oder nicht« (*DNR*, S. 172).

Neunter Abschnitt

[a] Ebd., § 18.
[b] *Saturnalia.* Buch III, Kap. 9, §§ 7–11.
[c] So der Titel des Werkes: *Res reconditae.*
[d] Dieses Phänomen fand schon der junge Hume erstaunlich genug, um es in den *Early Memoranda* III, § 253 festzuhalten.
[e] Hume spielt auf diese Stelle bereits *EM* III, § 189 an.
[f] *Aus der Entartung des Besten entsteht das Schlimmste.* Eine von Hume in dieser Schrift mehrfach zitierte Sentenz. Vgl. S. 40, 42 und auch den ersten Satz des Essays *Über Aberglaube und Schwärmerei.*
[g] Vgl. Charles Blount: *Great is Diana of the Ephesians, or the original of idolatry, together with the politick institution of the gentiles sacrifices.* In: *The Miscellaneous Works.* o. O. (London) 1695, S. 31: »Menschenopfer nahmen überall derart zu, daß in Mexico oft 20 000 Menschen in einem Jahr auf den Altären getötet wurden; und sie glaubten, daß sie im Himmel eine desto vorherrschendere Stellung einnehmen würden, je viehischer und abscheulicher die dabei angewendeten Grausamkeiten waren.«

Zehnter Abschnitt

[a] Vgl. Anm. f zu Abschnitt IX.
[b] Vgl. etwa Buch V, Kap. 26, § 5.
[c] Auf dieses Phänomen hatte in der Neuzeit u. a. John Toland im dritten Brief der *Letters to Serena* unter der Überschrift »The Origin of Idolatry, and Reasons of Heathenism« hingewiesen. Er stützte sich dabei hauptsächlich auf die einschlägigen Berichte bei Cicero, Diodorus Siculus und Plinius d. Ä. (John Toland: *Letters to Serena.* Faksimile-Neudruck der Ausgabe London 1704. Mit einer Einleitung von Günter Gawlick. Stuttgart-Bad Cannstatt 1964, S. 74 ff.). Ganz allgemein hatte auch John Trenchard die Mechanismen beschrieben, die zur Verehrung von Göttern und herausragenden Menschen führten. Vgl. *The Natural History of Superstition.* Oxford 1709, S. 48 f.
[d] »Er war so geduldig, daß er auch die größten Belästigungen durch Fliegen und anderes kleines Ungeziefer ertrug. Er ließ sie in Ruhe gewähren und sagte, daß sie kein anderes Paradies als die Freiheit hätten, her-

umzufliegen und sich niederzusetzen, wo es ihnen gut erscheine.« Übersetzt nach der 5. Aufl. Basel 1738, Bd. I, S. 509–510.

Elfter Abschnitt

[a] Vgl. (S. 113) Anm. f zu Abschnitt IX.

[b] Damit spricht Hume das in der Neuzeit heftig diskutierte Thema der Mehrheit der Welten an. Wie Fontenelle, durch dessen *Entretiens sur la pluralité des mondes* von 1686 die Debatte auch in breite Schichten des nicht wissenschaftlich gebildeten Publikums getragen wurde, hält auch Hume mit den aufgeklärten Köpfen seines Jahrhunderts die Existenz von bewohnten Planeten für möglich.

[c] Wie schon aus diesem Absatz hervorgeht, besaß Hume einige Kenntnisse auf diesem Gebiet; trug er sich doch eine zeitlang mit dem Gedanken, eine Kirchengeschichte zu schreiben. Später ließ er diesen Plan aber fallen, weil er sich entschlossen hatte, »vorsichtiger als früher darin zu sein, mir Feinde zu machen«(*Letters*. Bd. I, S. 352). Ob und wieweit dieser Plan konkrete Gestalt angenommen haben mag, ist eine umstrittene Frage in der Hume-Forschung. Immerhin aber wissen wir inzwischen durch einen neuaufgefundenen Brief Humes an den Buchhändler Andrew Millar vom 26. August 1765, daß er eine entsprechende Materialsammlung angelegt hatte (Michael Morrisroe, Jr.: *Hume's Ecclesiastical History: A new letter*. English Studies 53 [1972], S. 431–433). Welche Titel sie umfaßte, ist nicht bekannt.

[d] Bezeichnung für die Theologie des Arius (256 [?]–336) und seiner Anhänger, nach der der Sohn Gottes nicht wesensgleich mit dem Vater ist, vielmehr das bevorzugte Geschöpf des Vaters darstellt. Der Arianismus wurde auf dem Konzil zu Nizäa (325) verurteilt, hatte aber dennoch in der Folge viele Vertreter und fand weite Verbreitung.

[e] Nach dem britischen Mönch Pelagius († nach 418) benannte Lehre des 5. Jahrhunderts. Sie lehnt die Erbsünde ab und bekennt sich zu einer vollkommenen Wahlfreiheit des Menschen im sittlich-religiösen Bereich. Der Pelagianismus wurde von Augustin, zu dessen Gnadenlehre er im schroffen Widerspruch stand, scharf und erfolgreich bekämpft. Er erreichte bei Papst Innozenz I. die Verurteilung des Pelagianismus.

[f] Thomas Erastus (1524 [?]–1583) wandte sich als Anhänger Zwinglis gegen die calvinistische Kirchenzucht. In seiner *Explicatio gravissimae quaestionis* (1589) entwickelte er eine Souveränitätslehre, durch die die Kirche vollständig der Rechtsgewalt des Staates unterworfen wird. Diese Lehre hatte unter dem Namen »Erastianismus« bedeutenden Einfluß auf die Kirchenpolitik Schottlands und Englands, wo sie im 17. Jahrhundert zur Rechtfertigung der Staatskirche diente.

[g] Die Anhänger der durch Fausto Sozzini (1539–1604) vereinigten

antitrinitarischen Bewegungen, die durch Abspaltung von der reformierten Kirche in Polen entstanden. Sie vertraten eine rationalistische Glaubenslehre, betrachteten wie die Arianer Gottvater allein als Gott, lehnten die Sakramente ab und leugneten die Höllenstrafen. Obwohl mit dem Aufkommen der katholischen Reform zu Beginn des 17. Jahrhunderts in Polen die systematische Verfolgung der Sozinianer einsetzte, fand ihr Denken hauptsächlich über das liberale Holland weite Verbreitung und wirkte maßgeblich auf die europäische Aufklärung ein. Als besonders anziehend empfanden die aufgeklärten Köpfe die Toleranzidee dieser Lehre. Ihre Verbreitung erstreckte sich bis nach England, wo neben John Milton auch Isaak Newton und John Locke unter ihrem Einfluß standen.

[h] Auf den Theologen Sabellius (1. Hälfte des 3. Jahrhunderts) zurückgehende Lehre, in der Vater, Sohn und Geist als drei personal nicht selbständige Erscheinungsformen des einen Gottes gedeutet werden. Aufgrund dieser Auffassung wurde Sabellius von Calixt I. von der Kirche ausgeschlossen.

[i] Eutyches (*378) vertrat die Auffassung von nur einer Natur Christi und trat damit in Opposition zu der dualistischen Konzeption der Nestorianer (vgl. Anm. j). Seine Lehre wurde verurteilt und der Streit auf dem Konzil von Chalkedon (451) zugunsten der Zweinaturenlehre entschieden.

[j] Nestorius (nach 382–451), Patriarch von Konstantinopel, vertrat eine dualistische Christologie, nach der Gottheit und Menschheit in Christus nebeneinander bestanden und durch die willentliche Liebe verbunden waren. Damit widersprach er der von den Alexandrinern vertretenen Auffassung, daß in Christus nur die eine Natur des fleischgewordenen Wortes sei. Sein erbitterter Gegner Kyrill von Alexandrien setzte auf dem Konzil von Ephesos (431) die Verurteilung seiner Lehre als Häresie durch.

[k] Im 7. Jahrhundert im oströmischen Reich entwickelte theologische Lehre, nach der es in Christus zwar zwei Naturen – die göttliche und die menschliche – aber nur einen Willen gibt. Der Widerstand gegen diese Theorie wuchs nach anfänglichen Erfolgen, bis er schließlich zu ihrer Verurteilung auf dem 6. ökumenischen Konzil von Konstantinopel (680/681) führte.

[l] Dieses plastische Bild Humes zitiert Kant und wendet es auf Mendelssohns Versuch an, »den alten Streit über *Freiheit* und *Naturnothwendigkeit* in Bestimmungen des Willens (...) auf bloßen Wortstreit zurück zu führen (...); aber es ist (um mit Humen zu reden), als ob er den Durchbruch des Oceans mit einem Strohwisch stopfen wollte« (*Einige Bemerkungen zu Ludwig Heinrich Jakob's Prüfung der Mendelssohnschen Morgenstunden*. In: *Kant's gesammelte Schriften*. Hg. von der Königlich Preußischen Akademie der Wissenschaften. Bd. VIII. Berlin

1923, S. 152). Dies ist ein Indiz dafür, daß Kant diese Schrift Humes in der Übersetzung von F. G. Resewitz (Quedlingburg, Leipzig 1759) kannte – auch sie übersetzt »bullrush« mit »Strohwisch« – und daß sich Humes Einfluß auf Kant nicht in Fragen der Metaphysik und Moralphilosophie erschöpft.

Zwölfter Abschnitt

[a] *Historiae.* Buch III, Kap. 38.

[b] Averroes (1126–1198) versuchte als führender Vertreter der arabischen Philosophie die Lehre des Aristoteles mit der islamischen Theologie zu verbinden. Seine Schriften und Aristoteleskommentare übten einen nachhaltigen Einfluß auf das scholastische Denken aus. Zum Zentrum des Averroismus wurde die Universität Paris, deren theologische Fakultät im Mittelalter das höchste Ansehen genoß.

[c] Sc. des Leibes Jesu Christi im Abendmahl. Gegen die Transsubstantiationslehre war Hume bereits eingangs des Abschnittes X der ersten *Enquiry* zu Felde gezogen.

[d] Die Sorbonne war das Zentrum der orthodoxen Theologie Frankreichs. Sie galt den Aufklärern als Verkörperung des Rückständigen und Reaktionären schlechthin. Voltaire bildete zu ihrem Namen das bekannte Anagramm »non-sobre« (die Nichtnüchterne).

[e] Im Jahr 1734 zu Beginn seines Aufenthaltes in Frankreich.

[f] »Ein anderes Mal hatte er (sc. Ruiter) unter den Barbaren ein Abenteuer zu bestehen, das wohl verdient, hier erwähnt zu werden, weil es uns ein bewundernswertes Beispiel seiner Standhaftigkeit, Treue und Geduld bietet. Wie er als Schiffskommandant in einer bestimmten Stadt (einige meinen, es sei Salé gewesen) angelegt hatte, wo er unter anderem auch ein Stück kastanienbraunes Tuch aus England zum Kauf anbot, das dem Sant oder Herrscher der Stadt gefiel, ließ dieser ihn durch einen Dolmetscher fragen, zu welchem Preis er es verkaufen wolle. Ruiter nannte den Preis. Der Sant bot ihm dafür eine Summe weit unter Wert. Ruiter antwortete, daß er es ihm zu diesem Preis nicht geben könne. Der Sant entgegnete, daß es mehr nicht wert sei. ›Dann‹, sagte Ruiter, ›muß es meins bleiben.‹ ›Dennoch will ich es haben und nicht mehr dafür bezahlen‹, erwiderte der Sant. ›Ich kann die Ware meiner Herren nicht unter ihrem Preis verkaufen‹, sagte Ruiter. Danach entstand ein scharfes Wortgefecht zwischen ihnen, woraufhin es Ruiter angebracht erschien, ihm sagen zu lassen, daß er, weil er dieses Stück Tuch so preiswert nicht abgeben könne, es ihm schenken wolle. ›Was‹, antwortete der Sant, ›du hast zwar die Vollmacht, die Ware deiner Herren umsonst wegzugeben und darfst sie nicht zu dem Preis verkaufen, den ich dir dafür biete?‹ Ruiter antwortete: ›Ich kann sie nicht zu einem so niedrigen Preis abgeben, ohne dem Absatz meiner an-

deren Waren zu schaden, aber ich kann sie in einer Notsituation und um ein größeres Übel zu vermeiden, ohne weitere Folgen verschenken.‹ Der Sant, der es nicht geschenkt haben wollte, setzte nun Drohungen ein. ›Weißt du‹, sagte er, ›daß ich dich einsperren und dein Schiff mit seiner gesamten Ladung festhalten kann?‹ ›Das weiß ich wohl‹, antwortete Ruiter, ›aber wenn Ihr das tut, zeigt Ihr der ganzen Welt, daß man sich auf Euer Wort nicht verlassen kann‹, und er fügte hinzu: ›Wenn ich Euer Gefangener bin, so setzt ein Lösegeld fest und ich werde mich bemühen, es Euch zu zahlen.‹ Daraufhin geriet der Sant in helle Wut und verdoppelte seine Drohungen und auch Ruiter brauste auf und sagte: ›Wäre ich auf meinem Schiff, so würdet Ihr mich nicht derart bedrohen.‹ Da zog sich der Sant zähneknirschend und wutschnaubend in ein anderes Zimmer zurück und sagte in seiner Sprache: ›Ist es nicht eine Schande, daß so ein Mann ein Christ ist?‹« Gerard Brandt: *La vie de Michel de Ruiter, duc, chevalier, lieutenant amiral général de Hollande et de Oüest-Frise.* Traduite du Hollandois. Amsterdam 1698. Buch I, S. 12–13. Michiel de Ruiter (1607–1676) war ein hervorragender und weithin berühmter Flottenführer. Im dritten englisch-holländischen Krieg bewahrte er die Niederlande vor dem Untergang.

[g] Hervorhebung Humes.

[h] »Es wurde ferner über das Verbot des jüdischen und ägyptischen Kultes verhandelt. Der Senat faßte den Beschluß, viertausend Freigelassene, die von *diesem Aberglauben* angesteckt waren und soweit sie in rüstigem Alter standen, nach der Insel Sardinien zu bringen, um dort die Räuberbanden in Schranken zu halten – wenn sie dem rauhen Klima erlägen, *sei der Verlust ja nicht groß.* Die übrigen hätten Italien zu verlassen, wenn sie bis zu einem festgesetzten Tag ihren ruchlosen Zeremonien nicht entsagten.«

[i] »Fremde Religionsbräuche, besonders die ägyptischen und jüdischen, unterdrückte er und zwang die Anhänger *dieses Aberglaubens,* ihre zum Gottesdienst gehörigen Kleider samt allen Kultgeräten zu verbrennen.«

[j] »Zu Lebzeiten soll Augustus als Gott angesehen werden.« *Carmina.* Buch III, Ode 5, Vers 2–3.

[k] »Ein ruchloses Geschlecht hat die Insignien Christi von hier entfernt und die des Königs angebracht: einen anderen Gott kennt es nun nicht mehr.«

[l] »Denn wir sehen ja, daß von unseren Landsleuten viele Heiligtümer ausgeplündert und viele Götterbilder aus den heiligsten Stätten geraubt worden sind, während man noch niemals davon gehört hat, daß ein Ägypter ein Krokodil oder einen Ibis oder eine Katze mißhandelt hätte.« Den Anfang von Humes Zitat findet man so nicht bei Cicero.

[m] Vers 100–103.

[n] *Saturae.* Kap. 17, § 5.

[o] In Buch XV *De dis incertis* der nur fragmentarisch überlieferten *Antiquitates rerum divinarum:* »Wenn ich in diesem Buch ungewisse Ansichten über die Götter vorbringe, darf man mich deswegen nicht tadeln. Wer nämlich glaubt, man könne und solle ein sicheres Urteil abgeben, der wird es selbst tun, wenn er alles vernommen hat. Ich lasse mich eher dazu bringen, dasjenige wieder in Zweifel zu ziehen, was ich im ersten Buch gesagt habe, als das, was ich in diesem ausführen werde, alles auf einen Gesichtspunkt auszurichten« (Frgm. 204).

[p] Augustin lebte von 354 bis 430 n. Chr. Die Lebensdaten des Claudius Rutilius Namatianus sind nicht bekannt, doch geht aus seiner Reisebeschreibung hervor, daß seine Schaffenszeit als hoher Staatsbeamter in die erste Hälfte des 5. Jahrhunderts n. Chr. fällt.

[q] »Jeder siebente Tag ist zu schmählicher Trägheit verurteilt, als wäre er ein schlaffes Abbild eines ermatteten Gottes. Die übrigen Faseleien aus ihrem Lügenbazar können, so meine ich, nicht einmal alle Kinder glauben.« Diese Bemerkungen gelten jedoch nicht Augustin und seiner Lehre, sondern dem Judentum.

[r] »Auch die Juden griffen damals zu den Waffen«, sagt Spartian, »weil ihnen die Beschneidung verboten worden war«. Das »et« des lateinischen Textes gehört nicht vor »ea«, sondern vor »Judaei«. Dem entspricht die Übersetzung.

[s] Also ab etwa den 60er Jahren bis zu seiner Ermordung 43 v. Chr.

[t] An dieser Stelle wird der Name Pompeius' zwar genannt, jedoch erwähnt ihn Cicero nur, um beispielhaft am Schicksal des Pompeius zu verdeutlichen, daß es, selbst wenn die künftigen Ereignisse durch Weissagungen erfahrbar wären, durchaus nicht wünschenswert sein könnte, sie zu kennen. An späterer Stelle bringt Cicero Pompeius allerdings direkt mit Wahrsagern in Zusammenhang: »Wie oft wurde – ich erinnere mich wohl – dem Pompeius, wie oft dem Crassus und wie oft gerade dem Caesar von den Wahrsagern prophezeit, keiner von ihnen werde anders als in hohem Alter, zu Hause und im Genusse seines Ruhmes sterben« (Buch II, Kap. 47, § 99).

[u] Dieser Bericht geht auf Edward Philipps, den Neffen Miltons zurück. In seiner Biographie *The Life of Mr. John Milton,* die er 1694 als Anhang zu Miltons *Letters of State* publizierte, berichtet er über dieses Phänomen, das Milton selbst ihm mitgeteilt habe: » . . . erhielt ich die Antwort, daß sich sein Talent nur vom Herbst- bis zum Frühjahrsäquinoktium glücklich ergoß, und daß alles, was er zu anderer Zeit in Angriff nahm, ihn niemals zufrieden stellte« (zitiert nach: John Milton: *Complete Poems und Major Prose.* Edited by Merritt Y. Hughes. Notes and introduction by the editor. Indianapolis, New York 1957, S. 1035).

[v] »Abgesehen von den vielfachen Wechselfällen in der Menschenwelt

gab es Wunderzeichen am Himmel und auf der Erde, Warnungen durch Blitzschläge, Vorbedeutungen der Zukunft von froher und trauriger, zweifelhafter und eindeutiger Art. Denn noch nie hat sich durch schrecklichere Unglücksfälle des römischen Volkes oder durch begründetere Beweise bestätigt, daß die Sorge der Götter nicht unserer behaglichen Lebensweise, sondern der Rache gilt.«

[w] Vgl. Abschnitt IV, S. 17.

[x] »Denn welcher gute Vater könnte es verzeihen, wenn ich weiterhin meine Studien betriebe? Und wird er nicht diese Härte meines Geistes hassen, wenn ich meine Stimme zu etwas anderem gebrauche, als die Götter anzuklagen, ich, der einzige Überlebende der Meinen?«

[y] Livius berichtet an dieser Stelle von einem Vogelschauer, der das Verhalten der Hühner absichtlich falsch deutet, um den Konsul zum Angriff zu bewegen. Ein junger Mann jedoch, der »noch vor dem Aufkommen der Lehre geboren worden war, welche die Götter verachtet« (§ 10), untersucht die Angelegenheit und berichtet sie dem Konsul.

[z] Nämlich der Glaube, daß sich an den Eingeweiden der Opfertiere oder dem Flug der Vögel der Wille der Götter und die Zukunft ablesen lasse.

[aa] So hießen die Angehörigen des römischen Priesterkollegiums, die u. a. dem Flug der Vögel und dem Geschrei von Raben und Krähen Vorzeichen entnahmen.

[bb] »Panaitios (. . .) wagte zwar die Wirksamkeit der Weissagung nicht zu leugnen, erklärte jedoch, er bezweifele sie.«

[cc] «Darum möge Karneades es unterlassen, uns mit Fragen zu bestürmen, die sich auch Panaitios herausnahm: ob Jupiter der Krähe von links und dem Raben von rechts zu krächzen befohlen habe.«

[dd] »Wenn ein Rabe unglückverheißend gekrächzt hat, dann laß dich nicht von diesem Eindruck gefangennehmen, sondern ziehe geradewegs eine Trennlinie in deinem Geiste und sagte: ›Nichts von all diesen Vorbedeutungen gilt mir, sondern entweder meinem Körper, meinem geringen Besitz, meinem bißchen Ansehen, meinen Kindern oder meiner Frau. Für mich sind alle diese Vorbedeutungen gute Zeichen, wenn ich es will. Denn was auch immer dabei herauskommen mag, es liegt ja in meiner Macht, Nutzen daraus zu ziehen.‹«

[ee] Den allgemeinen Glauben an die Sterblichkeit der Seele trägt in diesem Dialog nicht Sokrates, sondern Kebes vor: »Mit allem anderen, was du gesagt hast, Sokrates, bin ich einverstanden, nur deine Ansicht über die Seele erweckt bei den Menschen große Zweifel, daß sie vielleicht, wenn sie vom Leibe getrennt ist, nirgends mehr sei, sondern an jenem Tage umkomme und vergehe, an dem der Mensch stirbt, und daß sie, sobald sie sich vom Leibe getrennt hat und aus ihm gewichen ist wie ein Hauch oder Rauch, auch zerstoben und verflogen und nichts und nir-

gends mehr sei (69e–70a).« Vgl. auch 77b, wo Simmias unter Bezugnahme auf diese Worte des Kebes der weitverbreiteten Auffassung von der Sterblichkeit der Seele erneut Ausdruck verleiht.

[ff] Hume zitiert Xenophon nach der griechisch-lateinischen Parallelausgabe der *Opera quae exstant in duos tomos divisae*, die Johannes Leunclavius (Frankfurt 1596) herausgegeben hatte. Wie mir Herr Dr. Brian Hillyard von der National Library of Scotland in seinem Brief vom 8. Juni 1983 freundlicherweise mitteilte, besaß die Advocates' Library in Edinburgh, deren Bibliothekar Hume von 1752 bis 1757 war, diese Ausgabe Xenophons. Die von Hume –richtig angegebenen– Seitenzahlen seiner Zitate sind zur leichteren Überprüfung durch Buch-, Kapitel- und Paragraphenzählung ersetzt worden (S. 294 entspricht Buch III, Kap. 1, § 5). Lediglich das Zitat von S. 932 aus Xenophons Schrift *De vectigalibus*, die im zweiten Band der *Opera* steht, ist zu 392 verdruckt, in unserer Ausgabe jedoch berichtigt; ein Fehler, der nicht Hume anzulasten ist, denn die Erstausgabe von 1757 gibt den richtigen Beleg an (S. 932 entspricht Kap. VI, § 2).

[gg] Sc. der Opfertiere. Als besonders aussagekräftig für diese Weissagungen galt die Gestalt von Leber, Galle, Milz, Herz und Lunge, da diese Organe als Mikrokosmos angesehen wurden, die den allgemeinen Weltzustand widerspiegelten.

[hh] Dies ist wohl im Hinblick auf die Argumente gemeint, mit denen Xenophon die beiden gegen Sokrates erhobenen Anklagepunkte der Asebie und Jugendverführung als haltlos nachweist (vgl. bes. Buch I, Kap. 1–2, 4 und Buch IV, Kap. 3).

[ii] Vgl. (S. 114) Anm. d zu Abschnitt XI.

[jj] Vgl. (S. 114–115) Anm. g zu Abschnitt XI.

[kk] Vgl. S. 50.

[ll] Vgl. besonders Kap. 5, § 9–Kap. 6, § 11: »A.: Hältst du mich für so verrückt, daß ich solche Sachen glaube? B.: Also glaubst du das nicht? A.: Durchaus nicht. B.: Das ist schade. A.: Warum das? B.: Weil ich eine glänzende Rede halten könnte, wenn ich dagegen zu reden hätte. A.: Wer könnte das in diesem Fall nicht? Und was ist schon dabei, diese Phantastereien der Dichter und Maler zu widerlegen?«

[mm] Vgl. besonders § 18: »Niemand ist so kindisch, den Ceberus, die Schatten oder die gespenstische Gestalt derjenigen zu fürchten, die nur noch aus fleischlosen Knochen bestehen.«

[nn] »Daß es ein Fortleben gibt und unterirdische Reiche (...) glauben nicht einmal die Kinder.«

[oo] Epikur, dessen Lehre Lukrez seinen römischen Landsleuten in seinem Lehrgedicht *De rerum natura* als ein Evangelium der Befreiung von allem abergläubischen Wahn verkündet. Viermal, jeweils zu Beginn der Bücher I, III, V und VI, feiert Lukrez dort seinen Lehrmeister Epikur:

Buch I, Vers 62–79, Buch III, Verse 14–17 und 28–40, Buch V, Vers 7–54, Buch VI, Vers 1–42.

[pp] Zwar wird Kephalus in diesem Platonischen Dialog als ein bereits sehr alter Mann geschildert (328 b), doch sagt er das folgende nicht eigentlich von sich aus, sondern stellt diese Beobachtung als ebenso allgemeingültig hin wie es auch Hume tut.

[qq] Cotta vertritt in dieser Schrift Ciceros die akademische Position gegen den Epikureismus und Stoizismus.

[rr] *De natura deorum.* Buch III, Kap. 17–19.

[ss] Vgl. (S. 109) die Anm. x zu Abschnitt IV.

Dreizehnter Abschnitt

[a] Vgl. Abschnitt II, S. 9 und die dortige Anm. j.

[b] »Wir hören ihn sagen, daß Gott nicht im Himmel sei, sondern alles durchschreite – Holz und Steine und Tiere bis hin zu dem Verächtlichsten. Und wenn seine Mutter ihn fragt, warum er so dummes Zeug daherschwatze, lacht er sie aus und sagt: ›Wenn ich dieses ›dumme Zeug‹ gründlich auswendig lerne, wird mich nichts hindern, der einzig reiche Mann, der einzige König zu sein.‹«

[c] *Historiae.* Buch I, Kap. 32, § 1; Buch III, Kap. 40, § 2, Buch VII, Kap. 46, § 4.

[d] Dieser Anwesende war Kinesias, ein von Aristophanes wegen seiner modernen Musik mehrfach verspotteter attischer Lyriker.

[e] Die Diffamierung des Theaters war gang und gäbe bei den puritanischen Theologen des Elisabethanischen Zeitalters. Sie bezeichneten die Bühnen als Sündenpfuhl und beständiges Mahnmal der Verschwendungssucht und Torheit Londons, als Nest des Teufels, Sprechzimmer des Satans und als dessen ausgelegte Falle zum Seelenfang (vgl. Elbert N. S. Thompson: *The Controversy between the Puritans and the Stage.* New York 1903, S. 103–107 und E. K. Chambers: *The Elizabethan Stage.* Bd. I. Oxford 1923. Reprinted with corrections 1961, S. 255). Die exakte Quelle für Humes Zitat habe ich indes nicht ermitteln können.

[f] Den in Frankreich als Chevalier Ramsay bekannten Andrew Michael Ramsay (1686–1743) hatte Hume als junger Mann in Paris persönlich kennengelernt. Unter dem Eindruck der Persönlichkeit Fénelons war er 1710 zum Katholizismus übergetreten und eine Zeitlang Tutor des Duc de Château-Thierry und später des Prinzen Charles Edward Stuart und seines Bruders Henry gewesen. In der literarischen Welt wurde er durch sein zweibändiges Werk *Les voyages de Cyrus* (1728) bekannt, das Hume nachweislich gelesen und das seine Spuren im *Treatise* hinterlassen hat. Vgl. John Laird: *Hume's Philosophy of Human Nature.* London 1932, S. 90 n.

[g] Hervorhebung Humes.

[h] Humes Zitat weist mehrere, jedoch unerhebliche Abweichungen vom Original auf, dessen vollständiger Titel lautet: *The Philosophical Principles of Natural and Revealed Religion. Unfolded in a geometrical order by the Chevalier Ramsay, author of »The Travels of Cyrus«*. 2 Bde. Glasgow 1748–49.

[i] Auf Jacobus Arminius (1560–1609) zurückgehende Glaubensgemeinschaft, die in der Frage der Prädestination gegenüber der strengen Auffassung der Calvinisten eine mildere Lehre vertrat. Diese war in der »Remonstrantie« an die Staaten von Holland (1610) in fünf Artikeln zusammengefaßt, deren erster besagte, daß Gott in Ewigkeit beschlossen habe, nur die Gläubigen zur Seligkeit zu erwählen. Der seligmachende Glaube kann nur durch Gnade erlangt werden, doch liegt es nicht in Gottes ewigem Ratschluß beschlossen, wer dieser teilhaftig wird, so daß die Gläubigen durch eigene Schuld vom Glauben abfallen können. Lehrten die Calvinisten, daß der Mensch prädestiniert sei, damit er glaube, so vertraten die Arminianer die Auffassung, daß der Mensch auserwählt werde, weil er glaube. Durch die Synode von Dordrecht (1618–1619) wurde diese Lehre verurteilt.

[j] Die sich auf Ludwig Molina (1535–1600) und sein Hauptwerk *Concordia* berufenden Molinisten vertraten in der Prädestinationsfrage einen ablehnenden Standpunkt. Die Menschen treffen ihre Entscheidungen in vollkommener Willensfreiheit, und nur auf Grund der von Gott vorhergesehenen tatsächlich realisierten Handlungsmöglichkeit bestimmt er ihr Schicksal.

[k] »Daher führt die molinistische, arminianische und gemäßigte Lehre über das Vorherwissen zum Fatalismus und hebt die Freiheit auf (...). Die eine stellt nur ein Linderungsmittel dar, die andere ist eine direkte Gottlosigkeit; und deshalb ist ihre gegenseitige Verfolgung, der Haß sowie der Groll, den sie füreinander empfinden, ganz und gar die Wirkung von Unkenntnis, Leidenschaft oder politischen Ansichten. Sie sind gleichermaßen falsch und erbärmlich. Alle wahren Philosophen sollten beschämt sein über so skandalöse Ausschreitungen, wie sie auf beiden Seiten vorkommen« (Bd. I, S. 175). Eine ausführliche Zurückweisung der molinistischen und arminianischen Auffassung über das Verhältnis von menschlicher Freiheit und göttlichem Vorherwissen nimmt Ramsay Bd. I, S. 153–157 vor. Auch dort kommt er zu dem Ergebnis, daß beide Lehren zum Fatalismus führen und die Aufhebung der Freiheit implizieren. Vgl. auch Bd. I, S. 343, 373.

[l] Nach Origenes (185–253/254) ist der gegenwärtigen Welt eine Welt gleich vollkommener Geister präexistent, zu denen auch die Seelen der Menschen gehören. Denn nach seiner Lehre hat Gott alle vernünftigen Wesen gleich erschaffen. Die tatsächliche Ungleichheit unter ihnen ist die

Folge ihres aus freiem Entschluß vollzogenen Abfalls von Gott, für den sie je nach dem Grad der Entfernung von Gott mit materiellen Leibern verschiedener Schwere und Dichte bestraft worden sind.

[m] »Es gibt und kann nur drei Ansichten von der Auferlegung oder Übertragung der ursprünglichen Sünde geben: Die Lehre von der ›unmittelbaren Erschaffung‹ der Seelen, die ihrer ›Entstehung durch elterliche Zeugung‹ oder ›geistige Erzeugung‹ und die ihrer ›Präexistenz‹. Wenn nun bewiesen werden kann, daß die beiden ersten Ansichten absurd sind, so folgt, daß die letzte wahr sein muß« (Bd. I, S. 347–348). Diesen Nachweis tritt Ramsay Bd. I, S. 348–351 an.

Vierzehnter Abschnitt

[a] So schon *EM* III, § 192. Der Sadder ist das kanonische Religionsbuch der Perser, das in 100 Kapiteln die von Zoroaster gegebenen Vorschriften und Regeln enthält. Er verlangt von den Gläubigen neben striktem Gehorsam gegenüber den Priestern die strenge Einhaltung zahlreicher Zeremonien, die, wie allein schon die im VI. Kapitel niedergelegten sechs wichtigsten Vorschriften deutlich zeigen, kaum zu der moralischen Natur des Menschen in Beziehung stehen oder auf seine sittliche Besserung abzielen. Hume wird den Sadder über Thomas Hyde kennengelernt haben, denn dieser hatte seiner *Historia religionis veterum Persarum eorumque magorum.* Oxford 1700, aus der Hume in unserer Schrift zweimal zitiert (vgl. [S. 32] Anm. 1 zu Abschnitt VII und [S. 38] Anm. 5 zu Abschnitt IX), eine lateinische Übersetzung dieses Textes beigegeben: *Magorum liber Sad-der, Zoroastris praecepta et canones continens: In usum ecclesiae magorum et fidelium eorum omnium,* S. 429–488.

[b] Bezeichnung der fünf Bücher Mose im Alten Testament.

[c] »sollen sich die Älteren erinnert haben, daß einst eine Seuche dadurch vertrieben worden sei, daß der Diktator einen Nagel eingeschlagen habe. Dieser fromme Glaube bewog den Senat, einen Diktator zum Nageleinschlagen ernennen zu lassen.«

[d] »Erhaben« ist der Prolog in Humes Augen deshalb, weil Zaleukos darin als angeblich erster griechischer Gesetzgeber, der einen Codex schriftlich fixierter Gesetze veröffentlichte, das mythische Bild der Götter aufgibt und die Religion auf eine rationale Basis stellt. Indem er so das gebührende religiöse Verhalten der Bürger in fünf Punkten zusammenfaßt, wird er zu einem der frühesten Vorläufer der im 17. und 18. Jahrhundert so zahlreich vorgetragenen Versuche, diejenigen Artikel der natürlichen Religion aufzufinden, die allen Religionen zugrunde liegen und die folglich jeder Bürger annehmen kann, gleich welcher Glaubensrichtung er im besonderen anhängen mag. Zaleukos stellte nach dem Bericht des Diodorus Siculus die folgenden fünf Artikel auf: 1. Es existieren Göt-

ter. 2. Die zweckmäßige Einrichtung und Anordnung der Natur ist weder Zufall noch Menschenwerk. 3. Die Götter sind als die Ursache des Schönen und Guten im Leben der Menschen zu verehren. 4. Die Götter erfreuen sich nicht an beschwerlichen Opfern und aufwendigen Geschenken, sondern an den gerechten und ehrenhaften Handlungen guter Menschen. 5. Keiner der Mitbürger ist als unversöhnlicher Feind anzusehen, sondern jede Auseinandersetzung ist mit dem Vorsatz zu führen, Einigkeit und Freundschaft wiederherzustellen. – Tatsächlich geht dieser Prolog nicht auf Zaleukos zurück; es handelt sich dabei vielmehr um eine Zugabe aus weit späterer Zeit.

[e] Die Angehörigen der obersten Kaste der Hindus.

[f] Priester in Siam und den angrenzenden Gegenden, die von Almosen lebten und bei Strafe des Feuertodes an das Gelübde der Keuschheit gebunden waren. Sie führten ein strenges Leben, dessen täglicher Ablauf mit einem jeweils zweistündigen Gottesdienst des Morgens begonnen und des Abends beschlossen wurde. Albert Radicati, Comte de Passeran, hatte in seiner *Histoire abregée de la profession sacerdotale ancienne et moderne* auch über die Talapoinen berichtet. In: ders.: *Recueil de pièces curieuses sur les matières les plus interessantes.* Rotterdam 1736, S. 268 f.

[g] Der neunte Monat des muslimischen Mondjahres, in dem es den Gläubigen untersagt ist, vom Morgengrauen bis zu Sonnenuntergang zu trinken und zu essen.

[h] Als Quelle könnte Hume die von Gudmundus Krook unter dem Vorsitz von Nicolaus Bergius verteidigte Dissertation *De statu ecclesiae et religionis Moscoviticae.* Stockholm 1704, vorgelegen haben, die bereits 1709 in Lübeck erneut aufgelegt wurde und zu ihrer Zeit das verbreitetste Werk über die Religion der Russen gewesen zu sein scheint. Die vier Fastenzeiten werden dort S. 232 f. beschrieben.

[i] Schon in der *Enquiry Concerning the Principles of Morals* von 1751 hatte Hume den – um Kants Worte zu gebrauchen – Afterdienst Gottes mit herben Worten gegeißelt: »Aus welchem anderen Grund werden Zölibat, Fasten, Bußübungen, Kasteiungen, Selbstverleugnung, Erniedrigung, Schweigen, Einsamkeit und die ganze Reihe der mönchischen Tugenden überall von vernünftigen Leuten abgelehnt, als weil sie völlig zwecklos sind, weder das Glück des Menschen in der Welt fördern, noch ihn zu einem nützlicheren Glied der Gesellschaft machen, ihn weder zur geselligen Unterhaltung qualifizieren, noch seine Fähigkeit zum Selbstgenuß steigern? Wir beobachten im Gegenteil, daß sie all diesen wünschenswerten Zielen entgegenwirken, den Verstand verdummen, das Herz verhärten, die Phantasie verdunkeln und das Gemüt verbittern« (*Enquiries Concerning Human Understanding and Concerning the Principles of Morals.* Reprinted from the posthumous edition of 1777 and edited with introduction, comparative table of contents, and analytical in-

dex by L. A. Selby-Bigge. 3rd edition with text revised and notes by P. H. Nidditch. Oxford 1975, S. 270).

[j] Vgl. *Dialogues,* S. 221: »Und wenn wir es mit jemandem zu tun haben, der von seiner Religiosität und Frömmigkeit viel Aufhebens macht, übt dies auf viele, die für verständige Leute gehalten werden, eine andere Wirkung aus als daß sie sich in acht nehmen, von ihm nicht betrogen und getäuscht zu werden?« Auch Shaftesbury hatte in seiner *Inquiry Concerning Virtue or Merit* (1699) davor gewarnt, von der Religiosität eines Menschen auf seine Moralität zu schließen: »Wenn man uns sagt, jemand sei religiös, so fragen wir doch noch immer: ›Und wie steht es um seine Moral?‹« (*Characteristics of Men, Manners, Opinions, Times, etc.* Edited, with an introduction and notes, by John M. Robertson. Bd. I. Reprint Gloucester/Mass. 1963, S. 6).

[k] Zwar wird Catilina von Cicero als ein Ungeheuer in Menschengestalt dargestellt, doch läßt sich in keiner der vier Reden gegen Catilina eine Stelle nachweisen, die Humes Behauptung stützen könnte. Auch der von Hume angeführte Beleg leistet dies nicht. Vgl. auch Kap. 9, § 24 und – als Zitat dieser Stelle – die zweite Rede, Kap. 6, § 13.

[l] »Einige Leute behaupteten damals, Catilina habe nach seiner Rede die Genossen seines Verbrechens durch einen Eid verpflichtet und dabei mit Wein vermischtes Menschenblut in Schalen herumgereicht. Und erst als jeder nach einer Selbstverfluchung für den Fall, daß er den Eid brechen sollte, davon gekostet hatte, wie es bei feierlichen Opferhandlungen zu geschehen pflegt, habe er seinen Plan dargelegt.« Sallust distanziert sich jedoch in der Folge von diesem Bericht, wenn er sagt, »daß einige Leute dies und vieles andere für bloße Erdichtungen hielten« und abschließend feststellt, ihm sei »diese Sache bei all ihrer Bedeutung doch zu wenig verbürgt.«

[m] Vgl. hierzu den Essay *Über Aberglaube und Schwärmerei.*

Fünfzehnter Abschnitt

[a] Homer: *Ilias.* XXIV. Gesang, Vers 527–533.

[b] Ein sehr altes Sprichwort, das seine Wurzeln in der griechischen Sophistik hat und mit der Wiederentdeckung der Antike durch Humanismus und Renaissance wieder ins allgemeine Bewußtsein gehoben wurde. So kam es, daß Robert Naunton um 1630 schon schreiben konnte: »Die Maxime, die die vorhergehenden Zeiten beherrschte, lautet, daß die Unwissenheit die Mutter der Frömmigkeit ist« (Robert Naunton: *Fragmenta regalia.* Probably written about 1630. Reprinted from the third posthumous edition of 1653 by Edward Arber. London 1870, S. 15).

Über Aberglaube und Schwärmerei

[a] Vgl. (S. 113) Anm. f zu Abschn. IX der *Naturgeschichte der Religion.*

[b] Diese Unterscheidung legt Hume auch seinen einschlägigen Ausführungen in der *History of Great Britain* zugrunde: »Von den ersten Reformatoren, die den römischen *Aberglauben* so heftig und erfolgreich attackierten und ihn bis in seine Grundfesten erschütterten, kann man getrost behaupten, daß sie allesamt von der heftigsten *Schwärmerei* entflammt waren. Diese beiden Arten von Religion, die abergläubische und die fanatische, stehen in diametralem Gegensatz« (*The History of Great Britain.* Bd. I. Edinburgh 1754. S. 7). Vgl. auch *Dialogues,* S. 222.

[c] Ähnlich war die Schwärmerei von John Trenchard in seiner *Natural History of Superstition,* S. 47 f. beschrieben worden. Er faßte seine Ausführungen S. 48 in dem Satz zusammen: »Unter Schwärmerei versteht man eine starke und heftige Bewegung oder eine außergewöhnliche und alles überschreitende Leidenschaft, Glut oder Schöpferkraft der Seele, des Geistes oder des Verstandes, die gewöhnlich als übernatürlich angesehen wird.« Vgl. auch S. 34 f., 46, 53.

[d] Mit diesem zuversichtlichen Bekenntnis zur Leistungsfähigkeit der Philosophie eröffnet Hume auch den Essay *Über Selbstmord.* Damit reiht er sich in die von Bacon begründete und von Spinoza und anderen fortgeführte Tradition der neuzeitlichen Philosophie ein, die in der Decouvrierung von Vorurteilen eine der zentralen Aufgaben der Philosophie erblickt.

[e] Ursprünglich ein Spottname, später Selbstbezeichnung der Anhänger einer von George Fox in der Mitte des 17. Jahrhunderts gegründeten Religionsgemeinschaft enthusiastischer, mystisch-spiritualistischer Prägung. Da ihrer Auffassung nach jedem Menschen der Hl. Geist als »inneres Licht« innewohnt, lehnten sie Kirche, Sakrament, Priestertum und Dogma ab und lehrten einen einfachen Biblizismus.

[f] Bezeichnung für die im Gegensatz zur anglikanischen Kirche stehenden radikalen Puritaner, die versuchten, die urchristliche Gemeindegestalt wiederherzustellen. Sie lehrten die Selbständigkeit der Einzelgemeinde und ihre prinzipielle Unabhängigkeit von weltlicher Obrigkeit, Bischofsamt und Synode.

[g] Von Schottland ausgehende kirchliche Bewegung, die vor allem unter der Führung von John Knox die kalvinistische Kirchenverfassung, d. h. die volle rechtliche Eigenständigkeit der Kirche zu verwirklichen suchte. Der Unterschied zwischen Klerus und Laientum ist im Presbyterianismus aufgehoben.

[h] Aus der Reformation Zwinglis anläßlich der Frage des unbedingten Gehorsams gegenüber dem Evangelium und der rechten Taufe hervorgegangene Bewegung. Die an sich friedliche Bewegung des Täufertums

wurde radikalisiert und forderte in verfälschter Gestalt die Herbeiführung des Reiches Gottes mit Waffengewalt. Dies führte 1534/1535 zu der Schreckensherrschaft von Münster, als diese Forderung in die Tat umgesetzt wurde.

[i] Die als Folge der Aufhebung des Edikts von Nantes (1685) einsetzenden Protestantenverfolgungen bewirkten, daß sich die reformierten Bewohner der Cevennen zunächst nur nachts und an heimlichen Orten zur Ausübung ihrer Religion treffen konnten. Seit 1702 trieb sie die Unterdrückung aber zu bewaffneten Aufständen, die von ihrem Anführer Jean Cavalier militärisch organisiert wurden. Sie brannten des nachts (camisade = nächtlicher Überfall) katholische Institutionen nieder, raubten Kirchen aus und ermordeten die Priester. Ludwig XIV. versuchte im sog. Cevennenkrieg die Aufstände niederzuschlagen, hatte jedoch keinen Erfolg. Erst die Verhandlungen, die sein Marschall de Villars den Kamisarden anbot, führten zu einer Befriedung der Gegend.

[j] Levellers (Gleichmacher) wurden die Anhänger einer radikalen, teilweise kommunistische Prinzipien vertretenden Glaubensrichtung in England genannt, die sich etwa seit 1647 entwickelte. Sie lehnten das Königtum ab, forderten Gleichheit aller vor dem Gesetz sowie Gewissensfreiheit in Glaubensangelegenheiten. Das Programm der Levellers wirkte anarchistisch, was zur Folge hatte, daß die von John Lilburne angeführte Bewegung durch Cromwell bekämpft wurde.

[k] Unter dieser Bezeichnung hatten sich die schottischen Stände mit den Presbyterianern zur Verteidigung ihres Glaubens und ihrer religiösen Rechte gegen Katholizismus und Episkopat zusammengeschlossen.

[l] In der 2. Hälfte des 17. Jahrhunderts im Kampf gegen die katholische Thronfolge in England entstandene politische Gruppierung, die freiheitlich und parlamentarisch gesonnen war. Ihre Gegner waren die Tories.

[m] Ursprünglich Bezeichnung für die katholischen Aufständischen in Irland. Seit 1679 die königstreue, konservative Hofpartei, die für Jakob II. eintrat und die anglikanische Kirche verteidigte.

[n] Vgl. (S. 122) die Anm. j zu Abschnitt XIII der *Naturgeschichte der Religion.*

[o] Eine nach Cornelius Jansen (1585–1638) benannte mehrschichtige innerkatholische Oppositionsbewegung des 17. und 18. Jahrhunderts in Frankreich und den Niederlanden. Die Jansenisten wenden sich mit einer rigoristischen Moralauffassung gegen den jesuitischen Probabilismus und vertreten gegenüber den Molinisten eine strenge Auffassung in der Prädestinationsfrage.

[p] Bezeichnung für die Mitglieder des 1534 von Ignatius von Loyola begründeten Ordens der Gesellschaft Jesu. Sein ursprüngliches Ziel waren Krankenpflege und Missionsarbeit, doch schon bald wandten sich die Jesuiten hauptsächlich der Wissenschaft, der Erziehung und der persön-

lichen Seelsorge zu. Nach heftigen Angriffen besonders gegen ihren ethischen Probabilismus durch die Jansenisten und die Aufklärung folgte 1773 die Aufhebung des Ordens durch Clemens XIV.; 1814 wurde er durch Pius VII. wiederhergestellt.

Über die Unsterblichkeit der Seele

[a] Das Problem der Immaterialität der Seele hatte Hume schon ausführlich im *Treatise* I, 4, 5 behandelt. In den folgenden Darlegungen greift er auf die dort gewonnenen Ergebnisse zurück. Vgl. Einleitung, S. XLII–XLIII.

[b] Als »rechte Metaphysik« erscheint hier die Humesche Philosophie des *Treatise,* denn zu dem gleichen Resultat war er auch in seinem Jugendwerk bereits gekommen, als er seine Ausführungen zu der Frage nach der Materialität oder Immaterialität der Seele in den Worten zusammenfaßte, »daß wir nicht in der Lage sind, einen befriedigenden Begriff von Substanz zu gewinnen« (*THN,* S. 234), und ihm deshalb die Frage nach der »Substanz der Seele vollkommen unverständlich« (*THN,* S. 250) erschien.

[c] Dies ist eins der hauptsächlichen Ergebnisse von Humes Untersuchungen im Bereich der theoretischen Philosophie. Vgl. etwa *Enquiry,* S. 35.

[d] Dieser Satz nimmt in der Philosophie Humes den Rang eines Prinzips ein. Vom *Treatise* an bis zu den posthum erschienenen *Dialogues* beruft sich Hume immer wieder auf ihn. Vgl. etwa *Dialogues,* S. 189: »Ich beginne mit der Bemerkung, daß in dem Anspruch, eine Tatsache zu demonstrieren oder durch irgendwelche Argumente *a priori* zu beweisen, eine offenkundige Absurdität liegt.«

[e] Zum Problem der Vernünftigkeit der Tiere vgl. *Treatise* I, 3, 16 und den neunten Abschnitt der *Enquiry.*

[f] Daß die Annahme von weiteren Eigenschaften der Gottheit außer den in der Welt manifestierten anthropologisch zwar naheliegend, philosophisch jedoch nicht haltbar ist, hatte Hume bereits ausführlich in Abschnitt XI der *Enquiry* gezeigt. Denn wir dürfen der Ursache nur diejenigen Eigenschaften zusprechen, die sich in ihren Wirkungen kundtun. Das »gegenwärtige Schauspiel der Dinge« zeigt aber viele Übel und ist voller Unordnung, und folglich sind wir nicht berechtigt, der Gottheit unendliche Güte und Intelligenz zuzuschreiben.

[g] Das hiermit angesprochene Theodizee-Problem behandelt Hume ausführlich in Abschnitt VIII, Teil 2 und Abschnitt XI der *Enquiry* sowie im elften Teil der *Dialogues.*

[h] Vgl. den Essay *Über Aberglaube und Schwärmerei,* S. 77.

[i] D. h. die Lehre von der Seelenwanderung.

[j] »Wieviel leichter und verläßlicher ist es, nur sich selbst zu glauben, und den Beweis seiner Sicherheit der vorgeburtlichen Erfahrung zu entnehmen.«

Über Selbstmord

[a] Vgl. (S. 126) die Anm. d zu dem Essay *Über Aberglaube und Schwärmerei.*

[b] Daß besonders die Frauen eine starke Affinität zum Aberglauben zeigen, betont Hume auch in der *Naturgeschichte der Religion,* S. 14.

[c] Humes Wiedergabe dieser Stelle aus Cicero ist sehr frei.

[d] »Wir wollen Gott danken, daß niemand im Leben festgehalten werden kann.«

[e] Hume hat vermutlich den folgenden Satz im Auge: »Die Natur hat aufs beste für das Wohl der Sterblichen gesorgt, als sie den Flüssen ihre Mündung, ihren Lauf, ihren Ursprung so gut wie ihr Ende angewiesen hat« (§ 3). Dieses Argument läßt Tacitus eine Partei vortragen, die sich damit gegen die beabsichtigte Regulierung des Tibers aussprach.

[f] Eine auf Platon (*Phaedo* 62 b–c) zurückgehende Vorstellung.

[g] Der einem alten florentinischen Patriziergeschlecht entstammende Filippo Strozzi (1488–1538) unternahm 1537 den Versuch, in Florenz die republikanische Verfassung wiederherzustellen, wurde jedoch von Cosimo I. de' Medici besiegt und gefangengenommen. Ob er sich selbst tötete, ist in der neueren Geschichtsforschung umstritten. Hume wird als Quelle der Bericht Pierre Bayles vorgelegen haben, der in Anm. C zu dem Artikel »Strozzi, Philippe« unter Bezugnahme auf *Les vies de plusieurs grands capitaines françois* (Paris 1643) des François Beccarie Pavie, Baron de Fourquevaux, geschrieben hatte: »Man beachte, daß einer der Beweggründe, die Strozzi zu seinem Selbstmord trieben, die Furcht vor der Gefahr war, in die er seine Freunde durch die Geständnisse bringen würde, die man ihm unter der Folter abpressen möchte« (*Dictionnaire historique et critique.* Bd. IV. 5. Aufl. Basel 1738, S. 291).

[h] Cato, der überzeugte Republikaner und Gegner der Monarchie, tötete sich nach dem Sieg seines Feindes Caesar bei Thapsus.

[i] Der von Antonius in der zweiten Schlacht bei Philippi besiegte Brutus konnte zwar entkommen, gab sich jedoch am darauffolgenden Tag selbst den Tod.

[j] Die Gattin des Stoikers Caecina Paetus ging ihrem Mann nach seiner Verurteilung wegen eines Mordversuches an Kaiser Claudius im freiwilligen Tode voran.

[k] Plutarch berichtet (*Brutus.* Kap. 13, §§ 2–6 und Kap. 53, §§ 4–5), daß Porkia, eine Tochter Catos, auch die politischen Sorgen ihres Mannes Brutus teilen wollte, es jedoch nicht wagte, ihn nach seinen geheimen Plänen zu fragen, bis sie sich durch einen selbst beigebrachten tiefen Schnitt in den Oberschenkel sicher war, daß sie ggf. auch unter der Folter nichts verraten würde. Als sie vom Tode ihres Gatten erfuhr, wollte auch sie sterben, sollte von ihren Freunden jedoch daran gehindert werden. In einem unbewachten Augenblick jedoch gelang es ihr, glühende Kohlen von der Feuerstelle zu verschlucken und sich so den Tod zu geben. – Humes Schreibweise »Portia« erinnert an Shakespeares Tragödie *Julius Caesar,* in der die Gattin des Brutus diesen Namen trägt.

[l] »Gott kann sich, auch wenn er wollte, nicht selbst den Tod geben, was er dem Menschen als beste Gabe in den so großen Mühen des Lebens verlieh.« – Humes Zitat ist dem Original gegenüber leicht gekürzt.

BIBLIOGRAPHISCHER ANHANG
Werke, aus denen Hume zitiert oder auf die er anspielt*

Die Naturgeschichte der Religion

Aristoteles: *Problemata*. In: *Aristotelis opera*. Bd. II. Ex recensione Immanuelis Bekkeri edidit Academia Regia Borussica. Editio altera quam curavit Olof Gigon. Berlin 1960 [8].

Arnobius: *Adversus gentes libri VII*. Recognovit notis priorum interpretum selectis aliorumque et suis illustravit Io. Conradus Orellius. 2 Bde. Leipzig 1816 [17, 24].

Arrianus, Flavius: *Alexandri anabasis*. In: *Flavi Arriani quae exstant omnia*. Bd. I. Edidit A. G. Roos. Leipzig 1967 [38, 41].

Augustinus, Aurelius A.: *De civitate Dei*. Bd. I. Recensuit et commentario critico instruxit Emanuel Hoffmann. Prag, Wien, Leipzig 1899. Reprint New York, London 1962 [49].

Bacon, Francis: *Of Atheisme*. In: *The Essayes or Counsels, Civill and Morall*. Newly enlarged. London 1625 [27].

Bayle, Pierre: *Dictionnaire historique et critique*. Bd. I. 5. Aufl. Basel 1738 [41].

Biblia Sacra Iuxta Vulgatam Versionem. Adiuvantibus Bonifatio Fischer OSB, Iohanne Gribomont OSB, H. F. D. Sparks, W. Thiele. Recensuit et brevi apparatu instruxit Robertus Weber OSB. 2 Bde. Stuttgart 1969.

Boulainvilliers, Henri Comte de: *État de la France, contenant XIV lettres sur les anciens parlements de France. Avec l'histoire de ce royaume depuis le commencement de la monarchie jusqu'à Charles VIII. On y a joint des mémoires présentés à M. le duc d'Orléans*. Bd. III. London 1728 [30].

Brandt, Gerard: *La vie de Michel de Ruiter, duc, chevalier, lieutenant amiral général de Hollande et de Oüest-Frise. Où est comprise l'histoire maritime des provinces unies, depuis l'an 1652 jusques à 1676*. Traduite du Hollandois. Amsterdam 1698 [46].

Brumoy, Pierre: *Le théâtre des grecs*. 3 Bde. Paris 1730 [16].

Caesar, C. Iulius: *Bellum Gallicum*. In: *C. Iulii Caesaris commentarii rerum gestarum*. Bd. I. Edidit Otto Seel. Leipzig 1961 [16, 26].

Cicero, M. Tullius: *In Catilinam orationes*. In: *M. Tulli Ciceronis scripta*

* *Die Zahlen in eckigen Klammern geben die Seiten des vorliegenden Bandes an, auf denen die Werke zitiert werden oder die Anspielungen auf sie zu finden sind.*

quae manserunt omnia. Fasc. 17. Recognovit P. Reis. Leipzig 1927 [68].

Cicero, M. Tullius: *Pro Cluentio*. In: *M. Tulli Ciceronis orationes*. Bd. I. Recognovit brevique adnotatione critica instruxit Albert Curtius Clark. Oxford 1905 [56].

Cicero, M. Tullius: *De divinatione*. In: *M. Tulli Ciceronis scripta quae manserunt omnia*. Fasc. 46. Edidit Remo Giomini. Leipzig 1975 [50, 54].

Cicero, M. Tullius: *Epistulae ad familiares*. In: *M. Tulli Ciceronis epistulae*. Bd. I. Recognovit brevique adnotatione critica instruxit Ludovicus Claude Purser. Oxford 1901 [50].

Cicero, M. Tullius: *De natura deorum*. In: *M. Tulli Ciceronis scripta quae manserunt omnia*. Fasc. 45. Post O. Plasberg edidit W. Ax. Stuttgart 1964 [48, 57].

Cicero, M. Tullius: *Tusculanae disputationes*. In: *M. Tulli Ciceronis scripta quae manserunt omnia*. Fasc. 44. Recognovit M. Pohlenz. Stuttgart 1965 [48, 56].

Curtius Rufus, Q.: *Historiae Alexandri Magni Macedonis*. Iterum recensuit Edmundus Hedicke. Leipzig 1908 [17, 24].

Diodorus Siculus: *Bibliothecae historicae libri XV de XL*. (...) Studio et labore Laurentii Rhodomani. 2 Bde. Hanau 1604 [19].

Diodorus Siculus: *Bibliotheca historica*. Editionem primam curavit Imm. Bekker, alteram Ludovicus Dindorf. Recognovit Fridericus Vogel. 6 Bde. Leipzig 1888 ff. [13, 16, 17, 18, 19, 48, 65, 67].

Diogenes Laertius: *Vitae philosophorum*. Recognovit brevique adnotatione critica instruxit H. S. Long. 2 Bde. Oxford 1964 [25].

Dionysius von Halikarnassos: *Antiquitates Romanae*. 4 Bde. Edidit Carolus Jacoby. Stuttgart 1967 [11, 21].

Dryden, John: *Absalom and Achitophel*. In: *The Works of John Dryden*. Bd. II. Ed. by H. T. Swedenberg, Jr. and Vinton A. Dearing. Berkeley, Los Angeles, London 1972 [48].

Epiktet: *Enchiridion*. In: *Epicteti dissertationes ab Arriani digestae*. Recensuit H. Schenke. Stuttgart 1965 [54].

Euripides: *Hecuba*. Edidit Stephen G. Daitz. Stuttgart 1973 [12].

Fontenelle, Bernard Le Bovier de: *Histoire des oracles*. In: *Œuvres diverses de M. de Fontenelle*. Nouvelle édition augmentée. Bd. IV. Paris 1715 [16].

Herodian: *Ab excessu divi Marci libri octo*. Edidit Curt. Stavenhagen. Stuttgart 1966 [24].

Herodot: *Historiae*. Recognovit brevique adnotatione critica instruxit Carolus Hude. 2 Bde. 3. Aufl. Oxford 1963 [16, 18, 33, 38, 44, 59, 65].

Hesiod: *Opera et dies*. In: *Hesiodi carmina*. Recensuit Aloisius Rzach.

Accedit certamen quod dicitur Homeri et Hesiodi. Stuttgart 1958 [8, 18].
Hesiod: *Theogonia.* ebd. [18, 20, 23, 31].
Homer: *Ilias.* In: *Homeri opera.* Bd. I. Recognovit brevique adnotatione critica instruxerunt David B. Monro et Thomas W. Allen. 3. Aufl. Oxford 1963 [16, 23, 30, 69–70].
Horatius Flaccus, Q.: *Carmina.* Edidit Fridericus Klinger. Leipzig 1970 [48].
Hyde, Thomas: *Historia religionis veterum Persarum eorumque magorum.* Oxford 1700 [32, 38].
Iuvenalis, D. Iunius: *Satirae.* Ex recognitione Caroli Friderici Hermanni. Leipzig 1888 [56–57].
Le Comte, Louis: *Nouveaux mémoires sur l'état présent de la Chine.* 2 Bde. 2. Aufl. Paris 1696–1697 [15].
Livius, Titus: *Ab urbe condita.* Recognoverunt et adnotatione critica instruxerunt Robertus Seymour Conway et Carolus Flamstead Walters. 5 Bde. Oxford 1914 ff. [54, 64].
Longinus: *De sublimitate.* Post Ottonem Iahn quartum edidit Ioannes Vahlen. Stuttgart 1967 [16].
Lucretius Carus, T.: *De rerum natura.* Quintum recensuit Joseph Martin. Leipzig 1963 [23, 57].
Lukian: *Hermotimus sive de sectis.* In: *Lucianus.* Ex recensione Caroli Iacobitz. Bd. I. Reprint d. Ausgabe Leipzig 1836, Hildesheim 1966 [59].
Lukian: *Jupiter confutatus.* Bd. II. Reprint der Ausgabe Leipzig 1838, Hildesheim 1966 [18].
Lukian: *De luctu.* Bd. III. Reprint der Ausgabe Leipzig 1839, Hildesheim 1966 [18].
Lukian: *Necyomantia.* Bd. I [61].
Lukian: *Philopseudes.* Bd. III [54].
Lukian: *De sacrificiis.* Bd. I [16].
Lukian: *Saturnalia.* Bd. III [18].
Machiavelli, Niccolò: *Discorsi sopra la prima deca di Tito Livio.* In: *Opere.* A cura di Mario Bonfantini. Mailand, Neapel o. J. (1963) [41].
Macrobius, Ambrosius Theodosius: *Saturnalia.* Apparatu critico instruxit (...) Iacobus Willis. Leipzig 1963 [36].
Manilius: *Astronomica.* Edidit Iacobus van Wageningen. Leipzig 1915 [16].
Marcus Aurelius Antonius: *Ad se ipsum libri XII.* Edidit Joachim Dolfen. Leipzig 1979 [54].
Milton, John: *Paradise Lost.* In: *John Milton's Complete Poetical Works.* Reproduced in photographic facsimile. A critical text edition compiled and edited by Harris Francis Fletcher. Bd. III: The second edition of *Paradise Lost.* Urbana 1948 [4].

Ovidius Naso, P.: *Metamorphoses*. Edidit William S. Anderson. Leipzig 1977 [16, 18, 64].

Petronius Arbiter, C.: *Saturae*. Recensuit Franciscus Buecheler. Editionem sextam supplementis auctam curavit Guilelmus Heraeus. Berlin 1922 [49].

Philipps, Edward: *The Life of Milton*. In: John Milton: *Complete Poems auch Major Prose*. Edited by Merritt Y. Hughes. Notes and introduction by the editor. Indianapolis, New York 1957 [50].

Platon: *Euthyphro*. In: *Platonis opera*. Recognovit brevique adnotatione critica instruxit Ioannes Burnet. Bd. I. Oxford 1900 [55].

Platon: *Phaedo*. Bd. I [55].

Platon: *De legibus*. Bd. V. Oxford 1907 [20].

Platon: *Respublica*. Bd. IV. Oxford 1902 [57].

Plautus, T. Maccius: *Amphitruo*. In: *T. Macci Plauti Comoediae*. Fasc. 1. Ex recensione Georgii Goetz et Friderici Schoell. Leipzig 1960 [17].

Plinius Caecilius Secundus, C.: *Epistulae*. In: *C. Plini Caecili Secundi epistularum libri novem, epistularum ad Traianum liber, panegyricus*. Recensuit Mauritius Schuster. Editionem tertiam curavit Rudolphus Hanslik. Leipzig 1958 [21].

Plinius Secundus, C.: *Naturalis historia*. Post Ludovici Iani obitum recognovit et scripturae discrepantia adiecta edidit Carolus Mayhoff. 6 Bde. Stuttgart 1967 ff. [7, 8, 36, 51].

Plutarch: *De Iside et Osiride*. In: *Plutarchi Moralia*. Bd. II. Recensuerunt et emendaverunt W. Nachstädt, W. Sieveking, J. B. Titchener. Leipzig 1971 [37].

Plutarch: *Pelopidas*. In: *Plutarchi vitae parallelae*. Recognoverunt Cl. Lindskog et K. Ziegler. Bd. II, Fasc. 2. Iterum recensuit K. Ziegler. Leipzig 1968 [23].

Plutarch: *Regum et imperatorum apophthegmata*. In: *Plutarchi Moralia*. Bd. II [41].

Plutarch: *De superstitione*. In: *Plutarchi Moralia*. Bd. I. Recensuerunt et emendaverunt W. R. Paton et I. Wegehaupt. Praefationem scr. M. Pohlenz. Editionem correctiorem curavit Hans Gärtner. Leipzig 1974 [60].

Quintilianus, M. Fabius: *Institutio oratoria*. Edidit Ludwig Radermacher. 2 Bde. Leipzig 1969 [53].

Ramsay, Andrew Michael: *The Philosophical Principles of Natural and Revealed Religion. Unfolded in a geometrical order by the Chevalier Ramsay, author of »The Travels of Cyrus«*. 2 Bde. Glasgow 1748–1749 [61–63].

Regnard, Jean François: *Voyage de Laponie*. In: *Œuvres de M. Regnard*. Nouvelle édition. Bd. I. Paris 1750 [15].

Rutilius Namatianus, Claudius: *De reditu suo sive iter Gallicum*. Bd. I.

Hg., eingeleitet und erklärt von Ernst Doblhofer. Heidelberg 1972 [50].

Sallustius Crispus, C.: *Catilinae coniuratio.* In: *C. Sallusti Crispi Catilina, Iugurtha, fragmenta ampliora.* Post A. W. Ahlberg edidit Alphonsus Kurfess. Leipzig 1972 [56, 68].

Seneca, L. Annaeus: *Ad Lucilium epistulae morales.* Bd. I. Recognovit et adnotatione critica instruxit L. D. Reynolds. Oxford 1966 [17, 56].

Sextus Empiricus: *Adversus dogmaticos.* In: *Sexti Empirici opera.* Bd. II. Recensuit Hermannus Mutschmann. Leipzig 1914 [20, 57].

Spartianus, Aelius: *De vita Hadriani.* In: *Scriptores historiae Augustae.* Bd. I. Edidit Ernestus Hohl. Leipzig 1965 [50].

Strabo: *Geographica.* Recognovit Augustus Meineke. 3 Bde. Leipzig 1877 [14, 40].

Suetonius Tranquillus, C.: *C. Caligula.* In: *C. Suetoni Tranquilli opera.* Bd. I. Recensuit Maximilianus Ihm. Stuttgart 1958 [17, 40].

Suetonius Tranquillus, C.: *Divus Augustus.* ebd. [17, 39, 51].

Suetonius Tranquillus, C.: *Tiberius.* ebd. [47].

Tacitus, P. Cornelius: *Annales.* In: *P. Cornelii Taciti libri qui supersunt.* Bd. I. Tertium edidit Erich Koestermann. Leipzig 1971 [47].

Tacitus, P. Cornelius: *Germania.* In: *P. Cornelii Taciti libri qui supersunt.* Bd. II. Fasc. 2. Iterum edidit Erich Koestermann. Leipzig 1964 [26].

Tacitus, P. Cornelius: *Historiae.* In: *P. Cornelii Taciti libri qui supersunt.* Bd. II. Fasc. 1. Edidit Henricus Heubner. Stuttgart 1978 [53].

Thukydides: *Historiae.* 2 Bde. Iterum recensuit Carolus Hude. Leipzig 1901–1913 [41].

Varro, M. Terentius: *Antiquitates rerum divinarum.* Bd. I. Hg. von Burkhart Cardauns. Wiesbaden 1976 [49].

Xenophon: *Opera quae exstant in duos tomos divisae.* Graece multo quam ante castigatius edita, adiecta etiam ad marginem scripturae discrepantia (...). Opera Ioannis Leunclavii. Frankfurt 1596 [55].

Xenophon: *Expeditio Cyri.* In: *Xenophontis opera omnia.* Bd. III. Recognovit brevique adnotatione critica instruxit E. C. Marchant. Oxford 1904 [55–56].

Xenophon: *Memorabilia.* Edidit Carolus Hude. Stuttgart 1969 [37, 56, 59].

Xenophon: *De republica Lacedaemoniorum.* In: *Xenophontis scripta minora.* Fasc. posterior. Post Ludovicum Dindorf edidit Franciscus Ruehl. Leipzig 1912 [17].

Xenophon: *De vectigalibus.* In: *Xenophontis opera omnia.* Bd. V. Recognovit brevique adnotatione critica instruxit E. C. Marchant. Oxford 1920 [56].

Über die Unsterblichkeit der Seele

Curtius Rufus, Q.: *Historiae Alexandri Magni Macedonis.* Iterum recensuit Edmundus Hedicke. Leipzig 1908 [82].
Plinius Secundus, C.: *Naturalis historia.* Post Ludovici Iani obitum recognovit et scripturae discrepantia adiecta edidit Carolus Mayhoff. 6 Bde. Stuttgart 1967 ff. [86].
Suetonius Tranquillus, C.: *Divus Augustus.* In: *C. Suetoni Tranquilli opera.* Bd. I. Recensuit Maximilianus Ihm. Stuttgart 1958 [83].

Über Selbstmord

Cicero, M. Tullius: *De divinatione.* In: *M. Tulli Ciceronis scripta quae manserunt omnia.* Fasc. 46. Edidit Remo Giomini. Leipzig 1975 [89].
Plinius Secundus, C.: *Naturalis historia.* Post Ludovici Iani obitum recognovit et scripturae discrepantia adiecta edidit Carolus Mayhoff. 6 Bde. Stuttgart 1967 ff. [99].
Seneca, L. Annaeus: *Ad Lucilium epistulae morales.* Bd. I. Recognovit et adnotatione critica instruxit L. D. Reynolds. Oxford 1966 [94].
Tacitus, P. Cornelius: *Annales.* In: *P. Cornelii Taciti libri qui supersunt.* Bd. I. Tertium edidit Erich Koestermann. Leipzig 1971 [95].

NAMENREGISTER

SACHREGISTER